El tiempo de los nuevos héroes

OSCAR DI MONTIGNY

EL TIEMPO DE LOS NUEVOS HÉROES

Traducción de

HELENA AGUILÀ RUZOLA

Título original italiano: *Il tempo dei Nuovi Eroi.*

Avda. Diagonal, 189 – 08018 Barcelona
rbalibros.com

Primera edición: junio de 2018.

REF.: ONFI256
ISBN: 978-84-9056-968-9
DEPÓSITO LEGAL: B-13.681-2018

PLECA DIGITAL · PREIMPRESIÓN

Impreso en España · *Printed in Spain*

DEDICADO A TODA LA GENTE QUE VIVE Y TRABAJA
PARA EL BIEN, LOS VERDADEROS HÉROES DE ESTE TIEMPO,
NUESTRO TIEMPO. TIEMPO DE PAZ.

Viviremos eternamente... en esa parte de nosotros
que les hemos dado a los demás.

CONTENIDO

1. Capítulo 0 13
2. El viaje del Héroe 23
3. El Mundo Ordinario 31
4. La Llamada a la Aventura 65
5. Rechazar la Llamada 93
6. El encuentro con el Mentor 111
7. Cruzar el Primer Umbral 123
8. Pruebas, Aliados y Enemigos 137
9. La Prueba Crucial 171
10. La Recompensa 185
11. El Camino de Regreso 203
12. El regreso con el Elixir 225
13. Los Nuevos Héroes 0.0 241
14. Capítulo 0.0 291

Agradecimientos 295
Referencias bibliográficas 297

I

CAPÍTULO 0

(El pacto)

En el principio era el Verbo.

Evangelio de Juan, 1,1

LA GRAN PREGUNTA

Un día de 1999, en un repentino instante de presencia, advertí que la vida transcurría intensa e inexorable, y que detrás de mí quedaba muy poco de lo que creía haber sido hasta entonces. En ese instante empecé a vislumbrar algo, un rayo de luz, y mi corazón se abrió a una emoción nueva, distinta. Me puse a buscar, a observar y a estudiar, a hacerme preguntas. Pero las únicas respuestas que encontraba eran preguntas aún más grandes.

En la primavera de 2010, en Asís, un domingo por la tarde, una pregunta me dio el impulso decisivo para embarcarme en la búsqueda de una respuesta: **Hay que sembrar y cultivar una visión en la humanidad. ¿Cómo hacer comprender al mundo que es necesario ampliar nuestra visión para buscar una perspectiva enriquecedora, inclusiva, que nos lleve a mejorar?**

Este libro es mi intento de dar una respuesta a esa pregunta. Mientras me lees, mientras *escuchas* las microscópicas píldoras de descubrimiento que deseo compartir contigo y las ideas que las inspiraron, me gustaría que intentaras reflexionar conmigo.

No pretendo creer que lo que yo escribo sea «la verdad».

Pero durante la lectura quisiera que adoptaras por un momento, como si fueran tuyas y solo tuyas, algunas de las perspectivas que te voy a proponer.

Mi objetivo es, ante todo, que encuentres en alguna de estas propuestas una utilidad práctica; eso es lo que le dará un resultado, un valor real, a la idea que haya captado tu interés por un instante.

Porque también espero que, al igual que yo, tú concibas la palabra «resultado» no solo como una ventaja para ti, sino para el conjunto del que ambos formamos parte.

EL VALOR DE LAS PALABRAS

Tengo que confesarlo: me encantan las palabras. Me parecen el átomo esencial de la materia que constituye nuestro proceso de comunicación natural, tanto interior, con nosotros mismos, como exterior, con los demás y con el ambiente que nos rodea.

Siento un respeto reverencial por el arte de la comunicación, por eso durante mucho tiempo fui aplazando la decisión de escribir un libro. Me limitaba a tener un blog y a aprovechar las ocasiones de hablar que se me presentaban en actos y manifestaciones públicas o en encuentros empresariales por todo el mundo.

La palabra es el principio esencial de la creación.

> En el principio era el Verbo (Logos), y el Verbo era con Dios y el Verbo era Dios. Este era en el principio con Dios. Todas las cosas por él fueron hechas, y sin él nada de lo que es hecho fue hecho.

Así comienza el Evangelio de Juan, con un himno a la Palabra que identifica a Jesús como Logos, y al Logos, como divinidad. Es magnífico, independientemente de las creencias que uno tenga.

Desde la época en que empecé a hacer teatro, la palabra hablada me parece una forma viva, una entidad unicelular que vive en el único instante en que se pronuncia. Y solo un grupo muy reducido y selecto de alquimistas capaces de hacerla eterna, del que yo no formo parte, puede permitirse cristalizarla de forma escrita. Cuando pronunciamos una palabra esta vive en el imperceptible instante en que asociamos una sensación, una emoción o una idea a la armoniosa secuencia codificada de letras que toman forma en un sonido y transmiten un significado muy preciso de quien habla a quien escucha; y luego regresa para siempre al lugar de donde procedía: al silencio.

En cambio, una palabra escrita queda para siempre, sea leída o no. Es un acto de responsabilidad. Por este motivo, en algunos pasajes de este libro, cuando no he encontrado las palabras adecuadas, he optado por citar algunas extraídas de mis numerosas lecturas de estos años. Están diseminadas por el texto como plantas raras, y espero que te regalen conceptos que para mí son muy valiosos.

ESCRIBIR PARA COMPARTIR

Un día, hace dos años, tomé la decisión de ponerme a escribir. No tanto por el deseo de contar algo que conocía o, peor aun, que creía conocer, sino para compartir pensamientos sobre los que llevo indagando desde hace mucho tiempo, de hecho, más de dieciséis años.

Se trata de ideas que me fascinan porque son magnéticas, porque siento que contienen la semilla de la posibilidad. Una posibilidad que, últimamente, un sistema que nos quiere ver cada vez más pasivos y menos responsables de cuanto sucede a nuestro alrededor pretende borrar de nuestra cabeza y corazón.

Sin embargo, la *responsabilidad* es uno de los temas centrales del viaje que estamos a punto de emprender. La responsabilidad que todos nosotros, incluidos tú y yo, nos vemos impulsados a asumir.

Una responsabilidad que es, ante todo, un paso atrás respecto a nuestras convicciones, una posibilidad de partir desde nosotros mismos, de acabar con la eterna encrucijada y **decidir *qué somos* antes de decidir *qué hacemos*.**

Casi ninguna de las ideas sobre las que voy a escribir es una intuición mía, ni una propiedad intelectual mía, pero asumo la titularidad y responsabilidad de cómo las he organizado en el presente libro. En este sentido, he tratado de imaginar que soy un simple canal y he intentado contaminar lo menos posible lo que corría por su cauce, centrándome en la responsabilidad que suponía la elección de este tipo de rol. Espero que esta Agua llegue a tu Mar tan pura y cristalina como era en su Manantial.

Confío en la fuerza de estas ideas, y me gustaría que la relación entre tú, que me honrarás invirtiendo tu tiempo en la lectura, y yo se basara en valores como el **intercambio** y la **reciprocidad.**

El verdadero valor de las palabras que vas a leer en estas páginas solo podrás calibrarlo al final del viaje que hagamos juntos. Yo compartiré contigo algunas ideas y tú decidirás si quieres reflexionar, profundizar en ellas. Yo te haré sugerencias y tú decidirás si te dejas inspirar por ellas.

Yo te indicaré un camino posible y tú decidirás si lo tomas y lo recorres.

Yo te provocaré y tú decidirás si aceptas o rechazas este desafío.

EL VALOR DE PARTIR DE CERO

Un compañero de viaje no puede ser alguien impuesto, sino alguien a quien elegimos; tampoco nos pueden imponer de dónde partimos. Nosotros partiremos del lugar 0.0, lo que significa emprender un viaje de retorno a los orígenes. Si llegas al final de este libro, hasta la última página, descubrirás que has llegado otra vez al principio, que te encuentras en el punto de re-partida.

Para unos ojos atentos, el número 0.0, aunque no lo parezca, encierra un valor: lleva consigo la fuerza de **asumir la responsabilidad.**

El 0.0 significa «decide tú el valor».

Creo que no hay nada más verdadero y correcto que un valor atribuido por los demás, pues nuestra razón de existir es en relación con los demás. Siempre es el otro quien establece cuál es tu valor; es una evaluación que procede del exterior y, por tanto, para ti es objetiva.

Ser 0.0 no significa necesariamente estar de acuerdo; significa más bien compartir la necesidad y la utilidad de tener una visión común que nos contemple de forma inclusiva a nosotros y al todo que nos contiene. El 0.0 significa estar juntos en este intento que hoy es más necesario y vital que nunca.

Esto es lo que trato que ocurra contigo, que me estás leyendo.

EL ARTE DE PROVOCAR

Solo recojo las partes de mí que considero útiles para nuestro estar juntos: mis experiencias profesionales, los relatos de mis encuentros con personas llenas de inspiración, los retos que he afrontado para intentar ser mejor persona, padre, profesional, ciudadano y habitante de este lugar que es mucho más que un simple planeta.

No hay ninguna teoría, ningún paradigma, ninguna tesis, ningún esquema, ningún instrumento. Y, sobre todo, no hay ninguna respuesta. Esto es un pensamiento que se mueve continuamente, articulado en varias etapas de una aventura que aspira a apoyar a cada uno en su viaje de retorno a una dimensión propia más esencial. Un pensamiento fluido. Una acción que te pueda sugestionar, siempre y cuando seamos conscientes de que la raíz de la palabra *sugestión* es la misma que la de *sugerencia*. Una sugerencia que te provoque en el sentido de la definición de *provocador* que concibió la poeta, actriz y bailarina estadounidense Maya Angelou:

> Provocador es quien se esfuerza por hacer de este lugar un lugar mejor para todos.

Para mí, el Héroe es un provocador.

Como no quiero proporcionar verdades y soy prisionero de mis constantes dudas sobre el sentido real de las cosas, recurriré con frecuencia al diccionario de consulta y al etimológico. No inventaré metáforas, aunque me gusta mucho hacerlo; citaré a personas (a algunas he tenido la suerte de conocerlas) que han provocado que sucedieran acontecimientos en la vida. Son personas a quienes he ido a buscar, o personas que la vida me ha hecho el regalo de poner en mi camino.

En resumen, en vez de hablarte de conocimiento, compartiré contigo la perspectiva según la cual he organizado aquella parte del conocimiento (materia fluida por excelencia) que hasta ahora he identificado como tal y que he ido adquiriendo primero mediante el estudio teórico y luego mediante la experimentación práctica.

Una parte del conocimiento que he reagrupado de forma sugestiva, útil y constructiva. Así es como reflexioné, por ejemplo, sobre un nuevo concepto de «economía» que luego he definido como «Economía 0.0». No son teorías ni razonamientos macroeconómicos y microeconómicos; se trata de repensar completamente la economía considerando la posibilidad de dar un paso atrás para volver a situar en el centro de nuestro sistema económico y social dos elementos: al Ser Humano, como sujeto inspirador de su proyectualidad y su felicidad, y el Amor, que para mí, como explicaré más adelante, es sin duda el acto económico por excelencia.

Pero yo no soy economista, al menos no en la acepción canónica del término, del mismo modo que tampoco soy escritor.

Si tuviera que meterme dentro de un traje o colocarme una etiqueta no sabría definirme con precisión. Si me hubiese puesto el traje de ejecutivo, quizás habría excluido a todos los que no fueran también ejecutivos o empresarios; de haber vestido el traje de padre, quizá solo habría incluido entre mis lectores a padres, madres y tal vez a alguno de sus hijos, y así sucesivamente con el resto de mi vestuario.

Por eso he preferido vestir el único traje que no es un traje, el que me hacía sentir más parecido a ti: el traje del *ser humano*.

Desnudo, sin traje, te **escribo como *hombre***, como tu semejante.

Sustancialmente soy un hombre, y mi vida privada y pública, mi esfera personal y profesional, mi dimensión interior y exterior han sido, y siguen siendo para mí, oportunidades para:

- observar
- experimentar
- intentar ser mejor

Y por *mejor* entiendo una mayor capacidad de ocuparme a la vez de mi propio Bien y del Bien de los otros, esos otros con quienes, según he ido descubriendo, estoy conectado estrechamente y de cuya suerte dependo.

NUTRIRSE DE EXPERIENCIAS REALES

Aquí y ahora quiero dejar constancia de los momentos más auténticos de mi vida y quiero estimular tu pensamiento con determinadas consideraciones. Para hacerlo me referiré únicamente a **experiencias de mi vida real fecundadas a partir de estas ideas.** Compartir otros sucesos no sería más que una conjetura, una mera proyección mental y emotiva **sin sentido práctico ni utilidad.**

Para encontrarte recurriré a:

- Momentos de conciencia breves e intensos que he vivido a lo largo de mi existencia.
- Mis experiencias por el mundo.
- Las personas que he conocido a lo largo de mi vida.
- Mis emociones e intuiciones.
- Los estudios realizados hasta ahora y la investigación constante con la que he alimentado mi vida.

Por todo eso apelo indistintamente a mi dimensión social y a mi dimensión profesional, a mi esfera privada y a mi esfera pública, a mi dimensión interior y a mi dimensión exterior.

Lo hago como un enamorado. Enamorado de la vida. Y plenamente convencido de la importancia de darse. Porque hay algo que tengo muy claro: **nuestra vida es nuestro mensaje para el mundo, y todos debemos contribuir ofreciendo lo mejor de nosotros mismos.**

Para hacerlo lo mejor posible he elegido una palabra-guía que me oriente en el viaje: *reflexión*.

Tal como indica su etimología, una reflexión es «**un acto cognitivo mediante el cual el espíritu vuelve sobre sí mismo y toma conciencia de sus operaciones y caracteres**». En mi opinión, esa es la búsqueda vital de todo ser humano.

Así pues, esta historia empieza con el relato de un viaje escrito en el libro que tienes en las manos. Ojalá su lectura estimule tu mente y te sugiera nuevos itinerarios de pensamiento. Espero llegar hasta tu corazón e impulsar nuevas emociones que te lleven a realizar nuevas acciones en tu vida. Porque tu vida también es mi vida.

2

EL VIAJE DEL HÉROE

La vida es un largo viaje en las horas nocturnas.

Proverbio védico

LA CONEXIÓN UNIVERSAL

El camino de la vida nos provoca constantemente con la ilusión de no estar solos y de encontrar cíclicamente algo o a alguien, lo que distrae nuestra atención de una verdad: **en nuestro interior estamos solos.**

Sin embargo, no debemos asociar la soledad a la idea de abandono, melancolía, desaliento o tristeza, sino a la reflexión.

En las próximas horas, mientras tratamos de reflejarnos el uno en el viaje del otro, compartiremos los dos bienes más valiosos que nos ha regalado la Vida, los únicos que, una vez consumidos, nadie podrá devolvernos jamás: **nuestro tiempo** y **nuestra historia.**

Creo que no hay nada más importante en la vida de un ser humano que su capacidad para contar su propia historia.

¿Acaso la historia de un hombre no es la historia de todos los hombres? ¿No somos todos iguales? ¿No tenemos el mismo origen y el mismo destino final?

Todos somos viajeros que hacemos un alto en el camino para descansar, conocemos a otros viajeros e intercambiamos historias con ellos. Historias de ideas y aspiraciones, de emociones y sentimientos, historias de cómo todas estas ideas se transforman en reflexiones sobre el sentido de las cosas y luego se traducen en acciones prácticas.

Somos un todo. Uno.

En los últimos años, la física cuántica ha acabado con creencias muy antiguas sobre nuestra individualidad y originalidad. Nos han explicado que el origen de todo fue el Big Bang, la explosión que creó lo que existe. Antes del Big Bang todo era Uno, como afirman las grandes religiones del mundo y las filosofías que han acompañado al hombre en su búsqueda del sentido de las cosas. Después del Big Bang, el Uno se dividió y creó distintas formas de vida.

Gracias a la física cuántica y a los estudios sobre el comportamiento de las partículas, en la actualidad algunos científicos afirman que los elementos atómicos más pequeños, los cuantos, se comportan como si aún formaran parte de ese gran Uno, y conjeturan que **todo lo que antes estaba unido no pierde jamás su conexión con el resto**. Ello implicaría que **cualquier cambio, incluso el más pequeño, influye en el Todo**.

Así pues, existe un campo energético universal e inmenso desde el que nosotros recibimos y mandamos energía. Por eso mi historia es tu historia, y tu historia es la mía. El viaje de tu vida es el viaje de mi vida, y el relato del viaje de mi vida es el relato del viaje de la tuya. Si no descubrimos en nuestro interior esta condición primigenia absoluta, corremos el riesgo de ser solamente un 0.

Creo que el destino final del viaje es redescubrir que **pertenecemos al Todo**. Algunas tradiciones antiguas creen que Dios ha creado el Todo para reflejarse en él y reconocerse.

El otro es la forma más semejante y próxima a mí que existe fuera de mí. Si hiciera el viaje solamente en una dimensión interior, nunca me enfrentaría al mundo; si buscara únicamente fuera de mí, perdería para siempre el contacto con el origen. Un viaje nunca empieza en el punto 1, sino en el punto 0: el lugar, el origen de Todo, del que yo soy la manifestación que mejor conozco por ser la más próxima a mí, aunque también me resulta más difícil indagar en ella, porque es la manifestación con la que más me identifico.

Siento que ha llegado la hora. Estamos listos para un nuevo Big Bang, un nuevo inicio, un nuevo momento 0 en el que ya no es necesario crear nada, en el que solo tenemos que redescubrir la creación que existía antes que nosotros. Y el momento del redescubrimiento es un renacer, un momento 0.0 en el que el punto (.) entre los dos 0 es el punto de una superación del Yo, del Uno Mismo y de su reflejo, tanto hacia el interior como hacia el exterior, hacia la vida, las cosas y los demás, es decir: lo otro, lo que está fuera de mí.

LA BÚSQUEDA DE LA DIMENSIÓN PUNTO.CERO

En estas páginas quisiera compartir contigo algunas etapas de este viaje en busca de la dimensión punto.cero (.0), en el que yo soy 0, tú eres 0 y nuestro encuentro es el punto (.) entre los dos ceros (0.0).

Una vez hecho esto, podremos investigar de qué modo va tomando forma esta dimensión en todas las manifestaciones en las que nos revelamos cotidianamente y en las que, durante siglos, se ha articulado el saber que nuestra especie ha reconocido, adquirido, diversificado, reagrupado y, por último, organizado en las cuatro disciplinas que presiden y estimulan nuestra evolución:

- Filosofía
- Arte
- Ciencia
- Economía

El último salto evolutivo que nos falta, la última tecnología por desarrollar, es la del Yo, el Arte del Yo. La salvación va a venir de dentro, de nuestra conciencia, del dominio del Yo que sepamos ejercer. Al igual que ocurre con un huevo, símbolo de la Vida y de la aspiración del ser humano a Dios desde la Antigüedad, el instante en que la Luz penetra por primera vez en él es el momento que determina su destino, su muerte o su vida.

La luz que entra por una grieta producida desde el exterior es el principio del fin; en cambio, si la luz penetra por una grieta producida desde el interior, desde el propio Yo, asistimos al principio del Principio, al principio del nacimiento hacia una nueva dimensión: de huevo (0) a vida (0.0). El punto entre los dos ceros es la grieta generada deliberadamente a través de un acto especial, voluntario, que transforma a un ser humano de simple individuo en Héroe. El acto puede durar un instante o una vida entera.

En cualquier caso, se trata de llevar a cabo el viaje.

EL VIAJE DEL HÉROE

> El viaje del Héroe es fundamentalmente interior, un viaje hacia una profundidad en la que vence oscuras resistencias, y ciertos poderes olvidados resucitan para transfigurar el mundo... ese viaje peligroso no tiene como objeto conquistar ni descubrir, sino redescubrir. El Héroe es el símbolo de la imagen divina y redentora que existe en nuestro interior y que está esperando ser encontrada y devuelta a la vida.

Esto puede leerse en *El héroe de las mil caras*, de Joseph Campbell, cuyo pensamiento ha servido para conectar el estudio de la mitología y la psicología. Inspirándose en Jung, quien identificó la presencia de figuras arquetípicas en el subconsciente colectivo, Campbell demostró que dichos arquetipos representan la base estructural de la mayor parte de los mitos de todas las culturas del mundo.

Según he podido observar, cuando emprendemos un viaje de liberación (no importa si queremos liberarnos de una idea o de una convicción que nos limitan, del hecho de expresar emociones poco productivas o de realizar acciones poco útiles) debemos prepararnos con sumo cuidado, ya que el momento más intenso del viaje llega cuando empiezan a faltarnos recursos durante el trayecto. Entonces, cuando el aire escasea, empezamos a pensar realmente en abandonar una condición para centrarnos en otra. Es el momento de la grieta. Y hace falta ser valiente para crear una grieta en el huevo.

Yo le atribuí un sentido nuevo al concepto de **valentía** tras leer un anuncio aparecido en el *Times* en 1914.

> Se buscan hombres para un viaje de riesgo. Sueldo bajo, frío glacial, largas horas en completa oscuridad. Incolumidad y regreso inciertos.

El organizador de la expedición, cuyo objetivo era cruzar a pie el continente antártico, era Ernest Shackleton, explorador polar que ya había realizado otras dos expediciones, la primera como tercer lugarteniente (1901-1903) y la segunda en calidad de comandante (1907-1909). En la segunda ocasión se detuvo a 96 millas del polo sur y regresó a su país sin haber conseguido su objetivo por no querer poner en peligro la vida de sus hombres. Al anuncio de 1914 respondieron casi cinco mil personas.

¿Por qué no hacer un viaje por mi propia vida, como explorador, peregrino o astronauta, o imaginando que soy uno de los cincuenta argonautas, esos héroes de la mitología griega que, guiados por Jasón, protagonizaron una de las narraciones más conocidas y fascinantes de la mitología clásica al viajar a bordo de la nave *Argo*, que los condujo a las hostiles tierras de la Cólquida para conseguir el vellocino de oro?

Tal y como escribió Shakespeare: «Todos estamos hechos de la misma materia que los sueños», y una vez en camino ya no existen viajeros mejores que otros.

Cualquier viajero consciente de ello se convierte en un Héroe para su pueblo. El Héroe siempre es el protagonista, el que vive la historia, el que lleva a cabo el viaje, no importa si es físico o mental.

El Héroe actúa; es la persona que actúa, protege y sirve.

Más que la fuerza o la valentía, su principal virtud es la **capacidad de renunciar a algo fundamental** (en los casos más extremos, a su propia vida) **por un ideal o por la comunidad**.

En su historia el Héroe suele separarse de su familia, de su tribu o pueblo, lo que equivale al acto primigenio mediante el cual un recién nacido se separa de su madre.

En el fondo, toda la vida del Héroe es un intento de trascender dicha condición original de orfandad que, aun siendo muy natural, es el umbral más difícil de cruzar para un ser humano. Quizá por ello todas las historias de los Héroes clásicos hablan de una separación del Mundo Ordinario para aventurarse por un Mundo Extraordinario, lo cual implica que el Yo busca ineluctablemente su identidad y su completitud.

Hay impulsos universales que incitan al Héroe y valores que lo guían, pero ello no significa que carezca de defectos. De hecho, su imperfección e incompletitud (su talón de Aquiles) representan el punto de partida de su aventura, su .0.

Gracias a ellas se producen constantes desafíos o enfrentamientos, lo que provoca que el personaje crezca y evolucione a lo largo de un trayecto de aprendizaje continuo.

El Héroe saca fuerzas para enfrentarse a la **metamorfosis,** al **cambio** y, por último, a la **muerte.** Y muestra cómo afrontar la muerte sobreviviendo a todo ello, demostrando que no es inexorable, y que es posible trascenderla. En caso de que halle la muerte, lo hace de forma heroica, y la transgresión consiste en haber dado su vida por una causa, un ideal o, especialmente, por la colectividad.

LAS CUALIDADES DEL HÉROE

Un Héroe es un hombre **sencillo.** Más que fuerte o poderoso, es alguien que lleva a cabo un acto de valentía extraordinario y **generoso,** que comporta o puede comportar un autosacrificio consciente, cuyo fin es proteger el Bien ajeno o el Bien común.

Es una persona que desea hacer de este mundo un lugar mejor para todos.

El Héroe puede estar solo o ser orientado por su grupo, puede ser catalizador o esquivo, determinado, activo y entusiasta, carente de incertidumbres o reticente, lleno de dudas e inseguridades, incluso puede ser alguien pasivo a quien deben motivar y empujar a la aventura.

Por eso creo que eres el Héroe de tu vida, y que tu vida debe ser contada al mundo.

Pero para hacerlo tienes que contestar al anuncio del periódico o embarcarte en el relato de una **historia verdadera,** esa historia tuya que ya es hora de vivir plenamente, pasando por un proceso que nos transforma en seres humanos completos tras afrontar a guardianes interiores, monstruos y enemigos.

Si exploramos en profundidad nuestro cuerpo, nuestro corazón, nuestra mente y sueños, descubriremos a guías, demonios, dioses, maestros, seductores, mentores, mensajeros, traidores, aliados, amigos y enemigos. Todas las figuras recurrentes en las grandes epopeyas clásicas.

No hay vida que no merezca ser relatada.
No hay relato que no merezca un Héroe.
No hay vida que no sea heroica.

3

EL MUNDO ORDINARIO

> Todo el mundo confunde los límites de su visión con los límites del mundo.
>
> ARTHUR SCHOPENHAUER

MUNDO ORDINARIO Y MUNDO EXTRAORDINARIO

Todos podemos dividir el relato de la historia de nuestra existencia en dos partes esenciales: la parte vivida en condiciones ordinarias y la parte vivida en condiciones extraordinarias. Llamaremos «Mundo Ordinario» a la primera dimensión de la historia, y «Mundo Extraordinario» a la segunda.

El Mundo Extraordinario solo se nos aparece como tal cuando lo comparamos con nuestro Mundo Ordinario. **En el Mundo Ordinario empieza la historia de todo héroe**, aunque este se realiza en el Mundo Extraordinario y luego, al final de la aventura, regresa **renovado y renacido** a su Mundo Ordinario, que a partir de ese momento **nunca volverá a ser ordinario.**

El Héroe siempre sale a escena en condiciones ordinarias, es entonces cuando recibe las primeras indicaciones que lo lanzan a la aventura, a lo largo de la cual aparecen los valores positivos de la historia y se establece lo que está en juego.

Para que exista una aventura tiene que haber un protagonista, el Héroe, en condiciones ordinarias, ya que las premisas para iniciar un camino de desarrollo, crecimiento y evolución se encuentran donde tú estás hoy, en lo que tú eres hoy y en cómo te manifiestas hoy.

Evolución significa «acto y efecto de los seres de evolucionar y desarrollarse desde formas inferiores y rudimentarias a formas más perfectas, pasando gradualmente de unas a otras». Dicho de manera más sintética: «dejar una posición para ocupar una superior y extraordinaria con respecto a la anterior».

No podemos evolucionar si antes no somos capaces de desarrollarnos (entendido como «deshacer lo que está enrollado») en nuestro Mundo Ordinario y luego crecer. Así, en la condición ordinaria de nuestro aquí y ahora, empieza la aventura del Yo-Héroe.

Para ello debemos llevar a cabo la primera hazaña, basada en cuatro certezas:

1. Aprender a observar nuestra condición y la del conjunto al que pertenecemos.
2. Descubrir que tanto nosotros como la colectividad somos menos de lo que podríamos y deberíamos ser.
3. Desear honrar nuestros talentos y contribuir al desarrollo y el crecimiento de ambos.
4. Aspirar a ser otro.

Mi viaje partió de ahí...

Me llamo Oscar di Montigny y nací en Milán el 31 de agosto de 1969. Desde 1997 comparto mi vida con Sara; me enamoré de ella en 1992, aunque empecé a hacerle la corte dos años antes, cuando los dos íbamos a la facultad de ciencias políticas de la Universidad Estatal de Milán. Antes de la clase de español del profesor Santos, solía guardarle un sitio a mi lado con la esperanza de que fuera el único que quedase libre cuando ella entrara en el aula. Yo siempre era de los primeros en llegar (algo inaudito en toda mi vida de estudiante), y ella muchas veces era la última, por lo que, en efecto, se veía obligada a sentarse en el único sitio libre, a mi lado. El día que Sara llegó de las primeras y se sentó a mi lado comprendí que mi táctica había dado resultado.

Sara es una mujer fantástica, para mí es única. Es madre ejemplar y una compañera de vida atenta, solícita y presente. Siempre está a mi lado, dispuesta a apoyarme, a soportarme y, sobre todo, a esperarme. Nuestro amor ha sido premiado con cinco hijos; cuatro chicas fantásticas (para mí siempre niñas): Lunachiara, Aqua, Sara Viola y Agnese; y el pequeño y travieso Davide.

En el año 2000 comencé a trabajar como ejecutivo en un importante grupo bancario italiano. Actualmente ocupo el puesto de director de marketing, comunicación e innovación. Además, soy ideólogo y fundador de nuestra universidad corporativa y administrador delegado de una sociedad del grupo.

Después de varias experiencias en el mundo del marketing, algunas en grupos internacionales, puedo afirmar que lo que me caracteriza como ejecutivo es, en primer lugar, que siempre trato de investigar para descubrir, y que luego comparto lo que he descubierto para generar un bienestar cultural que se traduzca en eficiencia y eficacia operativa. En segundo lugar, siempre trato de responsabilizar a quienes vayan a enriquecerse con ese nuevo conocimiento para que no lo usen solo como ventaja personal, sino como una ventaja para la colectividad, y cuando digo colectividad no me refiero solo a mi equipo, mi empresa o mis clientes, sino a toda la sociedad, lo cual constituye un objetivo que es la parte más difícil y compleja de mi trabajo.

Han escrito que soy un orador apasionado, quizá por ello me invitan a participar en foros y actos muy importantes, nacionales e internacionales, en los que intento estimular y orientar a empresarios, estudiantes, funcionarios de la Administración pública y, sobre todo, a las nuevas generaciones y a mis conciudadanos para que sean capaces de afrontar los retos inminentes que nos esperan.

A lo largo de los últimos años he tenido la suerte de entrar en contacto con unas dieciocho mil personas tanto en Italia como en el extranjero: estudiantes de centros públicos y privados, de norte a sur y de todas las edades, desde primaria hasta las aulas magnas de las universidades o las escuelas de negocios más destacadas; hombres y mujeres del mundo de los negocios, empresarios y empresarias, cargos directivos, profesionales liberales de distintas categorías, funcionarios de la Administración pública y simples ciudadanos...

Con los años he desarrollado competencias de marketing innovador, comunicación relacional y educación corporativa. Además, inspirado por ideas que consideraba fundamentales, he reinterpretado mi trabajo y, sobre todo, mi vida: le he dado un nuevo sentido conjugando negocios y gestión con filosofía, arte y ciencia, que son las disciplinas que estudio y mis grandes pasiones (en concreto, mis áreas de investigación).

LA VELOCIDAD DEL CAMBIO

Los avances tecnológicos nos imponen ir cada día más rápido, lo que nos somete a un gran ritmo e intensidad. Llevo un tiempo reflexionando sobre ello y he llegado a la conclusión de que **hoy en día la verdadera revolución no reside en el cambio, sino en la velocidad de dicho cambio**. La velocidad no cuenta si uno toma la dirección equivocada.

Seguro que estarás pensando: «¿Otra vez con el cambio? ¡Basta ya!».

Es verdad, resulta un tema manido, pero sigue siendo actual: cada día asistimos a cambios repentinos en todos los sectores de nuestra sociedad. Todos los días hay alguna novedad.

Pero el hecho más interesante es la velocidad del cambio.

En un ensayo de 1984, *Seis propuestas para el próximo milenio*, Italo Calvino enumeraba seis características que debía tener la literatura al comienzo del segundo milenio:

- Rapidez
- Levedad
- Exactitud
- Visibilidad
- Multiplicidad
- Consistencia

Si aplicamos dichos valores a la realidad del nuevo milenio, yo diría que aún resultan actuales.

Hoy el cambio se produce a un ritmo vertiginoso, a una velocidad que antes no existía. Tal como dice el Conejo Blanco de *Alicia en el País de las Maravillas*: «Ahora, aquí, para quedarte en el mismo lugar debes correr lo más rápido que puedas. Y si deseas llegar a algún sitio, debes correr el doble de rápido». La globalización, la tecnología, la búsqueda compulsiva e imparable de innovación en todos los sectores en que el ser humano se manifiesta y expresa, unidas a la facilidad para desplazarse física y virtualmente, han hecho el mundo infinitamente más pequeño, y todos podemos (o tal vez nos vemos obligados a) ver los límites de nuestro Mundo Ordinario personal y extenderlos hasta los límites de un nuevo Mundo Extraordinario. Este horizonte ensanchado es el único mundo posible, y en él la relación que cada uno de nosotros mantiene con la vida, las cosas y las personas se produce a través de un proceso comunicativo ininterrumpido. Esta disciplina, la Comunicación, ha evolucionado hasta alcanzar el estatus de nuevo arte y nos brinda la oportunidad de conocernos y reflexionar interior y exteriormente, como en un juego de espejos, a través de imágenes, ideas, emociones y sensaciones que instante tras instante habitan en nosotros. Y nuestro cometido es devolvérselas a los demás, si es posible, mejoradas.

Una vez satisfechas las necesidades básicas, lo que nos hace felices es **la calidad de las relaciones sociales.** Cuanto antes seamos conscientes de este hecho, más disfrutará de ello nuestro planeta. Saber qué nos hace sentir felices y satisfechos es un medio de defensa para liberarnos de **la trampa del tener** para sentirnos bien.

Hace unos años esta idea me impulsó profesionalmente a apostar más por las personas que trabajan en una empresa que por la marca de la empresa en sí misma; más por los valores y contenidos intrínsecos de la oferta de la empresa que por sus productos o servicios, sus características técnicas o su precio. Por decirlo de otro modo: me impulsó a desconfiar de las convenciones.

«La gente olvidará lo que has dicho. La gente olvidará lo que has hecho. La gente no olvidará cómo la has hecho sentirse»: ese fue el reto que acepté.

Hoy se habla mucho de «experiencia de usuario» pero, en realidad, la vida siempre ha sido experiencia, solo que nosotros nos distraemos continuamente, o seguimos creyendo que la gente debe experimentar con servicios, productos o plataformas digitales sin comprender que, en el fondo, quiere tener experiencias interiores. Y, sustancialmente, **una experiencia es un encuentro en el que la mayoría de las personas (quizá todas) no hace más que buscar de forma constante la felicidad.**

Algunos economistas creen que la felicidad es el mejor indicador de la salud de una sociedad. Todos sabemos que el dinero nos puede hacer más felices, pero también sabemos que, una vez satisfechas las necesidades primarias, esto ya no es así.

Mucha gente piensa lo siguiente cuando se trata de ganar dinero: considera que un objeto tangible es más duradero y las hará más felices y durante más tiempo que una experiencia inmaterial, como un concierto, unas vacaciones o un encuentro con personas extraordinarias.

Es un razonamiento totalmente erróneo.

Según afirma Thomas Gilovich, profesor de psicología de la Universidad de Cornell que estudia la relación entre dinero y felicidad desde hace más de veinte años: «Uno de los enemigos de la felicidad es la costumbre. Compramos cosas para sentirnos felices. Y funciona, pero por poco tiempo. En un primer momento, las cosas nuevas nos entusiasman, pero luego nos acostumbramos a ellas».

Gilovich sostiene que, en vez de comprarnos el último móvil o un coche nuevo, seríamos más felices si gastáramos nuestro dinero en experiencias como ir a exposiciones, hacer actividades al aire libre o viajar.

No parece lógico que una experiencia vivida una sola vez nos haga más felices que un objeto físico que podemos conservar durante mucho tiempo, pero es así. **La felicidad originada por la posesión de objetos disminuye con el tiempo, mientras que las experiencias quedan arraigadas en nuestra identidad.**

Así pues, ¿en qué debemos invertir nuestro dinero y nuestro tiempo para ser más felices? Una de las preguntas más importantes en la vida actual es cómo usar nuestro dinero, un recurso siempre limitado que no podemos despilfarrar. Tal vez por ello mi trabajo, que consiste en contribuir a gestionar el dinero ajeno, me parece el más bonito del mundo, pues me obliga a ser muy responsable y muy consciente.

Deseo contribuir a que las personas sean felices porque eso me hace feliz. **No creo que existan malas personas; más bien creo que existen personas infelices.** Si efectivamente esto es así, no debería centrarme en defenderme de los malos, sino en contribuir a su felicidad. Pero conseguir que alguien sea menos infeliz es mucho más difícil que conseguir que sea menos malo. En el segundo caso bastaría con la fuerza o el dinero; sin embargo, para que sea menos infeliz necesitamos recursos más elevados, como el amor, los cuidados y atenciones, la compasión, la sensibilidad y el saber escuchar.

«Nuestras experiencias suponen un patrimonio mayor que nuestros bienes materiales», prosigue Gilovich. Hay quien pueda pensar que una parte de nuestra identidad va ligada a los bienes que poseemos; pero, aunque así sea, estos siguen siendo entidades separadas de nosotros, mientras que **nuestras experiencias sí forman parte de nuestro ser.** Además, las experiencias que compartimos con otras personas nos conectan mucho más con ellas, y con el sentido común, que el hecho de utilizar o poseer objetos conjuntamente. Cuando vivimos experiencias con otras personas, estas pasan a formar parte de nuestra vida para siempre, son protagonistas de historias que podremos contar hasta el último de nuestros días. Y cada experiencia es única e irrepetible, solo tuya y tuya para siempre.

Según algunos expertos, en un futuro la investigación de Gilovich tendrá implicaciones relevantes para la sociedad, tanto para individuos que deseen maximizar el retorno a la felicidad en sus inversiones financieras, como para empresarios que comprendan que la clave de su éxito reside en tener trabajadores más felices, o para políticos que solo resultarán elegidos si cuentan con ciudadanos más felices. «El mercado y los electores verán como un éxito u otorgarán su reconocimiento al hecho de recolocar inversiones empresariales, o de repensar estrategias de las administraciones públicas e inducir a las personas a realizar actividades experienciales que les produzcan mayor felicidad», concluyen Gilovich y su coautor, Amit Kumar, en un artículo reciente publicado en la revista académica *Journal of Experimental Social Psychology*.

LA EXPERIENCIA *CENTODIECI*

Aunque no sabía nada de la investigación de Gilovich y Kumar, en 2014 empecé con mi empresa un proyecto muy especial llamado *Centodieci*: nos lanzamos al reto de educar en conceptos como la **felicidad**, la **sensibilidad**, el **progreso**, la **paz** o la **no violencia**. Se trata de contarle a la gente historias de valores, relatos de vida auténticos contados por sus protagonistas, historias mitológicas de personas que se han convertido en iconos, en héroes de nuestro tiempo, para ofrecerles un extracto de felicidad pura, para compartir una visión sobre los grandes cambios que se están produciendo en nuestra sociedad y ponernos al día en el increíble progreso de la tecnología. Un augurio de esperanza para el futuro. Y **siempre partiendo del Amor.**

¿Qué pintan la felicidad y el amor en un banco? Nada. Por eso pintan algo.

Cuando puse en marcha este proyecto, deseaba que las personas nos recordaran por una emoción intensa que hubieran sentido gracias a nosotros, no solo por un buen servicio o por un precio competitivo. Quería que nos recordaran por la fuerza de una idea o por una intuición surgida de algún concepto que hubiéramos compartido con ellas. Hoy el mundo no necesita un nuevo producto o un nuevo servicio; **hoy el mundo necesita un mensaje nuevo** y nuevos mentores que lo representen y den testimonio de él. Y no veo por qué ese mensaje no puede emitirlo un banco.

Aunque sea la última entidad de la que se esperaría algo así, lo cierto es que puede convertirse en el motor de propulsión de dicho renacimiento. De hecho, en veinticuatro meses logramos que más de sesenta y cinco mil personas de 467 ciudades conocieran, por ejemplo, al doctor Hunter *Patch* Adams (el personaje real en el que se inspiró Robin Williams para su película homónima); o a la nieta del Mahatma Gandhi, Tara Gandhi; o a la disidente cubana Yoani Sánchez; o al premio Nobel de la Paz Lech Walesa; o al payaso y mimo Miloud Oukili; o a François Pienaar, capitán de la selección sudafricana de rugby y campeón del mundo en tiempos de Nelson Mandela, de quien era gran amigo; o a la bailarina Simona Atzori, llamada la «mariposa sin alas»...

¿Por qué no iba a ser un banco el que hiciera estallar todas estas chispas de felicidad?

Tal afirmación puede parecer filosofía pura, pero en realidad es filosofía aplicada.

Recientemente me preguntaron en una entrevista qué sentido tenía la filosofía para un hombre que trabaja en un mundo tan práctico y concreto, lleno de números, presupuestos y frías evaluaciones del rendimiento de las inversiones o ganancias. Y también si la filosofía aún se podía considerar una disciplina importante para nuestra sociedad.

Respondí que sí sin dudar. La filosofía ha sido la primera disciplina a la que los seres humanos recurrimos para responder a las grandes preguntas, la primera investigación sobre el sentido de la vida y de las cosas, sobre el sentido de otros seres vivos y, sobre todo, acerca del sentido de nuestra relación con todo ello. La filosofía es el instrumento intelectual que nos ha servido para investigar el concepto más profundo que nos une al planeta, a nuestros semejantes, a nosotros mismos: el concepto del *Bien* en una dimensión de reciprocidad.

Y todo con un solo fin: **observar e interpretar los principios y leyes que nos gobiernan** a nosotros y al Todo, además de nuestro funcionamiento psíquico y físico y el de la parte racional que se oculta tras los hechos que ocurren a nuestro alrededor.

Así pues, la filosofía, que etimológicamente significa «amor a la sabiduría», desempeña un papel fundamental en nuestra vida y es, también, el fundamento de cualquier otra disciplina ya que, a base de observaciones, nos desvela el nexo entre el Amor y su última expresión, constituida por cualquier forma de conocimiento.

La humanidad ha pasado más o menos indemne por muchas épocas de grandes cambios. En cierto modo, nuestra generación ha tenido la inusual suerte de vivir un cambio de era y de asistir a la desaparición definitiva de una dimensión ordinaria que se había convertido en la normalidad. Somos realmente afortunados, porque es un momento muy bonito e interesante para estar vivos. Estamos viviendo una fase que cualquier ser humano curioso desearía vivir, una auténtica revolución, una re-evolución. Con todo, también es un período de transición en el que existe una gran presión psicológica sobre nuestra vida, y solo podemos huir de ello mediante un itinerario educativo interior que luego tome forma en nuestras manifestaciones externas, en nuestra relación con el mundo. **Para capear el cambio en vez de sufrirlo, el reto del futuro va a ser sobre todo cultural.** No será un reto imposible, pero sí muy complicado.

Yo lo llamo un **reto *personal-cultural***, pues el cambio, para afianzarse sin violencia, deberá manifestarse, antes que en la sociedad, en la conciencia de quienes representan esa unidad monocelular de la que están hechas las entidades que componen la sociedad (familia, gobierno, instituciones y empresas). **Debemos cambiar, evolucionar y enriquecer nuestra perspectiva personal** ahora que nos hallamos en una etapa histórica en la que están cambiando los paradigmas que han sido las bases de la sociedad durante siglos. Se está produciendo una transformación de los mecanismos que hasta ahora regulaban el tejido social, cultural y económico de nuestro mundo. Por eso ha llegado el momento de decidir si queremos ser protagonistas activos de dicho cambio o sufrirlo pasivamente sin comprenderlo siquiera.

LA RELEVANCIA DE LAS EMPRESAS

Según mi opinión personal, hoy las empresas podrían desempeñar un papel relevante, pues son organismos o estructuras que aglutinan a personas con un objetivo común y todavía representan un vínculo importante entre el individuo y su comunidad de referencia.

Las empresas son conglomerados de personas, pero no padecen la gravedad propia de los aparatos del Estado o de las organizaciones supragubernamentales, que suele traducirse en excesiva lentitud en los procesos e incapacidad para tomar decisiones y asumir responsabilidades. Sin embargo, cuando las empresas interactúan con las novedades o las adoptan, no exhiben la velocidad propia de la sociedad civil, pese a que esta actualmente está pagando el precio de su aclamada fragmentariedad y su falta de identidad unitaria. Por eso tengo la impresión de que las empresas son una mediación excelente entre la sociedad civil y el aparato estatal, un sujeto crucial para que los acontecimientos tengan lugar y para protagonizar el cambio.

Ahora bien, con el fin de lograr una evolución positiva, las empresas deben ir más allá de su propio beneficio y preocuparse del de su comunidad de referencia, aquella en la que operan y de la que extraen sus recursos humanos. El futuro será de las empresas que se cuiden, y que cuiden tanto a sus clientes como a la colectividad. Es necesario colocar en el centro de todo este proceso al Ser Humano, con sus pensamientos y sus emociones (que toman forma concreta a través de sus actos, y forma abstracta mediante sus aspiraciones), y al elemento artístico en el que converge una profunda reflexión. Su potencialidad es enorme, siempre y cuando **no lo subyugue** la tecnología y **no lo ciegue la ambición**.

Hemos sido capaces de inventar tecnologías que nos permiten solucionar de inmediato problemas considerados irresolubles hace unas décadas y que, además, han supuesto unos beneficios personales enormes para quienes los han resuelto. Sin embargo, hoy el tema central ya no es la aceleración, que se da por supuesta, sino la necesidad de orientar de forma adecuada esta velocidad extraordinaria.

«La velocidad no importa si vas en la dirección equivocada», decía Gandhi. Por eso, hoy más que nunca el Ser Humano y su pensamiento deben estar en el centro.

En el umbral de esta nueva era se vislumbran **grandes oportunidades de evolución**, y debemos luchar contra el riesgo de colisión inexorable que nos espera si optamos por seguir el camino opuesto al del bien común.

Provocar que sucedan cosas nunca es sencillo; de hecho, el ser humano suele vivir persiguiendo dicho objetivo sin acertar nunca del todo. Hacer que ocurra algo significa no someterse al destino, a un planteamiento determinista de la realidad; lo importante es tener libertad para expresarnos mientras buscamos qué nos puede mejorar. Significa luchar con nuestros propios medios para moldear el destino que nos ha tocado en nuestros actos y decisiones, que no son infinitos, pero nos dejan entrever un resquicio de libertad.

En su Mundo Ordinario las personas creen que son libres, pero en realidad solo son libres de creerlo. **La única forma de libertad verdadera a la que podemos aspirar es a ser útiles a la colectividad.**

Eres un ser libre cuando, una vez resueltas las cuestiones de tu vida ordinaria, puedes dedicarte por completo a tu Mundo Extraordinario, un mundo hecho de algo que está fuera de ti: los demás. Cuanto hemos hecho hasta ahora podría haber funcionado en nuestra dimensión individual, pero no funciona en absoluto en la dimensión colectiva.

Está muy claro, es evidente: **el sistema capitalista vive asediado.** En nuestro Mundo Ordinario ha sido señalado como causante principal de los problemas sociales, medioambientales y económicos a los que nos enfrentamos, y sabemos muy bien cómo ha prosperado durante años en detrimento de la colectividad. La credibilidad de las empresas ha bajado en la última década hasta niveles nunca vistos. Recientemente han aumentado la desconfianza y las suspicacias de la población hacia el mundo de los negocios, lo cual está induciendo a los gobernantes de los países y a las organizaciones comunitarias europeas a adoptar políticas económicas y financieras tan indiscriminadas que minan desde sus raíces la fuerza competitiva de las empresas cuando estas, en realidad, **son la savia del crecimiento y el desarrollo de una sociedad.** Y, por si fuera poco, los empresarios también son en parte responsables de ello.

Soy un hombre de empresa y, como tal, he conocido muchas realidades empresariales distintas y he podido observar que la mayoría de sus líderes parece que estén prisioneros en una cómoda celda de castigo en cuyas ventanas hay tres barrotes aparentemente inamovibles:

- *El primer barrote* representa la **ausencia total de visión a largo plazo**, de una luz que responda a la pregunta: «¿Adónde deseo ir?». Ello produce desorientación o, peor aún, una orientación accidental de la empresa.
- *El segundo barrote* es la **falta de una misión compartida que vincule estrechamente la práctica cotidiana del negocio a un objetivo íntimo y sincero**, que contemple el propio bien, el bien de la empresa y el bien de la colectividad. Estamos hablando de la capacidad de responder siempre de modo coherente y con total transparencia a la pregunta: «¿Por qué lo deseo?».

  La respuesta a esta pregunta es la solución para los momentos indecisos, cuando se insinúa la duda, y también para los momentos de debilidad y fragilidad.
- *El tercer barrote*, por último, tiene que ver con una evidente **incapacidad de renovarse**: el sistema no ha sabido apoyar el relevo generacional y, hasta ahora, los representantes de las nuevas generaciones no han sido capaces de salvar la brecha existente entre ellos y sus antecesores, de modo que no han podido erigirse en futuros líderes. Esa brecha sigue siendo enorme en Italia, y la increíble velocidad a la que se crean y difunden nuevas tecnologías no hace más que agravarla.

¿Qué podemos hacer para mejorar?

«Para mejorar hay que cambiar. Por tanto, para ser perfectos tenemos que cambiar a menudo», decía Winston Churchill.

Yo no veo a mi alrededor voluntad de cambiar. Lo que veo es una tendencia cada vez más recurrente a quejarse sin que exista una tendencia igual de recurrente a proponer soluciones. Debemos prestar menos atención a lo periférico y a nuestros afectos y convicciones para volver al corazón, al Centro del Todo, donde no hay «solo Yo», sino «todo el conjunto del que Yo formo parte, y Yo», lo que en Economía 0.0 yo llamo el **punto 0.**

En las empresas tenemos que preguntarnos **cómo unir el éxito empresarial y el progreso social.** Pronto nos tocará perseguir un valor que no va a consistir únicamente en la responsabilidad social, la filantropía o la simple sostenibilidad, sino también en identificar una nueva forma de alcanzar el éxito económico necesario para la supervivencia de una empresa y la producción de un superávit, unos beneficios que, puestos de nuevo en circulación, generarán más bienestar para la colectividad. Tenemos que acelerar el declive del Tiempo de Acumular y contribuir a acelerar el inicio del Tiempo de Compartir.

Un número creciente de empresas muy conocidas, como General Electric, Google, IBM, Intel, Johnson & Johnson, Nestlé, Unilever o Walmart, han hecho notables esfuerzos para crear un valor compartido y contribuir a una especie de **reconciliación entre la sociedad civil y las actuaciones empresariales.** Habría que averiguar si se trata de:

- Una elección deliberada y consciente.
- Una elección inconsciente e impuesta por el mercado.
- Una elección temporal e instrumental para afianzar una nueva posición en el mercado más aceptable para consumidores y que les permita seguir con el viejo estilo, lo que sería peor aún que las elecciones anteriores.

En cualquier caso, hay que pedir con insistencia a ejecutivos y administradores que adquieran nuevas competencias y nuevos conocimientos y que desarrollen una **mayor sensibilidad para identificar las necesidades de la colectividad, satisfacerlas** y, si es posible, **anticiparse a ellas**.

Las empresas del futuro deberán comprender mejor las nuevas bases de la productividad empresarial e investigar la posibilidad de coexistir en la sociedad rompiendo la barrera que todavía traza límites entre rentabilidad, baja rentabilidad y ausencia de rentabilidad para llevarlas hasta lo que yo, en Economía 0.0, llamo **Rentabilidad Adecuada**. Por su parte, el gobierno tendrá que disciplinar y reglamentar las modalidades que permitan compartir de manera sana este nuevo valor.

Las principales fuerzas de las que dispondremos para afrontar las cuestiones urgentes que surjan cotidianamente a escala planetaria no van a ser tanto aquellas personas que hagan obras benéficas o filantrópicas como las empresas. Ahora es el momento para idear una **nueva concepción del capitalismo**. No mañana. ¡Ahora! Hay que redefinir los objetivos de las empresas para guiar los negocios hacia la creación de un valor que también se pueda compartir, no solo acumular. Ello será mucho más útil que cualquier otra estrategia a la hora de facilitar la próxima oleada de innovación y el crecimiento de la productividad en la economía global. Para los empresarios, ejecutivos y administrativos **aprender a crear valor compartido** será una gran ocasión de legitimar el negocio al que se dedican todos los días y dará más sentido a su vida.

Mi experiencia cotidiana en un banco cuyos principales referentes de mercado son las finanzas, el ahorro de los ciudadanos y la economía en general, así como el cargo específico que ocupo en él, me ofrecen la oportunidad de tener una perspectiva privilegiada, aunque no deja de ser subjetiva. Creo firmemente que la sociedad civil es la mejor síntesis y expresión de la condición interior de los individuos que la forman, y en mi opinión también podemos considerar a las empresas, que son grupos de seres humanos organizados por seres humanos, como una manifestación intermedia de tal condición.

La situación contingente de los mercados y la economía en general, así como las consecuencias sociales que podría tener la incapacidad para encontrar una solución en breve, me obligan, dada la presión mediática a la que nos vemos sometidos, a preguntarme todos los días si puedo o si debo adoptar puntos de vista distintos, quizá más omnicomprensivos que aquellos que nos han propuesto hasta ahora. Tiene que haber necesariamente una alternativa; por tanto, en vez de esforzarnos por inventar una nueva, ¿por qué no observamos lo que ocurría ayer? Ese pasado que solemos denigrar porque ya está superado y relegado a la condición de «ayer» ha enseñado a muchas personas a ser mejores en su «mañana».

Hace siglos nuestra especie alcanzó cimas tan altas en la gestión de la *res publica* que todavía hoy siguen siendo originales e innovadoras, en algunos casos incluso impensables. Por eso, al igual que un Pulgarcito de nuestros días, he intentado retroceder en el tiempo hasta el origen de la política moderna y sus fundadores: Platón y su maestro Sócrates.

LO QUE LA FILOSOFÍA PUEDE ENSEÑARNOS

En la Antigüedad la filosofía no consistía en enseñar teorías abstractas o interpretar textos: era un auténtico **arte de vivir**. Requería una actitud concreta y cierto estilo de vida para toda la existencia. Según esta visión, es fácil comprender que **el acto filosófico solo es tal si nos ayuda a vivir con mayor plenitud y nos hace mejores.** Quien practica la filosofía experimenta una **conversión**, un cambio interior radical. Pasa de una vida no auténtica, inconsciente y preocupada por todo a una vida auténtica, libre de pasiones, en la que se manifiestan la paz y la libertad interior.

Es increíble lo mucho que se parece nuestra época al período en que vivió Platón, entre los siglos V y IV a. C. Eran tiempos de crisis moral y espiritual, no solo política. Tal como puede leerse en la introducción al *Fedón*, publicada en Italia por Edizioni 3P, tras la muerte de Pericles el mundo político ateniense se llenó de odios y venganzas, y a partir de ahí se produjo una degradación cultural: «El caos moral de Atenas es imputable a un vacío de certezas. Según Platón, la crisis moral y política está estrechamente vinculada a una crisis intelectual que la genera y alimenta». Y más adelante: «Según Platón, los filósofos debían gobernar el Estado por una razón muy concreta: porque, gracias a la educación recibida, eran los únicos que comprendían profundamente a la colectividad y sabían cuál era su responsabilidad para con ella». No existen mejores palabras para expresar lo que yo pienso.

Hoy, ante los alarmantes problemas de nuestro planeta, deberíamos preguntarnos cada vez con mayor frecuencia: «¿Qué puedo hacer?», o bien: «¿De qué manera puedo contribuir?». Sin embargo, al plantearnos dichas preguntas, eludimos una cuestión que hace las respuestas factibles y que es una de las lecciones que podemos extraer del *Fedón*: **no es posible contribuir de forma significativa si antes no mejoramos.**

Cuando nos ejercitemos en la disciplina de la **mejora constante**, empezaremos a conocernos profundamente, de manera simple y directa, y descubriremos que **los demás están en nosotros**, que no hay distinción posible entre yo y el que está fuera de mí, entre nosotros y el que está fuera de nosotros. Entonces comprenderemos que el Bien es intrínseco a nuestra naturaleza y que, si nos quedamos con aquello que sentimos íntimamente, nos acercaremos a él como si fuera un principio general en el que nuestro interés coincide con el del conjunto al cual pertenecemos. Así, ilusiones como «no depende de mí», «lo haré mañana» o, peor aún, «no soy capaz» desaparecerán de la vida de muchos de nosotros, puesto que decidiremos ser activa, directa y personalmente **determinantes a la hora de promover el Cambio.**

Solo entonces es cuando este se producirá, y será a mejor. Y todo ello será posible gracias a las Ideas.

Tenemos que aprender a **centrarnos en el proyecto y no en el resultado.** Un proyecto hecho **por** el ser humano y **para** el ser humano.

Detrás de una gran idea siempre ha habido un ser humano que, gracias a su sensibilidad, la ha percibido, generado y madurado en su mente, donde la ha conservado y desarrollado y también, lo que es más importante, la ha amado en su corazón para, al final, transformarla en materia poniendo en marcha un proyecto que la ha convertido en realidad, y así poder compartirla con el mundo a través de sus actos. Se trata de un proceso mágico, por eso creo firmemente que hoy la verdadera diferencia entre las personas estriba en su capacidad de hacer, o, mejor dicho, de su capacidad de hacer que las cosas sucedan, y pienso que esta es la única condición necesaria para mejorar el contexto en el que todos vivimos, la única respuesta posible al tamtam cotidiano que no deja de decirnos: «... es imposible».

Hoy más que nunca necesitamos a personas que marquen la diferencia y aspiren a contribuir por ellas mismas, por los demás y por el contexto del que todos formamos parte y que llamamos Mundo Ordinario. Es una manera de **entender la**

vida como un reto para dejar huella, para orientar al mundo en la dirección de la sostenibilidad, sobre todo en un momento histórico en que se subraya demasiado lo negativo en detrimento de la idea de la posibilidad, de la idea de desarrollo y evolución, de la mejora continua a la que un ser humano debería aspirar constantemente de un modo natural.

Necesitamos mentes privilegiadas que deseen compartir su visión, sus motivaciones íntimas y sus aspiraciones más profundas, mentes que permitan a hombres especiales, a los Nuevos Héroes de nuestro tiempo, primero desear y luego conseguir resultados extraordinarios que convertirán sus vidas en ejemplares.

¿Qué factores originan una nueva idea creativa? ¿Y de dónde vienen las ideas? ¿De quién son?

Hablando de ideas, recuerdo que en noviembre de 2010, en el Palacio de Hielo de Milán, participé en un seminario muy interesante denominado *21 Minuti – I Saperi dell'Eccellenza* («21 minutos: Los conocimientos de la excelencia»). Era la segunda edición y la segunda vez que asistía, acompañado de varios colaboradores míos. El seminario nos brindaba la ocasión de escuchar a personas que habían dedicado su vida a hacer cosas para sí mismas y para toda la humanidad, mentes privilegiadas que querían compartir con los demás la visión, las motivaciones íntimas y las aspiraciones profundas que las habían llevado a conseguir unos resultados extraordinarios. Una muestra del mundo en activo, veintiuna personalidades de distintos países que hablarían durante veintiún minutos de las cuatro disciplinas en las que siempre se han basado el conocimiento y el hacer de la humanidad: Filosofía, Arte, Ciencia y Economía.

(Abro un paréntesis: siempre he deseado inspirarme en

modelos de excelencia. Excelencia no tanto como resultado sino como modelo. Soy consciente de que esta postura mía puede resultar inesperada por sus contenidos y tonos; pero también creo que, si es necesario para acelerar, debemos manifestar nuestros planteamientos y aspiraciones más secretos.)

Entre los ponentes recuerdo al profesor Edoardo Boncinelli, toda una vida bajo la cúpula de la ciencia tratando de responder a una pregunta crucial en nuestra época: «¿Hasta qué punto nos determinan nuestros genes?». Físico de formación, Boncinelli ha publicado casi treinta libros y es considerado uno de los mejores divulgadores científicos de Italia. Empezó su labor buscando en el alfabeto genético y en la biología molecular y fue ampliando la esfera de intereses hacia la biofísica y las neurociencias, con lo que consiguió dar lustre a la comunidad científica italiana. Ahora, al cabo de varios años, al repasar mis apuntes sobre su intervención, me he percatado de que Boncinelli señaló tres factores posibles para la generación de una idea creativa nueva: los Genes, el Ambiente y el Caos.

- En el caso de los **genes**, explicó que nuestra genética está predeterminada, con lo cual no podemos hacer nada para determinar una situación diferente, ya que está fuera de nuestro control.
- El **caos** es imprevisible y, por tanto, tampoco podemos hacer nada.
- En cambio, el ser humano **posee una fuerte capacidad de incidencia** en el **ambiente**, ya sea físico (lugares, espacios) o interior (el hombre y sus tres dimensiones: mental, emotiva y física).

Dicho esto, queda la facultad de decidir crear una nueva situación o no, de tomar la iniciativa y cambiar las cosas que estén en nuestra mano o no, de dedicarse a ello en cuerpo y alma o no. Si no decidimos nosotros, decidirán por nosotros el caos y nuestra genética; nos crearán la ilusión de que somos libres con respecto a lo que nos ocurre y a la impronta biológica que recibimos al ser concebidos, pero en realidad lo reducirán todo a un **factor fortuito**.

Aquel día, escuchando a Boncinelli comprendí que la verdadera facultad que la vida me concedía era la de colarme por los resquicios existentes entre el caos y mis genes para intervenir en mi ambiente interno y externo.

Por cierto, respecto a esta teoría de Boncinelli, en mi quinto viaje a Israel, en 2015, observé que este país es un ejemplo muy interesante de convergencia eficaz de los tres factores: genes, caos y ambiente. Se trata de un país nacido en el desierto, de la nada, donde falta casi todo, incluso el elemento necesario para cualquier forma de vida: el agua. Israel está formalmente ubicado en esa zona desértica desde 1948, y desde entonces se ha convertido en productor de más del 50 % de los sistemas de irrigación de baja presión del mundo. Eso significa saber con total exactitud en qué momento exacto una zona de un campo necesita determinada cantidad de agua según su cultivo. Incluso una sola gota de agua, durante un solo segundo, en un solo centímetro cuadrado de tierra. Los ingenieros de un país con frecuentes precipitaciones no desarrollarán nunca la misma creatividad para inventar sistemas de irrigación de baja presión, porque no conocen el problema, no han desarrollado los órganos de percepción necesarios, y las facultades universitarias de ingeniería de dicho país no van a enseñarles a sus alumnos cómo adquirir y desarrollar las competencias que se precisan para construir ese tipo de sistemas de irrigación. Contar con tantas lluvias desde siempre supone una ventaja competitiva enorme, pero ellos no se dan cuenta, porque son perezosos y están distraídos. Solo un acto de voluntad les habría permitido aprovechar dicha ventaja: habría bastado crear un área que simulara las condiciones de una gran sequía y empezar a probar técnicas de irrigación que luego habrían podido vender en todo el mundo. La sensibilidad da sus frutos. **La sensibilidad es la base de la economía.**

Quizás el acto de imaginar la realidad sea el viaje más rentable, pero también es el más difícil para un viajero que recorre la senda de su vida, que se está desarrollando dentro de esa realidad. Dicha senda es una extensión de nuestra vida. Es como si a lo largo del camino tuviéramos siempre encendida una pantalla, una pequeña ventana al mundo. Cada instante, cada paso, será un espectáculo distinto. Solo hay que seguir la corriente. El viaje no requiere una explicación, únicamente pasajeros atentos.

El problema es que mientras tanto estamos fracasando. Fracasamos en la empresa más ardua de esta época que nos ha reservado nuestro Mundo Ordinario: reconocer que **nuestro encuentro con el otro es la única posibilidad de hallar respuestas a preguntas esenciales.** Pero, en vez de dedicarnos a ello, solemos refugiarnos en otras posturas y al final siempre creemos que se ha equivocado el otro. Así perdemos la oportunidad de reflexionar sobre las diferencias que nos distinguen de los demás, que me distinguen del otro.

EDUCARNOS EN LA DIVERSIDAD

La **educación** debería ser el instrumento principal para no quedarnos con nuestras convicciones, para **cuestionarnos lo que creemos saber.** Deberían reeducarnos para dejar de creer únicamente en lo que pensamos.

Un principio crucial de nuestra vida es ser conscientes de la complejidad que implica tratar de comprender al otro. A menudo no comprendemos a otra persona porque la hemos reducido a su aspecto más detestable. En realidad, deberíamos observarla en la belleza de su complejidad y la multiplicidad de sus manifestaciones. Deberían **educarnos en la sensibilidad,** una cualidad que nos permite relacionarnos con el otro reconociéndolo como otro yo mismo en vez de inculcarnos la intolerancia que nos induce a ver en él la diversidad.

Precisamente ahora la complejidad de nuestro Mundo Ordinario, lleno de tensiones sociales y crisis económicas y de valores, requiere que desarrollemos esta nueva habilidad. **Debemos alcanzar una mayor capacidad de escuchar, madurar nuevas comprensiones y ver la riqueza que conlleva la diversidad.** Si no aprendemos a convivir con la diferencia, pero sin indiferencia, nos convertiremos en bárbaros. Cada persona que conocemos puede estar librando una batalla de la que nada sabemos. Solo por eso ya deberíamos ser siempre amables.

Hay preguntas que no pueden esperar: «¿Cómo aligerar el peso que supone la aprensión que sentimos ante desconocidos sin dejar de preservar su identidad y la nuestra?». «¿Podemos vivir en paz de manera provechosa y útil sintiéndonos todos bien, satisfechos y felices?». En síntesis: «¿Podemos permanecer juntos, quizá solo separados por una línea imaginaria —no por una pared de cemento armado o una alambrada— y apoyar los unos la prosperidad de los otros, no ya *a pesar de* nuestras diferencias sino *gracias a* nuestras diferencias? **¿Es posible la unidad en la diversidad?**».

Cualquier estilo de vida es esencialmente conservador; de otro modo, si no fuera algo recurrente, no hablaríamos de *estilo*. Cuando descubrimos la existencia de otro estilo, descubrimos que el nuestro no es el único sino uno de los muchos posibles, una elección entre multitud de elecciones y, como tal, potencialmente errónea. Enfrentarnos a la diversidad nos obliga a preguntarnos, a tomar en consideración otras alternativas. En estos casos el ser humano, que por naturaleza tiende a preservar más que a cambiar, suele desplegar dos estrategias como vías de fuga para eludir el encuentro con la diversidad:

1. Destruir la diversidad.
2. Trasladar (léase *imponer*) su identidad a quien es distinto de él hasta que adopte su modelo, anulando así sus rasgos de identidad y logrando que sea equivalente (léase *igual*) a él.

Hemos olvidado que **nuestra identidad está fuertemente vinculada a lo humano**, a la especie humana. Existe una unidad profunda, una identidad humana que nos ha tomado el pelo y nos ha confundido, pero todos nosotros pertenecemos a la misma especie mucho más de lo que pertenecemos a nuestros padres, nuestra familia, nuestra sociedad, nuestra cultura, nuestros ritos, nuestros hábitos, nuestras convicciones y convenciones o a nuestras creencias.

Aunque suene paradójico, todos somos biológicamente idénticos; todos tenemos el mismo cerebro, la misma anatomía, la misma fisiología. Además, compartimos el mismo futuro, tenemos los mismos problemas vitales, corremos los mismos peligros del destino y vivimos en el mismo sitio. **El tesoro de la unidad humana es su diversidad, y el tesoro de la diversidad humana, su unidad**. Tenemos que ser **duales**: pensar en dicha unidad sin considerar la diversidad como algo secundario. Debemos tener en cuenta esta condición que trasciende de nosotros.

Entre los derechos humanos hay uno que es fundamental y absolutamente prioritario, funcional a todos los demás: el Derecho a la Vida. En la época que vivimos ese derecho debe contener una especificación, que es *el derecho a la vida* ***respetando la diversidad.***

El ser humano debe comprender que no vale tanto por la capacidad de imponer su punto de vista, sus creencias y sus convicciones como por la **capacidad de acoger una diversidad que será una riqueza** para él. Gracias a nuestros errores, nuestros fracasos, nuestras incongruencias y nuestra incoherencia, con el tiempo debemos aprender a creer en el equilibrio del conjunto y no en una individualidad exacerbada, en la justicia y no en la astucia, en el sacrificio y no en el oportunismo, en la educación y no en las relaciones más instrumentales, en la sensibilidad y no en la prevaricación, en la rentabilidad adecuada y no en el capitalismo voraz, en la gratitud y no en la arrogancia.

Me sigue preocupando el vacío interior de la reportera húngara que hace unos meses le puso la zancadilla a un refugiado sirio que trataba de huir con su hijo para criarlo en un lugar mejor. Me quedé atónito viendo las imágenes, que aparecían repetidamente en la televisión y las redes sociales. Luego observé a mi familia, a mi mujer y a mis hijos, y empecé a preocuparme por el futuro. Sobre todo, lo que hoy me preocupa es ver a gente desorientada, que carece de los valores más básicos, como si de pronto ya no fueran importantes.

Me preocupa la aridez cultural, que es la verdadera desnutrición de la que deberíamos ocuparnos. Me preocupa el vacío de contenidos de los medios de comunicación, que se han transformado en centros comerciales para ganar dinero y en parques de atracciones para divertirse. Me preocupa la falta de referentes en la sociedad. Me preocupa el rechazo de las personas al deseo de volver a empezar y de volver a nacer. Me preocupa el ataque a instituciones que solemos considerar útiles o inútiles cuando simplemente han dejado de ser lo que deberían.

Con todo, le estoy agradecido a la reportera húngara por lo que hizo y por la forma en que lo hizo, por ser el fiel reflejo de una sociedad que la creó sin pensar en lo que llegaría a ser. Porque ahora al menos sabemos de dónde tenemos que partir para ir a donde queremos; partimos de ella. Partimos de la total inconsciencia de ese gesto, porque ella, en el momento en que lo inmortalizaron, era un poco todos nosotros: confusos, inconscientes, preocupados, desorientados y violentos.

Sí, también somos violentos. ¿Quién no lo es? Por desgracia, **la violencia no tiene categorías, fe ni carteras**. Posee grados, pero no categorías. Para mí esa mujer fue un espejo, un regalo que me ayudó a decir «Nunca volveré a ser así». Que quede claro que no la justifico, solo es un producto de la sociedad. Ni siquiera me justifico a mí mismo por todas la veces que podría hacer algo y no lo hago, que podría hacer más y mejor y me conformo, cuando podría marcar la diferencia y me echo atrás o cuando podría asumir responsabilidades y delego en los demás convencido de que no depende de mí.

Partir de ella significa partir de mí mismo, significa desplazar mi punto de vista desde fuera hasta mi interior convencido de que la sociedad no es más que un reflejo de nuestro mundo interior: 0.0.

Si quieres ocuparte del hombre al que le pusieron la zancadilla, antes ocúpate de ti mismo. Entonces serás libre de decidir si quieres que tu papel en la vida sea el de alguien que acoge al refugiado con los brazos abiertos, el de alguien que extiende una pierna para que tropiece o el de alguien que extiende una mano para ayudarlo a levantarse. Solo hay dos cosas que no podemos hacer:

- Quedarnos petrificados e impasibles ante las imágenes del sufrimiento de pueblos enteros.
- Dejar que nos aterroricen hechos muy violentos pues, por mucho que escapen a nuestra comprensión y sentido común, merecen una reacción intolerante por nuestra parte.

LA CLAVE ESTÁ EN EL CONOCIMIENTO

En tiempos tan desafiantes como lo fueron los primeros años de este nuevo milenio, y como probablemente lo serán los próximos: **¿qué es lo que no entendemos? ¿Qué es lo que no sabemos?**

Rememorando mis estudios filosóficos, pienso en un maestro absoluto, Sócrates, que dijo: «Solo sé que no sé nada». Existe un Conocimiento que es Verdad, que es Ley porque vuelve siempre, porque se manifiesta repetidamente, en todos los lugares, épocas y condiciones, siempre del mismo modo. Poseer dicho conocimiento es poseer el Elixir del Gran Saber que alimenta la vida.

Y luego hay un conocimiento que se deteriora era tras era, época tras época, año tras año, día tras día, instante tras instante. Lo que ahora es conocimiento ya no lo es al cabo de un instante, por eso es fundamental perseguir una vida personal y profesional orientada continuamente a la **búsqueda y conservación del Conocimiento** que es Verdad y, al mismo tiempo, a la **búsqueda constante de la innovación**, que es evolución del conocimiento anterior. «Saber es poder» parece un aforismo redundante, casi banal, pero suena tan formal y penetrante como simple es la esencia de las pocas palabras que lo componen.

A mediados del siglo XV se produjo la **primera** revolución del conocimiento en Occidente: **la invención de la imprenta,** gracias a la cual el conocimiento se volvió mucho más accesible que antes.

Cientos de años después, la **radio** y la **televisión** provocaron una **segunda revolución del conocimiento**; invadieron nuestra vida primero con respeto y moderación y luego de forma inesperadamente agresiva.

A finales del siglo pasado, la **web** provocó la **tercera revolución del conocimiento,** primero despacio y luego mucho más rápido, permitiéndonos a muchos de nosotros el acceso inmediato al conocimiento existente, o al menos a eso que quieren que creamos que lo es.

Podríamos decir **que el conocimiento se ha convertido en el campo de batalla de los enfrentamientos personales, empresariales, políticos y sociales.** Lo más llamativo es que **el conocimiento no es aislable.** Internet se ha afianzado por haber creado la ilusión de que todo está disponible para todos (o para muchos) en cualquier momento. Pero al final, gracias a ejemplos como Wikipedia, se ha convertido en generador y organizador de todo lo conocible, dejando que cualquiera pueda añadir retazos de conocimientos al conocimiento del todo. Volviendo a nuestro aforismo: **si «el conocimiento es poder», el poder, potencialmente, puede ser de todos.** En las empresas, la investigación es la única garantía de supervivencia; por eso creo firmemente en el pensamiento de David Vice, expresidente de Northern Telecom, quien solía decir: «En un futuro habrá dos tipos de empresas: las rápidas y las muertas». Y esto vale para cualquier forma de organización social humana.

Los rápidos serán los que comprendan que el enfrentamiento con la competencia se producirá sobre todo en el territorio de la gestión del personal, no tanto en la gestión de los procesos y procedimientos o de la oferta de productos y servicios. **Hoy el verdadero poder reside en el control del recurso más valioso y escaso del planeta: la inteligencia del hombre, tanto en el ámbito intelectual como en el emotivo.** Se trata de un recurso singular, que solo pertenece a quien lo posee: el individuo, la persona. Y ello ocurre en todos los contextos donde existe un enfrentamiento o un reto entre dos o más entidades (en la política, en la sociedad civil, en el deporte...).

La inteligencia humana, ya sea intelectual o emotiva, posee una característica que lo diferencia del resto: es **cultivable** y, como tal, **potencialmente infinita**, al menos si la comparamos con los estándares alcanzados como media hasta ahora. Se alimenta de la educación: de la **educación del cerebro** y de la **educación del corazón**, es decir, de la educación de la mente y de la educación de las emociones. Así pues, el enfrentamiento se está trasladando de los sectores tangibles (productos y servicios) a los intangibles (ideas y emociones), y **la formación permanente, continua y para toda la vida es la mejor inversión que podemos hacer en nosotros mismos y en cualquier tipo de asociación entre personas** (empresas, equipos deportivos, partidos políticos, asociaciones culturales...).

Todos los lugares de encuentro entre personas, empezando por las empresas, deberían transformarse en **contenedores de conocimientos** llenos de estímulos para nuestro cerebro y nuestro corazón, convirtiéndose en lugares que despierten emociones e ideas en las personas que los frecuenten. No olvidemos que, cuando se reúnen dos o más personas, que son algo más que dos o más cuerpos, lo que se produce en realidad es un encuentro entre dos o más corazones y entre dos o más mentes. Haber descubierto la necesidad de someterme a un proceso educativo constante me ayuda a darle sentido a muchas de las decisiones que estoy tomando en la vida.

Esta educación permanente, que pronto se transformó en un placer, fue el origen de mi viaje. Las palabras que siguen, extraídas del *Diario íntimo* de Henri-Frédéric Amiel, describen perfectamente cuál era mi estado interior el día en que decidí abandonar para siempre mi Mundo Ordinario y emprender el viaje que ahora te cuento.

> Cada esfera del ser tiende a una esfera más elevada, de la cual ya ha tenido revelaciones y presentimientos. Lo ideal, en todas sus formas, consiste en anticiparse, en la visión profética de una existencia superior a la suya, a la que todo ser aspira. Tal existencia superior en dignidad posee una naturaleza más interior y espiritual. Del mismo modo que los volcanes nos dejan entrever el corazón secreto de la Tierra, el entusiasmo y el éxtasis son explosiones transitorias del mundo interior y del espíritu humano; la vida del hombre no es más que la preparación para la vida espiritual. Las etapas de iniciación son innumerables. Por eso, tú, discípulo de la vida, crisálida de ángel, vela y trabaja por tu futuro florecimiento; la divina odisea no es más que una serie de metamorfosis cada vez más etéreas, en las cuales cada forma deriva de las anteriores y forma parte de las siguientes. La vida divina es una serie de muertes sucesivas, en las cuales el espíritu se libera de sus imperfecciones y símbolos y se abandona a la creciente atracción del incomparable centro de gravitación, del Sol, el intelecto y el amor.

El mejor regalo que podemos hacernos mañana al despertar es darnos esta oportunidad. Y el mejor que podemos recibir es reunir las fuerzas para hacerlo. Así es como empieza la transmutación de un hombre en Héroe. De ahora en adelante utilizaré el término «Héroe» para referirme a la aventura de este ser humano que soy yo, que eres tú, que somos todos nosotros.

Mientras lees, conserva en tu parte consciente este pensamiento de Pierre Teilhard de Chardin:

> No somos seres humanos viviendo una experiencia espiritual. Somos seres espirituales viviendo una experiencia humana.

Seguir un camino espiritual no significa abandonar el mundo, sino trabajar activamente en él para mejorarlo.

4

LA LLAMADA A LA AVENTURA

> Si la libertad significa algo, es el derecho a decirle a la gente lo que no desea oír.
>
> GEORGE ORWELL

EL VALOR DE LA LLAMADA

Para la mayoría de los Héroes, el Mundo Ordinario representa una condición estática y a la vez inestable. Si no se normaliza como condición, dicha inestabilidad puede llegar a ser un detonante para algunos, **el momento en que el Héroe se da cuenta de que debe pasar a la acción.** Entonces el Mundo Ordinario del Héroe sufre un perjuicio y se manifiesta en toda su inestabilidad, pero ello no implica una certeza absoluta en lo tocante al inicio del trayecto. Muchas veces los Héroes no son conscientes de que hay algo erróneo en su Mundo Ordinario, y no ven la necesidad de cambiar.

En tales casos, cuando se produce la **Llamada a la Aventura** en cualquiera de sus manifestaciones, el Héroe se queda aturdido y desorientado. Una parte de él comprende que ha llegado el momento de emprender el camino necesario para evolucionar, entonces o se queda en el Mundo Ordinario para siempre, o inicia un trayecto de luz.

Toda historia heroica posee su detonante especial, lo que en la tradición clásica se denomina la **Llamada a la Aventura.** Esta puede manifestarse de varias maneras:

- Como una urgencia interior.
- A través de un mensajero.
- Después de un hecho trágico.
- Por falta de alternativas.
- Mediante sueños o visiones.

En cualquier caso, la Llamada a la Aventura **es un proceso selectivo** a todos los efectos. En nuestra vida, al igual que en cualquier comunidad, se dan con frecuencia situaciones de inestabilidad y alguien, voluntariamente o por ser el elegido, asume la responsabilidad de **actuar para reinstaurar el equilibrio.**

Cuando el destino elige al Héroe y este recibe la Llamada y comprende que la suerte de la colectividad depende de él, suele oponer resistencia, porque no quiere creerlo. Muchas veces nos hemos visto en el aprieto de tener que contestar a una Llamada y la hemos ignorado, hemos eludido el afrontar una situación que tal vez no nos afectaba solamente a nosotros, sino a toda una comunidad (grande o minúscula, no importa) que dependía de nosotros.

Es difícil dar el paso. En ocasiones nos piden que aceptemos algo desconocido, una aventura excitante pero también peligrosa para cualquier mortal. **¿Has estado alguna vez en el umbral del miedo? ¿Has dudado alguna vez ante una Llamada dirigida a ti? ¿Has llegado a rechazarla?**

Todas las aventuras son arriesgadas. No hay pruebas de valentía si no hay miedo. Los miedos son el infierno del Héroe, mientras que la fe y la fuerza de voluntad son su paraíso. No hay Héroe que durante su viaje de aventuras no haya intentado eludir una prueba. Detrás de cada Llamada que hemos rechazado suele haber una experiencia previa, del mismo modo que detrás de las veces que la hemos aceptado hay una motivación más grande: la exaltación de lo que está en juego o el valor para derribar puentes y quemar naves. En muchas ocasiones, tal como les ocurría a todos los héroes de la mitología, el rechazo reiterado acaba siendo un desastre y conduce a la tragedia (en la Biblia la mujer de Lot se convierte en estatua de sal por desobedecer las órdenes de Dios y darse la vuelta). Cuando la Llamada nos da mucho miedo, no asumimos la responsabilidad de aceptarla conscientemente; a veces nos refugiamos en una divinidad y le pedimos que nos indique una vía de fuga con la esperanza de que nos responda lo que queremos. Pero, en la película de nuestra vida, nosotros somos los protagonistas, y hay que responder a las llamadas. No podemos jugar con el Destino.

Muchos héroes tuvieron éxito por mera suerte; otros, porque se esforzaron hasta lo inverosímil. He conocido a diversos hombres de éxito, algunos muy ricos, y al escucharlos o hablar con ellos siempre he intentado descubrir su fórmula mágica. ¿Qué ocurrió para que llegaran a tener tanto éxito? Me han contado muchas historias distintas, todas con un solo denominador común: **una Llamada y la suerte que esta representa.**

Una Llamada es el mejor golpe de suerte que puede tener un hombre. Pero no basta solo con eso: **hay que reconocer la suerte y responder a la Llamada.**

Según dicen, el dalái lama suele repetir un antiguo proverbio tibetano: «No hay personas nacidas bajo una buena o una mala estrella, solamente personas que saben o no saben interpretar el cielo estrellado».

A menudo ignoramos los cielos estrellados y no reconocemos la suerte porque llega con un aspecto distinto del que esperábamos. Entonces la confundimos con la mala suerte y no le damos tiempo para mostrarse, como si tuviera la obligación de presentarse inmediatamente y de una forma que nosotros reconozcamos. El problema es que **la suerte siempre**

requiere nuestra participación, siempre coincide con nuestra capacidad de responder a su invitación, a su Llamada.

Si tuviera que enumerar todas las veces que he tenido suerte a lo largo de mi vida, contaría entre las más determinantes los encuentros, cada vez menos accidentales, con personas que me han permitido tener experiencias que me han marcado para siempre, que han supuesto una influencia profunda en mí. Entre ellas están los profesores que tuve durante los casi diez años que pasé estudiando teatro.

Comencé en 1991. Había vuelto hacía poco de pasar casi un año en San Francisco y empecé un curso de interpretación solo para poder estar con Sara, la chica que años más tarde sería mi mujer y la madre de mis hijos, y que hacía el curso con unas amigas suyas. La profesora era terrible, parecía una loca, pero yo intuí enseguida la fuerza de aquella experiencia. A los pocos meses me matriculé en una de las escuelas italianas más importantes de la época, Quelli di Grock. La experiencia teatral fue algo maravilloso para mí, la primera Llamada a explorar un mundo increíble, ese mundo que está a este lado de la *cuarta pared*, como denominan al plano imaginario que separa el escenario de la sala donde está el público. La cuarta pared es un muro virtual, la primera línea colocada frente al patio de butacas, a través de la cual el público observa la acción del mundo de la obra representada.

La idea de que el actor debe imaginar una pared que lo separa de los espectadores está formulada en el ensayo de Denis Diderot *De la poésie dramatique* (1758), aunque en tratados de arte dramático anteriores ya se hablaba de la necesidad de actuar de un modo más realista, lo cual presuponía que el actor olvidara la presencia de los espectadores. No obstante, el concepto se haría famoso más adelante, entre los siglos XIX y XX, cuando surgió el realismo teatral.

La dimensión del escenario es una dimensión mágica, casi

onírica. La cuarta pared es un mundo en el mundo, forma parte de la suspensión de la duda existente entre una obra de ficción y el espectador. El público suele aceptar implícitamente su existencia sin tomarla en consideración de forma directa, y así puede disfrutar de la ficción de la obra como si observara hechos reales.

En cambio, para el actor la cuarta pared es una presencia física constante, una de las convenciones más asentadas de la ficción; por eso algunos artistas la utilizan para obtener un efecto dramático. El público cree ver un espectáculo; pero tú, mientras actúas, vives en otra dimensión. Ellos te miran; pero tú estás en otra parte. Estás viajando. Recuerdo una frase escrita en la pared de un teatro, entre bastidores, extraída de una cita de Pirandello y que se me quedó grabada todos los años que actué: «El escenario es el lugar donde se juega en serio».

Actuar es un viaje interior. Así me lo enseñaron dos grandes maestros que la suerte puso en mi camino. Y un tercero, Silvio Da Rù, me adiestró para cuidar de forma puntillosa cada detalle, no tanto en lo tocante a la escena como a mi presencia física y vocal al entrar en ella. Un actor se convence de que la verdad, la vida, está a este lado, no al otro lado de la cuarta pared. Me lo repetí a diario durante años: «Oscar, el escenario es el lugar donde se actúa en serio».

Tardé mucho tiempo en comprender que yo era un actor en la película de mi vida, sí, pero que tenía que decidir si era el actor protagonista o una simple comparsa.

Mi primer maestro de teatro fue Claudio Orlandini. Él me inició en este arte y me acompañó en mi primera entrada en escena. Le doy las gracias por descubrirme el reino de los sentidos o, mejor dicho, un reino al que solo se puede acceder con los sentidos aguzados. Porque **la vida es sustancialmente**

sensibilidad, esto es, la capacidad que nos permiten nuestros sentidos de relacionarnos con lo que nos ofrece la existencia.

Escuchar el espacio vacío, escuchar mi cuerpo entrando en dicho espacio y llenándolo con una presencia que va más allá de mi propio cuerpo, escuchar a otros actores en el escenario que me dan o a quienes les doy la réplica, escuchar al público al que debes cautivar en cuanto el primer centímetro de tu cuerpo pisa el escenario. Así empieza la obra. Contigo.

En el teatro das vida a una obra que de otro modo solo permanecería escrita en un papel. Debes tener la suerte de poder actuar en obras importantes. Y no es necesario ser un buen actor para que la obra sea importante, porque la propia obra ya es un buen actor. Solo debes ser humilde y dejar que ella te guíe; poner tu arte, que es tu sensibilidad y tu capacidad de escuchar, a su servicio. Si existe una obra que condensa todo esto más que ninguna otra es *Hamlet*.

En aquella época yo creía que iba a ser actor toda la vida, pero en Italia es muy difícil vivir del teatro. Era bastante bueno, pero no lo suficiente para invertir todos mis esfuerzos en esa única posibilidad de vida. Mientras dudaba sobre si seguir o no esa vía, fundé con unos compañeros y amigos (Gianluca, Ettore y Marcello) una compañía teatral que llamamos Noleggio Cammelli («Alquiler de Camellos», sería muy largo explicar de dónde venía el nombre). También formaban parte de ella Gaetano Sansone (fallecido en 2010) y Luciana Melis, su mujer, ambos profesores en la Civica Scuola di Teatro Paolo Grassi de Milán.

Gaetano era un hombre reservado y esquivo; le gustaban más el silencio y la naturaleza que aparecer en público. Empezó a dedicarse al teatro tras quedar hechizado en el Piccolo Teatro de Milán por un Shakespeare revisitado de Peter Brook. Su sueño-proyecto era realizar en 2016, año del cuarto centenario de la muerte de Shakespeare, un festival internacional itinerante, a pie o a caballo, en el que distintas compañías representaran todas las noches obras shakespearianas en las plazas. Sansone era un gran experto en representaciones italianas de Shakespeare, y esa aventura, nacida en su mente y su corazón hacía ya muchos años, empezó a tomar forma con nuestra compañía, cuando representamos un *Hamlet* memorable para mí.

Aún recuerdo cuando Gaetano nos asignó los papeles. El primer nombre que dijo fue el mío, tendría el papel protagonista. Fue un choque, estaba aterrorizado. No sabía si era una gran oportunidad o una terrible desgracia. El texto de la obra, adaptado por el propio Gaetano, era larguísimo, y el correspondiente a Hamlet ocupaba decenas de páginas del guion.

Entonces yo ya había empezado a trabajar, iba al teatro al amanecer y luego por la noche, después del trabajo, casi todos los días. Estudiaba el papel en el tranvía, en los viajes de ida y vuelta a la oficina, y por las mañanas en el baño y en los descansos del trabajo. Llevaba el guion a todas partes. Y cuando llegó el momento del soberbio monólogo de Hamlet, comprendí la suerte que había tenido: «Ser o no ser», la frase que pronuncia el príncipe al comienzo del soliloquio que abre la primera escena del tercer acto, es la frase emblemática de toda la tragedia shakespeariana. La famosa duda hamletiana, el interrogante existencial de vivir (ser) o morir (no ser), a menudo asociado a la idea del suicidio, es el causante de la indecisión que impide actuar a Hamlet. Este es el soliloquio tal como lo tradujo Gaetano... pura poesía:

> Ser o no ser, esa es la cuestión. ¿Qué es más noble: sufrir interiormente por los golpes y heridas de una fortuna infame o armarse contra tantas desgracias, luchar, acabar con ellas? Morir, dormir, nada más. Y con el sueño poner fin al sufrimiento del corazón y a los mil dolores que la carne ha heredado. Es un final digno de

> un religioso deseo. Morir, dormir. Dormir, quizá soñar. Sí, la barrera está ahí. Porque en ese sueño de muerte, una vez salgamos del embrollo de la vida terrena, ¿qué sueños quedarán? Esto merece una pausa de reflexión, y en esta pausa se prolonga la vida de las miserias. ¿Quién va a soportar las humillaciones, el desprecio del mundo, una dictadura injusta, la arrogancia de los presuntuosos, las penas del amor negado, unas leyes lentas, un gobierno insolente, las patadas que el mérito paciente recibe de gente que no vale nada, cuando puede saldar sus cuentas solo, con un puñal? ¿Quién va a cargar con tantos pesos en la vida, sudando, maldiciendo, si no es porque el miedo a algo después de la muerte —ese país inexplorado del que ningún viajero regresa— anula la voluntad y nos lleva a soportar las desgracias conocidas en vez de correr hacia las desconocidas? Así es como la conciencia nos hace cobardes a todos, así es como el color subido de la voluntad pierde intensidad bajo el peso de la idea pálida, y las empresas más altas y necesarias yerran su camino y pierden el nombre de acción. Me callo. Ofelia, querida... Ninfa, cuando reces acuérdate de mí, de mis pecados.

Hamlet lamenta los males morales propios de los hombres: la arrogancia del poder, las injusticias, las penas de amor, el mérito despreciado. No tienen nada de imprevisible, y atribuírselos a una entidad malévola y distraída parece un signo de poco carácter. En realidad, los hombres de todos los tiempos siempre se han sentido marionetas en manos de la Fortuna, un ente que se deleita con ideas burlonas muy distintas de los males citados.

EL SENTIDO DE LA FORTUNA

La primera vez que me pregunté qué sentido tenía la fortuna en mi existencia, me refugié en el sentido de la palabra. La definición de *fortuna* varía en función del contexto: filosófico, religioso, literario o emotivo.

Según el prestigioso diccionario Webster, la fortuna es «una fuerza sin objetivo, imprevisible e incontrolable, que dirige los hechos de manera favorable o desfavorable para un individuo, un grupo o una causa».

Según el diccionario italiano Devoto-Oli, es la «presunta causa de los hechos y circunstancias que no pueden explicarse racionalmente».

Cuando la consideramos un factor que escapa a nuestro control, es decir, independiente de la voluntad, la intención o el deseo, podemos interpretarla en dos sentidos:

- Como un concepto sobrenatural y determinista, según el cual existen fuerzas que provocan determinados hechos.
- En función de hechos que nos llevan a ser felices o infelices.

Lo que algunos no saben es que, originariamente, Fortuna era una diosa, una divinidad antigua, quizás incluso anterior a la fundación de Roma. Era la diosa del azar y la felicidad. Se la representaba como una mujer con el cuerno de la abundancia en la mano y los ojos vendados. Ella era la responsable del destino de todos los seres humanos, y por eso, en la antigua Roma, le reservaban el culto más fastuoso y rico con la esperanza de atraer sus buenos augurios, ya que la diosa Fortuna lanzaba los dados del destino y determinaba la suerte de los hombres.

Más adelante, en la Edad Media, se inventó la Rueda de la Fortuna, con un hombre que llega a lo alto del círculo y luego se cae; es el mismo esquema iconográfico utilizado en los rosetones de las catedrales románicas.

Durante el Renacimiento se subrayaron sus aspectos contradictorios: para remarcar la casualidad y su carácter inalcanzable, la representaban como una mujer en un barco, haciendo equilibrios sobre un delfín o una esfera. Además, era medio calva, lo cual significaba que era muy difícil cogerla del cabello para atraparla.

Pues bien, en todas estas representaciones iconográficas hay un elemento recurrente: a la diosa Fortuna siempre se la representa con los ojos vendados. Pero no debemos dejarnos engañar: aunque aparentemente esté ciega, sabe muy bien a quién le da algo y a quién no. Desde luego, **para aquel que ha emprendido un viaje, ser afortunado o desafortunado puede resultar determinante en su Aventura**, máxime si se trata de un viaje interior.

Si lo pensamos bien, pedimos ser afortunados sobre todo en las situaciones de incertidumbre. Si ya tenemos una solución al problema o si ya sabemos cuál es el camino correcto, no se nos ocurre apelar a la esperanza de que nos ayude la diosa.

Ahora bien, hoy en día es cada vez más necesario tener un mayor sentido de la responsabilidad y ser más conscientes de nuestra condición interior, de modo que quizás haya llegado el momento de comprender que **nuestra única esperanza de desarrollarnos, crecer y evolucionar es lo imprevisto**, y que nuestra única fortuna va a ser la incertidumbre, que nos obliga a estar mucho más presentes en nuestra propia vida.

La situación de incertidumbre que vivimos en nuestros días es muy dura, más que aquellas a las que estaban acostumbradas hasta ahora nuestra generación y la anterior. Deberíamos preguntarnos si esta incertidumbre es igual para todos, independientemente del aspecto económico y material. Ya hemos hablado de que la humanidad, en mi opinión, se enfrenta a una condición de cambio de contexto vestida aparentemente con el traje de una crisis circunscrita a lo económico, cuando en realidad esta situación crítica es el **reflejo en el mundo exterior de una crisis de nuestro mundo interior.**

Por otra parte, se está empezando a difundir la idea, avalada por estudios científicos de física cuántica y de neurociencia, de que todo cuanto ocurre *fuera* de nosotros no es más que una proyección directa de lo que ocurre *dentro* de nosotros. Y si ello es válido a escala microscópica (al menos con respecto al todo), entonces fuera de nosotros se estaría manifestando a escala planetaria un reflejo de la condición interior de la humanidad. Como si el mundo fuera un espejo de lo que experimentamos, sentimos, pensamos y somos en conjunto.

He intentando vivir con esta idea, observando qué parte de lo que registro fuera de mí no es solo una mera proyección de lo que experimento, siento, pienso y soy dentro de mí en un determinado instante. Entre todas mis observaciones, dos han sido muy relevantes:

- Gracias a la primera he descubierto que estoy vinculado indisolublemente a todo lo que creo que puede satisfacer una necesidad mía específica del momento o de la vida, a todo lo que me da seguridad en el plano instintivo, felicidad en el plano emotivo y control en el plano intelectual. Hablo de comida, salud y cuidados corporales en el plano físico; de gratificación, reconocimientos y consideración en el plano de las emociones; de comprensión y consideración por mis ideas en el plano intelectual. Como si mi calidad de vida dependiera únicamente de la satisfacción de estas necesidades.
- Gracias a la segunda observación comprendí que sentía aversión y repulsión por todo lo que potencialmente puede producir el efecto opuesto, como, por ejemplo, la pérdida de dinero o de salud, la falta de reconoci-

miento por parte de los demás o la falta de esperanza en el futuro.

Y ahora también observo qué hacen y cómo se comportan otras personas, tanto a nivel individual como en organizaciones públicas o privadas, dentro de las cuales su actuación determina éxitos y fracasos.

A la hora de reflexionar sobre estas observaciones, me ayuda una visión de matriz filosófica budista: si observamos con atención los sucesos de la vida, veremos enseguida que todo, cualquier hecho, cualquier manifestación y cualquier proceso, primero **surge**, luego **nace** y luego se **apaga.**

¿Para qué invocar a la diosa Fortuna si al final todo se apagará? ¿Y por qué debo estar tan apegado a lo que ella me conceda? ¿Por qué he de sentir tanto apego por todo lo que genera felicidad y tanta repulsión por lo que genera sufrimiento, si todo acaba y todo permanece?

Es raro, sufro por no tener y por miedo a perder lo que tengo sin comprender que **lo único que queda es mi conciencia y comprensión de lo que ha sido.** Si me digo que soy afortunado, si me digo que lo que tengo y soy me lo ha dado la diosa Fortuna, me privo de la única riqueza posible: comprender que **tengo porque doy.**

Yo soy porque *comparto*.

Esto es lo que he entendido hasta ahora en mi vida, y comprenderlo me está ayudando a mantener la distancia adecuada entre lo que sucede fuera de mí y mi interior, con lo cual me protejo del sufrimiento que innegablemente genera el miedo a estar afligido por lo que me hace infeliz, o el miedo a perder lo que me hace feliz, que es puro apego.

¿Cuántas cosas perdemos por el simple miedo a perderlas? Si con esto no es suficiente, debemos pensar que **la incidencia de la riqueza en nuestra felicidad es limitada.**

La mayoría de los estudios sobre el tema llegan a la misma conclusión: la felicidad aumenta o disminuye según una curva clásica en forma de campana. Un 40 % de la humanidad vive con dos dólares al día (y superamos el 50 % si incluimos a quienes solo ganan uno) y vive en un estado de profunda infelicidad. Cuando aumentan los ingresos, junto con otros indicadores como la salud, la seguridad, la educación y el bienestar, también aumenta el estado de felicidad en una relación directamente proporcional a los indicadores enumerados anteriormente.

Lo que sorprende es que, una vez alcanzados unos niveles de seguridad y bienestar mucho más próximos a una situación de pura y simple estabilidad que a lo que solemos considerar riqueza, la curva se estabiliza y solo aumenta marginalmente. Tras superar un segundo umbral de riqueza, tal vez el que solemos imaginar, aparece algo imprevisible: la curva empieza a descender y la persona, ahora mucho más rica, se sitúa bajo el nivel de la felicidad porque la acumulación de riqueza acaba siendo un peso y el consumo incontrolado genera dependencia y dificultades relacionales en el entorno y con sus allegados. Esto se debe a que en la vida de esa persona aparecen nuevos sentimientos, como la envidia y los celos; nuevos filtros sociales, como el estatus, y nuevas modalidades de relación, como la superficialidad. En todos estos factores prima el cálculo de la relación ganancia/pérdida por encima del aspecto emotivo y empático de la relación. Por último, aumenta la sensación de inseguridad; paradójicamente, a partir de cierto nivel de riqueza, dicha sensación se agudiza por miedo a perder todo lo acumulado.

Sé que voy a parecer anacrónico y quizás hasta fuera de lugar, pero deseo posicionarme claramente en este sentido: quiero pensar que este momento de gran incertidumbre que vivimos hoy es nuestra suerte, nuestra fortuna, y que esta condición de incertidumbre es elogiable. Me explico: **¿y si la incertidumbre fuera una oportunidad que nos han brindado a gran escala para ser más conscientes y todos empezásemos a considerarla un instrumento *para...*?**

¿Para qué?

Voy a intentar explicarlo a través de una experiencia personal.

Hace unos años fui a Nápoles, a la boda de una de las personas más importantes de mi vida, mi hermano, Massimiliano, que se casaba con una hermosa joven napolitana, Maria. Ella era fantástica y su familia también. La boda fue un encuentro divertido entre dos mundos y se confirmaron todos los clichés regionales, incluida la tarta, en la que Pulcinella, personaje del teatro popular napolitano, y Meneghino, personaje milanés, se fundían en un abrazo. Fui con mi mujer y mis hijos y pasamos el fin de semana paseando sin rumbo por la ciudad para verla desde una perspectiva nueva.

Hace años que aprendí a amar Nápoles a través de los ojos de otra persona, ya que allí nació un hombre a quien le debo mucho. Pero esa vez quería vivir personalmente experiencias que me habían contado y quería ejercitar mi capacidad de atención en el Nápoles más oculto, el que te sorprende en cada calle, rincón o tienda, en las miradas con que te cruzas, en las motos que esquivas o las calzadas por las que caminas. Un Nápoles que representa la emoción del encuentro-desencuentro entre la certeza de nuestras costumbres y seguridades y la incertidumbre a la que te somete aquel ambiente. Y sientes cómo aumenta de forma increíble tu capacidad de atención. Agudizas tus sentidos ante la precariedad, la incertidumbre, la inseguridad. Y todo es más vívido, más verdadero, más bonito, más sincero. Te embruja. Vives mejor porque te sientes más vivo, liberado de la soporífera condición de comodidad y costumbre que nos hipnotiza cuando llevamos demasiado tiempo instalados en nuestras certezas y seguridades. Nápoles representa el Elogio de la Incertidumbre. Nápoles *es* el Elogio de la Incertidumbre. Ir a Nápoles es como ir a clases de equilibrismo. Y ser un buen equilibrista es muy difícil, un éxito que han conseguido muy pocos.

Para que todo esto quede claro, para comprender y respetar la incertidumbre, primero deberíamos estudiarla. Lo que nunca debemos hacer es temerla, ya que es un factor irrenunciable de movilidad social.

ELOGIO DE LA INCERTIDUMBRE

Carlo Alberto Maffè, profesor de la Escuela de Negocios SDA Bocconi de Milán, tiene ideas muy claras al respecto. Asegura que para tener éxito en la vida necesitamos cuatro características. Lo llama **el Modelo de las Cuatro C** (aunque no sé si lo ha inventado él):

- Cerebro
- Corazón
- Cojones
- Casualidad

Y la casualidad más favorable para que una persona con cerebro, corazón y cojones tenga éxito es tener la posibilidad de vivir en un estado de incertidumbre. De hecho, **la incertidumbre es revolucionaria incluso en el plano emotivo,** deja huecos por llenar y abre nuevos interrogantes. Para seguidores y principiantes es una gran oportunidad de desbancar a líderes consolidados desde hace décadas, que ya no tienen fuerza creativa propulsora. Es la tormenta perfecta que destruye todas las rentas de posición y seguramente es el sistema de redistribución social de la riqueza más eficaz que hay. Tal vez no sea el más equitativo, suponiendo que alguno lo sea, pero sí el más drástico.

Además, **la incertidumbre genera nuevas fuentes de rédito y libera energías asfixiadas por la conservación del poder.**

Y, para seguir provocando, diremos que la estabilidad, que por lógica no solo semántica se contrapone a la incertidumbre, es una especie de psicofármaco social, un estupefaciente que venden quienes desean mantener el *statu quo*. En cambio, las reglas, y el hecho de respetarlas, son un bien público que solo se produce mediante un acuerdo colectivo.

En el mundo de los negocios, para quienes tienen responsabilidades empresariales el contexto de una economía de la incertidumbre supone un reto en dos frentes:

- **El frente interno de la organización,** que supone el desarrollo de nuevas competencias, las llamadas «competencias fronterizas» (ya que el nuevo centro de las estrategias se desplaza a los límites o fronteras de la organización).
- **El frente externo,** en el que la incertidumbre lleva a proyectar nuevos mercados, no solo nuevos productos o servicios, y a renovar las reglas del juego competitivo aumentando el precio del riesgo de mercado.

En este contexto, **la innovación no es más que producción intencionada de incertidumbre**: a esta conclusión llegamos Carlo Alberto Maffè y yo durante un descanso en un congreso en el que ambos éramos ponentes. Sin duda tú también sabes adónde lleva ese camino en el que te sientes seguro y que has recorrido millones de veces. Sabes que no lleva a donde tú quieres ir.

Ahora más que nunca ha llegado el momento de decidir, de despejar la duda hamletiana, de preguntarle a la diosa Fortuna si ser o no ser, si vivir en la incertidumbre o dejarse morir en la estabilidad.

Tienes que decidirte a «entrar en la madriguera del Conejo Blanco...», y debes hacerlo conscientemente porque luego, cuando la diosa te conceda el don de la incertidumbre, el paradigma se invertirá y tendrás que decidir si acumulas riqueza o la compartes, ya que la incertidumbre de perder todo lo acumulado te consumirá, te sumirá en la inseguridad y te inducirá a la violencia.

En cambio, la idea de compartir tus riquezas te dará estabilidad, te instalarás en la certeza de hacer lo correcto y la diosa Fortuna, que *bien da* a quien *bien ha dado*, te hará el mayor regalo: una Llamada.

El Héroe protagonista de las mejores obras teatrales siempre recibe una Llamada a la que debe responder para que empiece la Aventura romántica o trágica. La obra se desarrolla a lo largo de un viaje y la vida debe fluir. Al igual que ocurre en el teatro con el Héroe, sucede con nosotros en la vida: **quien efectúa la Llamada es un Mensajero que anuncia un cambio necesario para la continuación del relato y el comienzo de la Aventura.**

EL MENSAJERO

El Mensajero es un detonante que cambia de forma de historia en historia, de vida en vida, aunque siempre mantiene su función de transmisor de la Llamada a la Aventura. En nuestro interior algo nos dice que estamos listos para cambiar, y en ese momento llega el Mensajero. Para algunos puede ser una figura onírica, una persona real o una nueva idea; para otros, un hecho, un objeto, un libro o una película. En cualquier caso, el mensaje es un reto. El Mensajero despierta al Héroe, le proporciona una motivación y le anuncia la necesidad de dar un giro a su vida. A veces es una invitación directa, a veces es indirecta. En mi caso fue así:

Ocurrió en agosto de 1999, cuando decidí irme de vacaciones a un lugar retirado. El verano llegaba justo a tiempo para salvarme de un período muy intenso, caracterizado por un exceso de identificación con todas las manifestaciones de la vida fuera de mí, mi Mundo Ordinario.

Dentro de mí llevaba tiempo sintiendo la necesidad de estar a solas. Llevado por esta motivación elegí el destino de mis vacaciones: un pequeño Estado montañoso de la cordillera del Himalaya, un territorio de apenas cuarenta y siete mil kilómetros cuadrados con menos de seiscientos cincuenta mil habitantes en aquel entonces: Bután, llamado el Reino del Dragón de Truenos.

El viaje desde Italia fue largo y complicado. El último tramo fue el vuelo de Nueva Delhi a Katmandú, en Nepal, y luego fui de Katmandú a la capital de Bután, Timbu, en una aeronave de Druk Air, un aparato que hoy debe de llevar años en el desguace y que ya debía haber estado allí el día que yo volé en él.

El viaje a Bután supuso un antes y un después en mi vida. En junio ya había comprendido que era el momento de decidir, de no retroceder, de emprender un camino de búsqueda interior para redescubrirme. Anhelaba un estado de felicidad irrenunciable porque no aceptaba la condición que vivía fuera de mí, en mi Mundo Ordinario. No quería que lo que tenía ni lo que hacía determinaran mi estado de ánimo. Buscaba conocerme mejor y saber adónde dirigía mi vida para alcanzar la felicidad. Tenía la clara sensación de que, a pesar de las gratificaciones y de la alternancia natural de sufrimientos y dificultades, a pesar de mis primeros éxitos profesionales y personales, en realidad mi vida no iba a ninguna parte.

Me había ocurrido lo mismo cuando me fui a San Francisco en 1991. Entonces lo abandoné todo (familia, universidad, novia y amigos), porque todo mi Mundo Ordinario me quedaba pequeño, y busqué un lugar lo más lejos posible para convertirme en otro. Fue así, o al menos eso me pareció durante mi estancia en California, durante largos meses que me templaron el espíritu y la fuerza de voluntad, pues tuve que enfrentarme a dificultades logísticas y emotivas que no podía imaginar cuando salí de Milán. Cuando llevaba casi un año fuera, hubo un momento determinante en que fui consciente de todo: un domingo por la tarde, agotado tras una semana de trabajo (entonces trabajaba como dependiente en una tienda enorme de alfombras orientales), decidí ir a visitar Alcatraz, la famosa cárcel de la bahía de San Francisco. Allí tuve una revelación: aquel lugar representaba a la perfección mi vida. Cuando vivía en Milán me sentía prisionero en la celda de mi familia, en la celda de mis estudios, en la celda de mi novia y en muchas otras celdas de mi Mundo Ordinario, que formaban el puzle de la cárcel de mi existencia. Pero yo no quería estar en prisión, y por eso huí. Al entrar en Alcatraz muchos meses después de mi huida, tuve un momento de clarividencia y me di cuenta de que había huido de una cárcel para meterme en otra. San Francisco, el estado de California, los Estados Unidos de América: esa era mi nueva prisión. Aquel instante breve e intenso en que comprendí que volvía a estar en el punto de partida fue inolvidable. Me había poseído la ilusión de la distancia de mi Mundo Ordinario. Residir en otra ciudad, tener otros amigos, besar a otra novia, vivir en otra casa, hacer otro trabajo, hablar otra lengua, comer otros platos, tener otros hábitos y llevar otra ropa solo era la nueva máscara de un nuevo actor actuando en una nueva vida que lo único que tenía de nuevo eran las condiciones exteriores.

«Exterior», esa era la palabra. Había creado exteriormente otro mundo igual de ordinario, idéntico al mundo del que creía haber huido, pero interiormente no me había alejado ni un milímetro de él para mejorarlo.

Lo decidí en un instante: tenía que volver al punto de partida, porque solo allí podía afrontar la situación para cambiarla. Y debía hacerlo trabajando a la vez en las condiciones interiores y exteriores, sin dar nunca más importancia a las segundas que a las primeras, ya que las segundas son funcionales con respecto a las primeras, pero solo las condiciones interiores producen un cambio efectivo, duradero y quizá definitivo. Cambiar únicamente por fuera es ilusorio, una trampa mortal, porque mientras tanto el tiempo de la vida transcurre inexorablemente.

Hice las maletas. Me despedí de todo y de todos. Vendí lo vendible y dejé todo lo que quería llevar de vuelta a Milán en un guardamuebles. Solo cogí mi tabla de surf. Estuve cuarenta días vagando por México, Guatemala y Belice; fue uno de los viajes más errantes e intensos de mi vida. Luego regresé a San Francisco, pasé unos días allí y me fui a Milán.

Fue en 1992. Hasta 1999 traté de no caer de nuevo en la misma situación, aunque el estado hipnótico de la cotidianidad era muy potente. Quería quedarme ahí bien arraigado hasta dar con el modo de pasar a un nivel de conciencia más profundo de mi existencia, hasta que se manifestara con toda su fuerza el momento adecuado. Y por fin la diosa Fortuna satisfizo mis deseos y me envió al Mensajero.

De una manera que entonces me pareció accidental, mi mejor amigo, Marcello, me dio la oportunidad de empezar a reflexionar sobre las preguntas más relevantes de mi vida.

En junio de aquel año, Marcello me invitó a asistir a una conferencia titulada «Fragmentos de una enseñanza desconocida», un título idéntico al de un libro de P. D. Ouspensky inspirado en las enseñanzas de G. I. Gurdjieff, cuya lectura recomiendo encarecidamente. La conferencia no tenía un enfoque religioso, moral o confesional específico, aunque el orador citó una frase atribuida a Buda. Según la tradición, cuando sus discípulos le preguntaron: «¿Cuál es el camino a la felicidad?», Buda contestó: «La felicidad es el camino».

Esas palabras me marcaron al instante. De pronto vi claras dos condiciones de mi vida:

- En primer lugar, yo no era feliz.
- En segundo lugar, no estaba recorriendo ningún camino.

Fue un choque muy amargo, cuyo sabor percibí racionalmente años más tarde, cuando oí citar un proverbio chino: Lo que es miel en la boca, es hiel en el estómago; y lo que es hiel en la boca, es miel en el estómago.

Aquella noche, que bauticé como *la noche de la hiel*, después de la conferencia nos preguntaron quién tenía interés en profundizar más en alguno de los temas tratados, y yo di un paso adelante. Participé en un segundo encuentro, y luego en un tercero, en los que nos explicaron más contenidos y las reglas para seguir adelante. Para iniciar el itinerario de estudios había que seguir la regla de las reglas: **no tendría ningún derecho, solo deberes**. El único derecho que me concedían era la posibilidad de abandonar los encuentros cuando quisiera. Me sonó como el anuncio que Shackleton había publicado en el *Times*, solo que esta vez yo estaba dispuesto a embarcarme. Me dijeron que debía esperar una respuesta, que podían aceptar o rechazar mi solicitud. Estábamos en julio de 1999 y aún no sabía si iniciaría mi camino hacia el

Norte. Algunos que estaban conmigo en la conferencia habían recibido una respuesta a las pocas horas; otros, al cabo de unos días; otros tardaron meses, y alguno, incluso años. Por primera vez en mi vida deseaba intensamente algo: ponerme en camino. En el fondo de mi corazón sentía que aquella era la Aventura que debía vivir, la obra a la que dedicarle mi tiempo para ser el Héroe de mi vida. La frase de Buda se me quedó grabada en la carne, el corazón y la mente y me acompañó durante semanas, sin abandonarme jamás: «La felicidad es el camino».

Supongo que inconscientemente aquel encuentro me inspiró a la hora de elegir mi viaje de verano. Fue un viaje sorprendente, de una intensidad y una profundidad inesperadas. En Bután, a mediados de agosto, tal vez a causa de la incomodidad, del coste del viaje (excesivo en relación con la calidad de los servicios) y de las tasas adicionales para quienes viajaban solos, como yo, únicamente había diecinueve turistas. Yo solo me crucé con una pareja alemana en dos localidades distintas y en momentos diferentes. Fueron días de una sana, profunda e intensa soledad. Una soledad que nunca había experimentado hasta ese momento.

Era el silencio. El vacío. Solo yo. Yo solo doce días, yo solo con mis preguntas y yo solo con mi único compañero de viaje: el libro que me había regalado Marcello. Recuerdo la dedicatoria en la página 3, escrita con su estilográfica en tinta negra: «Mi Maestro me enseñó lo difícil que es ver el alba dentro del anochecer». En aquellos doce días, nada de cuanto me rodeaba (la gente, la naturaleza, la comida, las impresiones y los estímulos que me llegaban) se parecía en absoluto a mi Mundo Ordinario. Todo me sorprendía y me cogía desprevenido porque carecía de referentes. Pero esa vez no fue como en San Francisco, ya que en mi interior albergaba constantemente una pregunta: «¿Quién soy?».

Un día me di cuenta de que estaba viviendo una vida nueva, una vida en mi vida. Era mi vida manifestándose por primera vez en su verdad gracias al hecho de que yo me estaba concediendo la posibilidad de ser nuevo en ella. Y empecé a comprender que lo que marcaba la diferencia ya no era el mundo fuera de mí, sino que había un lugar dentro de mí que me orientaba expresando su conciencia y voluntad. Un centro de gravedad embrionario, que todavía no era permanente.

Aquella experiencia y aquella lectura, vividas al unísono, fueron una mezcla alquímica. Aquellas condiciones exteriores, en el Mundo Ordinario, habían resultado ser las más funcionales para observar de la mejor manera posible mi condición interior. Por primera vez me estaba acercando a mi Mundo Extraordinario. Podía observarme tal como yo era, no tal como creía ser. Y aquel libro era la guía perfecta para observar mi condición; me sirvió como guía y, al mismo tiempo, como espejo.

Empecé a darme cuenta del estado hipnótico en el que había vivido hasta entonces; un estado de sopor, una vida con una conciencia ilusoria que, tal como comprendía ahora, no era más que una sucesión mecánica de hechos puramente accidentales porque yo no había determinado ninguno de ellos. Comenzaba a intuir las razones de mi incapacidad para mantener los propósitos que me imponía repetidamente en la vida. Oscar estaba dejando de ser una entidad única para convertirse en una multitud. La genética de mi padre y mi madre, la educación, las influencias del ambiente en que me crié, la comida con que me había alimentado hasta entonces y el aire que había respirado me parecían de repente agentes condicionantes en vez de simples condiciones. Comprendí que yo no era el resultado de una serie de actos voluntarios realizados de forma consciente, sino un resultado aritmético, puramente mecánico, de hechos que me habían sucedido por casualidad. Términos como «muerte», «sueño», «vigilia», «conciencia», «despertar» o «renacimiento» brillaban ahora con una nueva luz. Presentía que aquella era mi Llamada a una nueva condición.

Recuerdo con nitidez los momentos de honda paz y soledad de aquel viaje, cuando todo lo que me rodeaba era tan acogedor que me conmovía. En cambio, otros recuerdos son muy confusos. Y otros duermen en las profundidades de mi corazón o en la parte más recóndita de mi mente.

Recuerdo haber pasado dos días con los niños monjes de un monasterio situado en lo alto de una montaña al que no se podía llegar con ningún medio de transporte, solo con unas botas de *trekking* y con mucha fuerza de voluntad. He buscado entre los montones de papeles de mi estudio el diario de aquel viaje; sé que lo tengo guardado en alguna parte, pero hasta ahora no he dado con él. Solo conservo lo que grabé en vídeo; por suerte o por desgracia, son filmaciones mudas, porque era incapaz de comentar algo mientras grababa. No quería añadirle nada a lo que veía por miedo a contaminarlo.

Incluso en su dimensión más ordinaria, para mí Bután representa un excelente modelo de síntesis entre la posibilidad de conjugar los dictámenes de una civilización muy antigua, centrada en buscar y mantener la felicidad de su pueblo, y la capacidad de introducir dicha perspectiva en los tiempos actuales. En un contexto social y cultural muy distinto del nuestro, sus gobernantes sabían combinar tradición y modernidad hasta el punto de idear y aplicar el principio de FIB (Felicidad Interior Bruta) en vez del concepto de PIB (Producto Interior Bruto) que nosotros conocemos tan bien.

Corría 1999 y por aquel entonces era una cuestión muy novedosa, que pocos estadistas consideraban digna de atención. El mundo que nos rodea, nuestro contexto sociopolítico y cultural, ofrece muchos motivos para poner objeciones a un modelo que mide el impacto que tienen las decisiones de los gobernantes en la Felicidad Interior Bruta. La gran excusa siempre es un gran error social: la mayoría de los ciudadanos no se siente responsable de la suerte que corre su país, todos creen que no depende de ellos, que pueden hacer muy poco, por no decir nada, para cambiar las cosas.

Hay algo que tal vez aún no hayamos entendido: **no nos espera una época de cambios, sino un cambio de época.** El meteorito ha caído y el cambio ya ha empezado. ¿Te has dado cuenta? Aunque a veces no percibamos un hecho, eso no significa que el hecho no esté ocurriendo.

EXTINGUIRSE O EVOLUCIONAR

Y ahora surge una pregunta: **¿pertenezco a la raza que va a extinguirse o tengo los genes de la raza que evolucionará y permanecerá?**

Por otra parte, como creo que nuestra especie sobrevivirá a todos los acontecimientos que están por venir, me pregunto **¿qué ejemplares de nuestra especie se extinguirán y cuáles sobrevivirán al gran cambio?**

Sobrevivirá quien evolucione en la dirección que señala inequívocamente el futuro que nos aguarda, quien sepa conjugar en su vida las directrices de Relación y Unión, quien tome plena consciencia de la fuerza de la Unidad en la diversidad. No existirá una diferenciación de presuntas razas basada en la supremacía de un color de piel, de un credo o de un partido, sino una manifestación de quien sepa adaptarse mejor al verdadero cambio que nos pide el mundo: sentirnos únicos y a la vez parte integrante de un conjunto que depende de nosotros y del que nosotros dependemos indisolublemente.

Con casi dos siglos de antelación, Darwin expuso una visión muy lúcida de un mundo que sustancialmente es el de hoy: una Tierra más pequeña de lo que creen sus habitantes; un planeta-sistema formado por infinitas conexiones; una realidad en la que cada hombre tiene necesidades y aspiraciones que lo hacen único y distinto de sus semejantes:

> Debemos tener en cuenta que esta tierra nuestra, que antes nos parecía infinitamente grande, es pequeña. Vivimos en un sistema cerrado, dependemos los unos de los otros, y todos dependemos de la tierra. Lo que nos separa es infinitamente más pequeño que el peligro que nos une.

Pese a comprender la última afirmación de Darwin, creo que el mayor peligro que debe unirnos es el riesgo de no tener nada que nos una. No creo que reivindicando las diferencias lleguemos mucho más lejos en el camino que tenemos por delante; más bien creo que, pese a la diversidad de los individuos que caminan por ella, la senda que debemos recorrer a partir de ahora tiene que ser un espacio común, compartido y orientado hacia una única aspiración para todos: llegar al Norte.

Sin alejarnos de la metáfora darwiniana, pienso que el futuro será de quienes evolucionen en ese sentido. El momento histórico que estamos viviendo, y que solo debido a cierta miopía podemos calificar de crítico, en el fondo podría ser nuestra gran oportunidad. Quizá la mayor oportunidad que una generación puede tener. Y ninguna oportunidad tiene un signo de positivo o negativo delante. **Las oportunidades no son buenas o malas, afortunadas o desafortunadas; son**

oportunidades, y punto. Nos corresponde a nosotros hacer algo, a ser posible algo útil. Si no, la oportunidad se adjudicará un signo a sí misma de manera accidental, positivo (+) o negativo (–). Y, la verdad, yo prefiero desconfiar de lo accidental, y tampoco me gusta dejarme llevar por las masas.

Necesitamos cambiar nuestras conciencias urgentemente. Reconocerle al género humano la gran oportunidad que supone el libre albedrío, que nos da la posibilidad a cada uno de nosotros de determinar un cambio. Yo también creo que realmente depende de nosotros. Y al mismo tiempo comparto una sensación de urgencia, ya que **tenemos la posibilidad de decidir, pero no la de esperar o retrasar.**

El peligro que nos une es el riesgo de desaparecer o autodestruirnos. Quizá sea un riesgo demasiado grande para que nuestra mente crea en él, pero es un riesgo demasiado evidente para que nuestro corazón no lo considere real.

Este momento, esta época, es la gran oportunidad de nuestra generación.

5

RECHAZAR LA LLAMADA

TRINITY: Por favor, Neo, tienes que creerme...
NEO: ¿Por qué?
TRINITY: Porque tú estuviste allí, Neo. Ya conoces el camino y sabes perfectamente adónde lleva. Y yo sé que no lleva a donde tú quieres ir.

Diálogo de la película *Matrix*

EL PROCESO DEL MIEDO

Una vez recibimos, reconocemos y comprendemos el mensaje de la Llamada, podemos rechazarlo, pero no ignorarlo. Con todo, muchas veces lo rechazamos porque no lo hemos entendido bien o no queremos aceptar el reto que supondría aceptar la Llamada. Sabemos que va a ser una prueba muy difícil y que se nos pide un cambio radical. Sabemos que, cuando termine la Aventura, nada volverá a ser como antes. **En el momento en que rechazamos el llamamiento a convertirnos en Héroes de nuestra existencia, construimos el valor de nuestra decisión.**

La Llamada a la evolución puede llegarnos una sola vez en la vida; si no estamos receptivos, seguramente volveremos a sumirnos en la apatía de la vida mecánica de nuestro Mundo Ordinario, perderemos para siempre la capacidad de realizar una acción significativa de utilidad universal e involucionaremos de la condición potencial de Héroes a la condición definitiva de víctimas por salvar.

Me temo que, si no aceptamos el reto, nuestro mundo se transformará en un desierto árido y la vida perderá su significado profundo.

Cuando me observé desde lo más hondo de mi instinto y mi psique y descubrí que era incapaz de responder a la Llamada, comprendí que era presa del miedo.

Miedo a perder lo que tenía, miedo a perder lo que era.

En realidad tenía miedo, principalmente, a sentir dolor.

El dolor surge por el apego a las cosas, y ese apego se basa en una ilusión: **la eternidad.** Creemos ser eternos.

Sin embargo, no sé si te has dado cuenta, pero cuando al fin comprendemos que todo en este mundo tiene caducidad, dejamos de sentir ese afán por acumular cosas que ni siquiera tendríamos tiempo de consumir o disfrutar.

En esta época vivimos un período de anhelos fuertes e inusuales. Tengo la sensación de que la mente, el corazón y el cuerpo de las personas sufren estímulos inesperados que la mayoría no comprende. Escucho con frecuencia a mi alrededor la misma letanía: «¿Cuándo acabará?». Como si fuera creciendo un sentimiento de preocupación que va a transformarse en miedo. Miedo a algo desconocido que sabemos que ocurrirá. Miedo a algo que, una vez ocurra, tememos no poder comprender; algo que supondrá una pérdida, una separación, un sufrimiento insoportable, quizás incluso la muerte, que en el fondo es nuestra certeza más obvia.

Al mirar fuera, a mi alrededor, observo las mismas dinámicas que se activan en mi interior: las leyes que gobiernan los sucesos del mundo y los procesos intelectuales, emotivos e instintivos de los seres humanos siempre son las mismas, por eso en muchos textos sagrados se repite el principio «tanto en lo grande como en lo pequeño». Si analizamos atentamente las épocas históricas, vemos que el sistema social y, en consecuencia, los sistemas político y económico, suelen basarse en (y mantenerse gracias a) ideas y acciones que siempre generan el mismo sentimiento en la gente: miedo.

El proceso siempre es el mismo y dura años, a veces siglos:

- Al principio se dirige la atención de la multitud hacia unos modelos (inicialmente exteriores y muy pronto interiores) que generan primero un **deseo de emulación** y luego de **posesión.**
- Después de esta primera fase hipnótica, se desvía la atención hacia sucesos que podrían provocar la **pérdida del estatus adquirido** y de todo lo que conlleva: personas, cosas, ideas, sentimientos, emociones y sensaciones.
- Cuando llegamos al límite de esta condición surge el **miedo**, y la masa busca refugio en quien se propone como protector de dicha condición. Algo o alguien que nos devuelva a nuestra condición habitual, la única que nos da **seguridad**. La seguridad de tener algo, la seguridad de ser alguien, y donde a menudo el *alguien* coincide con el *algo*.

He observado repetidamente, tanto en los demás como en mi vida, que el miedo al principio es un **estado psíquico** y más tarde se convierte en un **estado físico**. Me he planteado cómo puedo evitar caer en ese estado completamente inútil para mí, pues no produce nada que alimente mi vida, porque el miedo nos vuelve pasivos, nos inmoviliza. Por eso me fijé en algo nuevo: no en el miedo, sino en aquello que lo genera.

La cuestión no es averiguar cómo tener menos miedo, sino averiguar cómo interrumpir el proceso que genera el miedo. Ahora soy consciente de que el origen de todo es nuestro apego a los referentes que usamos para construir nuestra seguridad y nuestra identidad: cosas, ideas, sentimientos, personas, objetos, lugares, hábitos o dogmas... Toda nuestra vida, porque solo nos reconocemos en ella y gracias a ella somos y creemos ser.

Todo ello se basa en la gran ilusión de que esta vida es eterna, de que **existe un siempre**. Me pregunto por qué estamos tan apegados a algo cuya dimensión espacial y temporal puede ser larga y amplia, pero siempre finita, es decir, a algo que pronto dejará de existir.

Según he podido observar, si me libero de dicha ilusión, el poder que tienen los referentes sobre mí disminuye, e incluso tengo la sensación de que pueden llegar a perder por completo su eficacia. Y en su extinción reside el germen de la desaparición del dolor que en otras condiciones generaría separarse de ellos.

En síntesis: **lo que produce dolor es nuestro apego a las cosas**, y ese apego se basa en la **ilusión de eternidad**. Lo terrible no es que unas pocas personas acumulen mucho, sino que dichas personas no tengan tiempo de disfrutar lo atesorado. Seguramente algunos de nosotros seamos de los que no van a disfrutar de lo acumulado. Puede resultarnos de ayuda ver fotos de tumbas de reyes o reinas de la Antigüedad. Muchos pueblos antiguos enterraban a sus monarcas con objetos y joyas de valor, pues creían que les serían útiles en el Más Allá. Si observamos esas fotos, repararemos en el contraste existente entre tres elementos: los esqueletos carentes de esencia vital, el túmulo en el que ahora solo hay tierra y las joyas intactas en los huesos de los esqueletos. Todavía nos cuesta entender que llegamos a esta vida sin nada y que nos iremos de ella sin nada, y entremedias nos matamos como bestias feroces por tenerlo todo.

Lo ideal es que nos deshagamos de todo aquello que ofende la pureza esencial de nuestra alma. En la introducción del libro *Estinguere il dolore* («Extinguir el dolor»), que recoge varias enseñanzas de Buda, puede leerse:

Las premisas del budismo coinciden con las de la ciencia moderna, pero el primero llega mucho más lejos a la hora de describir el horizonte de lo que es accesible para el hombre y, además, une el saber con la ética en un sistema armónico, en extremo refinado. Buda nos indica un camino que él mismo descubrió de manera experimental, cuyo fin declarado es curar moralmente el sufrimiento. Esta idea de «extinción», que la tradición budista denomina *nirvana*, de extinguirnos en el vacío y liberarnos de cualquier tipo de apego, también existe en la tradición de los místicos del islam, quienes proponen alcanzar un estado que llaman *faná* (otra palabra traducible como «extinción»). Buda nos acompaña para que comprendamos la necesidad de conocernos a nosotros mismos globalmente. No se trata de un conocimiento racional ni emotivo; lo importante es armonizar los distintos aspectos gracias al autoconocimiento. El objetivo es descubrir las leyes que regulan la existencia humana y sus distintas manifestaciones, comprender que una visión de conjunto no puede limitarse al conocimiento de las leyes exteriores de la naturaleza ni de las leyes de la psique, y centrarse en descubrir cómo se integran ambas en el fenómeno que es el ser humano.

Cuando leí por primera vez este libro, empecé a reflexionar sobre el modo de conciliar la cotidianidad de mi Mundo Ordinario con mi aspiración a buscar una dimensión extraordinaria. Si no gestionamos y orientamos bien el contraste entre la primera dimensión (más tosca) y la segunda (más sutil), puede surgir un conflicto.

Yo trabajo en un banco. Nuestra labor consiste en gestionar dinero. Y debemos hacerlo lo mejor posible, respetando la deontología de nuestra profesión y en interés de los clientes que nos han confiado sus ahorros. Así es como contribuimos a generar un margen que supondrá unos beneficios para la empresa y el empresario que la fundó. ¿Cómo debo actuar (y vivir) para que todo lo que hago cotidianamente sentado ante mi escritorio case con mis aspiraciones más íntimas? **¿Cómo lograr que la cotidianidad de mi Mundo Ordinario se complemente con el carácter extraordinario del mundo al que aspiro?**

Estuve mucho tiempo haciéndome estas preguntas y empecé a comprender que el dinero tiene una fuerza propia, que actúa con su propia energía. Una fuerza que, en vez de expresar su polaridad de forma absoluta, lo hace de manera relativa; de hecho, lo que determina su polaridad es su relación con el contexto (lugar, modo, tiempo).

EL PODER DEL DINERO

El dinero se demoniza o se ensalza, difícilmente deja indiferente a nadie. La importancia que le damos depende sobre todo del hecho de que solamos tomar nuestras decisiones al respecto en condiciones de incertidumbre y de conocimiento limitado. Ser ricos calma nuestra inquietud; pero, claro está, estas influencias se manifiestan en el plano de lo inconsciente, de lo puramente emotivo, una vez se debilitan las convenciones más superficiales e inestables.

El dinero en sí mismo es una fuerza sin polaridad, el fin para el que lo utilizamos es lo que determina su orientación. Si quitásemos el dinero y lo sustituyéramos por otra cosa, esa *otra cosa* se cargaría con la misma energía.

Mientras el ser humano esté lleno de debilidades e incertidumbres, poseído y guiado por sus necesidades, poco importa lo que haga con el dinero. **El dinero carece de signos y también de culpas.**

Es el hombre quien decide cómo considerarlo, cómo utilizarlo y con qué fines, y qué sentimientos y emociones lo mueven, qué pensamientos lo inducen o qué aspiraciones lo atraen. Ahora bien, una cosa es segura: el dinero no te deja indiferente; tiene un poder enorme, porque hace que ocurran cosas.

Coge el dinero y guárdalo en la caja fuerte o en el bolsillo, nunca en la mente ni en el corazón. Tampoco se te ocurra dárselo a alguien que no sea dueño de sus sentimientos o actos, porque abusaría de él hasta la ruina.

En su dimensión material, el dinero posee la energía necesaria para dar forma a nuestras ideas y sentimientos. Por eso debemos cultivar la mente y el corazón con algo muy nutritivo, que aumente nuestras capacidades intelectuales y emotivas.

Tal como me enseñó mi Maestro: «Tu corazón está donde te lleve tu mirada».

¿El dinero es la puerta, el empujón o la bisagra? ¿Es nuestro dueño, nuestro siervo o nuestro consejero? ¿Es un ideal que pronto se convertirá en nuestro objetivo o es un medio, un instrumento, una posibilidad? Y si es un medio, un instrumento o una posibilidad, **¿para obtener qué?, ¿para llevar a cabo qué posibilidad?** En este caso la responsabilidad del último sentido de las cosas también es nuestra. Siempre.

Imagina que puedes sustituir el dinero por otra cosa, ¿por qué lo sustituirías? ¿Con qué moneda te sentirías más cómodo y confiado? ¿Y por qué precisamente esa? ¿Estás seguro de que cambiaría algo en la psicología del ser humano? ¿Cuánto dinero le has pedido ganar en la vida a la diosa Fortuna?

Jesús dijo: «Pedid y se os dará; buscad y hallaréis; llamad y se os abrirá. Porque todo el que pide recibe; el que busca halla; y al que llama se le abrirá» (Lucas 11, 9-10).

El principio evangélico «pide y se te dará» es increíblemente complicado, porque quien te dé no será responsable de lo que tú hagas con lo que te ha dado. Por otra parte, en caso de no obtener lo que has pedido, ¿cómo vas a estar seguro de que no te están dando algo? Pedir siempre implica asumir una responsabilidad, porque luego, con independencia de cuáles sean tus creencias, siempre deberás rendir cuentas de lo que has hecho con lo que te han dado.

En mi opinión, la aspiración más elevada del ser humano es librarse de todos los pesos. Lamentablemente, nuestra cultura nos engaña y nos lleva a considerar el dinero como el medio más rápido y eficaz para obtener esa libertad, lo que nos ofusca la razón y los sentimientos, y acabamos confundiendo el peso con la levedad, y la cárcel con la libertad.

- No se trata de ser pobres por falta de dinero, sino de ser pobres en lo referido al **apego al dinero**.
- Tampoco se trata de ser ricos en dinero, sino ricos en saber que podemos tenerlo para un único fin: el Bien.

El dinero, además de un símbolo, es un medio de energía creativa, energía intercambiable con otras personas dentro de un conjunto que nos incluye a todos. De ser así, tal como yo creo, al ser la energía infinita, el dinero también sería potencialmente infinito.

Si se me permite la expresión, me gustaría hablar de **la mística del dinero** y reflexionar sobre el modo de canalizar su poderosa energía. Hablo de dinero no ya como moneda de cambio para adquirir un producto u obtener un servicio, sino más bien como instrumento para elevar nuestro estatus según la forma en que lo usemos para nuestro bienestar y el de otras personas. Por el contrario, si dedicamos nuestra vida a acumular cosas materiales, nos iremos cargando de peso.

El dinero es, a todos los efectos, algo *en potencia*, y para gestionar una gran potencia necesitamos una gran conciencia, una conciencia adecuada para los fines más altos de nuestra vida. En cambio, acumular resulta peligroso, pues supone una presión bajo la cual nuestra existencia y el modo en que pasamos por ella se nos podrían ir de las manos.

Me gusta pensar en la riqueza como en un examen que debe hacer quien la posee. Todo individuo posee un talento específico gracias al cual es capaz de ganar dinero correctamente y de ser feliz. Sin embargo, muchos muestran poco interés por buscar dicho talento y prefieren mantener una condición precaria pero garantizada, sin comprender que esta opción rebaja de forma progresiva su nivel energético.

Conozco a personas que viven con la inquietud y el miedo constantes de que les falte el dinero y que casi nunca invierten tiempo en satisfacer sus deseos materiales o espirituales. Al observarlas me pregunto si tuvieran suficiente dinero poseerían más autonomía personal y mayor energía para cultivar valores espirituales, con lo cual ayudarían a la humanidad que las rodea.

¿De qué sirve ser rico si no utilizas tu riqueza para el bien de la colectividad?

Quizá los haya condicionado la idea de que el dinero es malo, aunque tal vez el amor al dinero sea la raíz de muchos problemas.

La dimensión espiritual es unitaria, mientras que la material es dual; así pues, está claro que la relación entre búsqueda interior y gestión del dinero no es sencilla. Por eso debemos esforzarnos a conciencia para reconciliar los opuestos y llegar a lo que en alquimia se denomina *coincidentia oppositorum*.

Ahora bien, no puede haber reconciliación si nos pasamos la vida identificándonos con lo que nos ocurre, fragmentados en una multitud de yoes, cada uno de ellos con distintas necesidades y deseos.

Solo podremos desarrollar nuestra condición de identificación y fragmentación en un itinerario de recomposición si aprendemos a permanecer ecuánimes ante la fluctuación de los hechos, sin identificarnos con lo que nos parezca agradable o desagradable ni con lo que nos produzca alegría o dolor.

EL MANIFIESTO DEL HÉROE

El objetivo de todos los seres humanos debería ser permanecer neutros, felices, unificados y a la distancia adecuada, manteniendo siempre la misma condición interior, tanto en la abundancia como en la escasez.

Para mí, el manifiesto de dicha aspiración es el famoso poema «If» («Si») que Rudyard Kipling escribió en 1895. Contiene una serie de inspiraciones magníficas sobre cómo debemos comportarnos para ser dignos de ser llamados hombres. Dejémonos llevar y sintamos la vibración. Las palabras que siguen son como el Manifiesto del Héroe, su misión. Un mantra para un ser humano joven que está a punto de empezar el viaje heroico de su vida:

Si puedes mantener la cabeza cuando todos a tu alrededor
pierden la suya y te culpan por ello;
si puedes confiar en ti mismo cuando todos dudan de ti,
pero admites también tus dudas;
si puedes esperar sin cansarte en la espera,
o, siendo engañado, no pagar con mentiras,
o, siendo odiado, no dar lugar al odio,
y sin embargo no parecer demasiado bueno, ni hablar demasiado sabiamente;

si puedes soñar y no hacer de los sueños tu dueño;
si puedes pensar y no hacer de los pensamientos tu objetivo;

si puedes enfrentarte al triunfo y el desastre
y tratar a esos dos impostores por igual;
si puedes soportar oír la verdad que has dicho
retorcida por malvados para engañar a los tontos,
o ver rotas las cosas por las que has dado la vida
y agacharte y reconstruirlas con herramientas desgastadas;

si puedes hacer un solo montón con todas tus ganancias
y arriesgarlo a una sola jugada,
y perder, y empezar de nuevo desde el principio
y no decir nunca una palabra sobre tu pérdida;
si puedes forzar tu corazón, nervios y tendones
a cumplir tus objetivos cuando llevan tiempo agotados,
y mantenerte cuando lo único que queda dentro de ti
es la voluntad, que les dice: «¡Resistid!»;

si puedes hablar con multitudes sin perder la virtud,
o pasear con reyes y seguir siendo tú mismo;
si ni los enemigos ni los amigos más queridos pueden herirte;
si todo el mundo puede contar contigo, pero nadie demasiado;
si puedes llenar cada minuto inexorable
dando valor a cada uno de los sesenta segundos,
tuya será la Tierra y todo lo que contiene,
y, lo que es más, ¡serás un hombre, hijo mío!

Kipling señala un camino muy claro: **la responsabilidad inherente a nuestra condición de seres humanos es enorme**, y **nadie está exento de honrarla** tratando de mejorar constantemente de forma individual y colectiva. Solo así llegaremos a ser muy ricos, ya que poseeremos «... la Tierra y todo lo que contiene».

Kipling pone el listón muy alto, dirige su poema a quienes aspiran a ser héroes. Al indicarles la estrategia para vencer el reto, reitera su *Si* como condición necesaria y propedéutica para todos los pasos evolutivos. Cada *si* equivale a un avance en la comprensión de nuestra postura y nuestra condición de seres humanos, partiendo de la dificultad para alcanzar la prosperidad y pasando por una serie consecuencial de actos voluntarios y conscientes.

El ser humano tiene la oportunidad de evolucionar y transformarse en la versión heroica de sí mismo en los momentos críticos. Por ejemplo, un ciclo económico da sus frutos en la fase de prosperidad, pero hunde sus raíces en la fase de crisis. Hoy en día las finanzas están ahogando la economía real, y la economía, aplastada por el paradigma tecnocrático (lo mismo que la política), asume el desarrollo tecnológico únicamente en función de sus beneficios, sin reflexionar sobre ningún *si*, lo cual demuestra que no ha aprendido la lección de la crisis financiera mundial que desencadenó el crac de Lehman Brothers en Estados Unidos en 2008.

Un riesgo que asumimos y que resultó un fracaso fue adentrarnos en una política sometida a la economía. Ahora el próximo riesgo es **someter la economía, y más concretamente las finanzas, a los estándares de eficiencia sostenibles.** En realidad, lo que necesitamos son dos fuerzas equivalentes y complementarias, la política y la economía, dentro de un sistema financiero acelerado por la tecnología pero no sometido a ella. Si lo consiguiéramos, los esfuerzos extremos que impone el paradigma de la tecnocracia irían completamente a la deriva.

La política y la economía son dos fuerzas que pueden ponerse al servicio de la vida humana. Aunque tengo mis dudas, no creo que la crisis financiera que se originó en 2007-2008 despertara tanto las conciencias como habría podido y quizá debido hacer. En mi opinión, un desarrollo económico y tecnológico que no suponga un mundo mejor y una calidad de vida superior para todo el mundo no se puede considerar *progreso*.

Por eso debemos centrarnos en los objetivos y fines de la política, la economía, las finanzas y el uso de la tecnología aplicada a ellas. Si el progreso de estas disciplinas —a las que añado las artes y las ciencias— no equivale al progreso de la humanidad a lo largo de su historia, es necesario que las personas se distancien de él y busquen otras maneras de practicar esas disciplinas, a ser posible deteniéndose un instante para recuperar el contacto con la profundidad de la vida.

Es importante reafirmar la **supremacía de la conciencia sobre la tecnología**, porque la conciencia es lo único que nos puede preservar de los efectos de una tecnología inconsciente. Adquirir conocimientos es una cosa, y adquirir conciencia, otra.

LA MÍSTICA DE LA TECNOLOGÍA

«Exactamente como en *Matrix*», pensé. Sin poder evitarlo recordé la película de los hermanos Wachowski cuando descubrí el invento de unos investigadores estadounidenses: una técnica que, según ellos, permitía «downloadear» nuevas informaciones directamente en nuestro cerebro y que haría posible que una persona pudiera adquirir nuevas habilidades en pocos instantes.

En 1999, mientras veíamos en el cine a Neo aprendiendo kung-fu en pocos segundos gracias a un programa creado para este conocimiento específico, no imaginábamos que diez años después unos científicos asegurarían haber encontrado un medio real para aumentar la capacidad de aprendizaje del ser humano a la misma velocidad que la del protagonista de esa película de culto.

Esta tecnología, por el momento menos eficaz que en la película, utiliza señales eléctricas para estimular el cerebro, aumentando así la capacidad para asimilar nueva información y utilizarla en acciones prácticas reales.

Los artículos sobre la noticia citaban un estudio, publicado en *Frontiers in Human Neuroscience*, en el que se demostraba que, entre los pilotos aeronáuticos seleccionados para experimentar, los sujetos que recibieron estímulos a través de electrodos aumentaron su habilidad para pilotar hasta un 33 % más que el estándar normal.

¿Y qué?, fue la pregunta. En un primer momento no supe qué responder. **Este pico increíble en la curva del crecimiento ya meteórico al que nos tiene acostumbrados la tecnología desde el inicio del milenio ¿es algo bueno o malo?**

Sinceramente, sigo sin tener una respuesta, pero me gustaría empezar a hablar de la *mística de la tecnología* además de hablar de la ya vista mística del dinero.

¿Cómo canalizar y orientar esta energía tan potente?

La tecnología, al igual que el dinero, no es solo un medio para simplificarnos la existencia; también es un instrumento para **elevar su calidad intrínseca.**

La tecnología es otra fuerza en potencia, y para gestionarla necesitamos una gran conciencia, una conciencia adecuada para honrar los fines más altos de nuestra existencia.

Detrás de cada movimiento de kung-fu que Neo aprende en pocos instantes, se oculta un arte milenario que es mucho más que una técnica de lucha: es un estilo de vida, un sistema para ejercitar la mente. Quien practica kung-fu aprende a comprender al ser humano como una unión de energías: cuerpo y mente. Es justo lo que necesita el hombre actual: aprender a indagar en los estados más profundos de la conciencia.

¿Algún día inventaremos una tecnología que nos permita «downloadear» en ellos?

Por un lado espero que sí, ya que acceder a los estados más profundos de la conciencia me hace confiar en la posibilidad de un mundo mejor; por otro lado, creo que alcanzar tales niveles de conciencia solo puede ser fruto de un trabajo personal continuado, de un acto de voluntad renovado.

El caso es que en 2011, una mezcla sorprendente de tecnología tradicional y neurociencia abrió un camino en ese sentido y generó el Proyecto SyNapse, mediante el cual IBM y la Defense Advanced Research Projects Agency (DARPA) se marcaron el objetivo de **hacer sensible la tecnología.** Estamos hablando de sistemas de *hardware* que reproducen los actos y el pensamiento de los seres vivos.

Pocos años después de lanzar el proyecto, la colaboración entre ambos colosos permitió perfeccionar TrueNorth, el primer chip que emula la zona derecha y la zona izquierda del cerebro humano para impulsar lo que darían en llamar «inteligencia holística computacional», una estructura que no es solamente el resultado de cálculos y del ensamblaje de circuitos informáticos, ya que tiene una conciencia propia. Al menos eso era lo que decía el artículo de *Panorama.it.*

Pero **¿es realmente posible crear en un laboratorio algo artificial, cuya sede natural sería nuestra mente y nuestro corazón, que en un momento posterior se manifieste en acciones realizadas por nuestro cuerpo?**

Un ser humano jamás podrá inventar una tecnología que le permita convertirse en lo que no ha sido capaz de ser conscientemente. Por tanto, es una paradoja insostenible imaginar a unas personas superficialmente conscientes inventando una tecnología que les permita «downloadear» en la mente estados más profundos de conciencia que no han podido alcanzar solos.

Estas no son cuestiones esenciales para el futuro de nuestra especie. Lo digo porque cotidianamente me encuentro con innovaciones en todos los campos de la vida y me pregunto si el incremento de la difusión de determinadas tecnologías nos dará más autonomía personal y mayor energía para cultivar nuestros valores más recónditos, profundos y, por qué no decirlo, espirituales, ayudando así a la humanidad a evolucionar.

¿De qué nos sirve el don divino de la genialidad si no lo usamos para el Bien colectivo? ¿Llegaremos a usar tecnologías para indagar en la dimensión interior del ser humano, la única realmente necesaria para mejorar nuestra calidad de vida?

Encontrar un nuevo equilibrio en la relación entre búsqueda interior y gestión de la búsqueda exterior es la nueva frontera de la investigación humana, un auténtico reto del nuevo milenio. Necesitamos la tecnología apta para redefinir los rasgos esenciales de nuestro mundo interior, lo que ha dado en llamarse Inner Design® Technology.

Tenemos una obligación con nosotros mismos: no resignarnos a ser periféricos al defender la necesidad de dicha orientación y no renunciar a hacernos preguntas sobre el fin y el sentido de las cosas.

Eres un filósofo... hazte preguntas.

LA ENERGÍA QUE POSEE EL DINERO

Mientras nuestra sociedad se base en el dinero, es fundamental saber usar la energía que posee el dinero. Usar significa orientar, y orientar no significa acumular, sino **dejar circular**.

Del mismo modo que una buena circulación de la sangre es savia vital para nuestra salud y previene enfermedades, así es el dinero para nuestra sociedad: todo el mundo se concentra en acumular riqueza cuando deberían pensar en cómo distribuirla y hacerla circular.

Para contribuir al Bien de la humanidad, la riqueza debe circular de manera positiva y creativa.

Ello no significa que no podamos tener unas reservas para construir nuestra libertad financiera, pero no podemos olvidar que acumular conduce a estancarse y, como decía Leonardo da Vinci: «Así como el hierro se oxida al no usarlo, y el agua se pudre y el frío se hiela, así también el ingenio, si no se usa, se echa a perder».

Estancarse genera insensibilidad e ignorancia tanto en los ricos como en los pobres. Y la ignorancia es la antesala de la violencia. Una vez abierto el camino de la violencia, esta pronto nos incumbe a todos, ricos y pobres, pues no habrá muro que nos proteja ni ejército que nos defienda de la fuerza de la desesperación que consume a quien ni siquiera ve reconocido su derecho a la vida.

Preguntémonos: **¿nuestra vida, nuestras empresas, nuestras familias o nuestro partido político producen o destruyen riqueza interior y exterior? ¿Dan o quitan a la colectividad?** Y si dan, **¿a quién dan, cómo lo dan y por qué lo hacen?** Y si quitan, **¿cómo quitan, a quién le quitan y por qué se lo quitan?**

Quien crea que el dinero estropea a las personas, que reflexione sobre la idea de que quizá sean las personas las que estropean el dinero. El dinero es un acelerador: si eres bueno, cuando seas rico aún serás más bueno; si eres malo, cuando seas rico aún serás más malo. El dinero es sumamente importante y crucial cuando es necesario, y es sumamente inútil y peligroso cuando no es necesario.

No sé si a ti te ocurre lo mismo, pero yo, hasta que mi Maestro, muy sabiamente, me lo hizo notar, viví muchos años de mi vida creyéndome inmortal.

Al comienzo de nuestra vida, la edad nos engaña mucho.

Y nuestra inconsciencia y desconocimiento nos sedan y nos hacen caer en un estado de sueño que, para muchas personas, dura hasta poco antes de sus últimas horas.

En cambio, a partir de cierta edad de nuestra vida, empezamos a enfrentarnos al miedo a la muerte: ¿cómo será nuestro último día, ese en que nos separemos de todo lo que nos hemos dedicado a acumular a lo largo de nuestra existencia? En nuestro último día aquí abajo, ¿qué será de nuestros problemas, nuestros derechos, nuestras pobrezas y nuestras riquezas?

Se disgregarán con nosotros.

Ese último día, ¿qué será de los valores absolutos, como, por ejemplo, la no violencia, la hospitalidad, la compasión, la paz, la gratitud, la belleza, el silencio, la verdad, la justicia y la rectitud, que hayan estado presentes en nuestra vida?

Sobrevivirán a nuestra disgregación. **Las riquezas se devalúan con el tiempo; los valores permanecen y evolucionan.** Lo eterno es lo único que rinde.

La Economía 0.0 indaga en lo que rinde en la eternidad. Si no puedes cambiar el mundo, cámbiate a ti mismo en el mundo.

Para cambiar el mundo, primero tienes que cambiar tú. Y para cambiar tú, debes educarte con perseverancia en el cambio, porque el sistema que gobierna el mundo no tiene ningún interés en que tú cambies, y esta es la Llamada primordial que recibimos como seres humanos: educarnos para mejorar continuamente. El cambio empieza dentro. Y el camino de salida también está dentro.

Nelson Mandela, promotor y artífice de un cambio histórico, decía: «La educación es el arma más poderosa para cambiar el mundo». **Una persona *bien educada* es una persona formada en el Bien.** Así que... ¡bienvenido! Oficialmente eres uno de los 7.000 millones de individuos más influyentes del planeta.

6

EL ENCUENTRO CON EL MENTOR

Todos los hombres son educadores.

PATRIZIO PAOLETTI

POR QUÉ ES NECESARIO UN MENTOR

Afrontar una empresa cuya prueba final consiste en superar el dolor y cuya única posibilidad de victoria es el sacrificio del Héroe es imposible para cualquier persona que desee asumirla sola o sin la preparación adecuada. No olvidemos que el viaje del Héroe siempre es interior, y que el Mundo Ordinario solo es la dimensión física en que este se desarrolla. El destino final del viaje será la prueba que, una vez superada, va a permitir al Héroe alcanzar un nivel más alto de conciencia y conocimiento. **Se trata de renacer, de huir de la dimensión ordinaria de un mundo en el que vivimos de forma mecánica y en el que todo sucede de manera accidental para llegar a la dimensión extraordinaria**, donde el Héroe entra en plena posesión de su existencia.

En una huida perfecta tiene que haber instrumentos, compañeros y, sobre todo, un guía que haya huido antes y desee instruirnos en tal arte. En la tradición clásica dicha figura se llamaba **Mentor** o, en sus manifestaciones de carácter espiritual más noble, **Maestro.**

Chris Vogler, en *El viaje del escritor*, explica que el término «mentor» procede del nombre parónimo de un personaje de la *Odisea*, Méntor, el amigo leal de Ulises que se encargó de la educación de Telémaco durante el largo viaje de retorno de su padre tras la guerra de Troya. Méntor da nombre a todos los guías e instructores, aunque también es cierto que en alguna ocasión se vio ayudado por la intervención de Atenea, la diosa de la sabiduría.

Para el Héroe, el encuentro con el Mentor supone el verdadero principio de un viaje que solo podrá concluir gracias a los conocimientos y la confianza que el primero necesite para superar el miedo.

Según la tradición, los héroes casi siempre entran en contacto con una fuente de sabiduría antes de emprender la aventura. Sin embargo, el Héroe casi nunca relata explícitamente el encuentro con el Mentor, ni tampoco la educación, enseñanzas y adiestramiento que recibe de él. **La relación Maestro-Discípulo siempre queda circunscrita a determinadas condiciones extraordinarias de espacio y tiempo, que trascienden las condiciones propias del Mundo Ordinario.** Por eso no hay razón para que el discípulo les hable en detalle a otros de la figura de su Maestro, de las anécdotas vividas con él y, menos aún, de sus enseñanzas y su adiestramiento. Todo ello queda circunscrito a la dimensión única y unívoca de su relación. De hecho, el Héroe debe honrar ese privilegio con su propia vida.

Las ideas sobre las que estoy escribiendo no son mías. Por una parte, me las transmitieron con una enseñanza que recibí y que se ha convertido a todos los efectos en mi estrategia de fuga y, por otra parte, son también fruto de su aplicación práctica en mi vida.

Una idea solo es útil si la tomamos en consideración con el objeto de que fructifique; si no, será un ejercicio puramente teórico. Además, **una idea no es de nadie, existe antes de**

que la intuyamos; es la expresión unicelular, en un determinado tiempo y un determinado espacio, de una Enseñanza formada por un conjunto organizado de ideas. **Una idea preexiste a su intuición**. En realidad, tener una idea es fruto de un acto de sensibilidad por parte de alguien que, como si fuera una antena, se orienta mejor y más rápido que los demás y es el primero en captar la señal.

Me enseñaron que el secreto de la vida reside en la *orientación*. **La vida es orientación a la sensibilidad**. Y la sensibilidad se desarrolla, ejercita y perfecciona de un modo que no es accidental ni mecánico. El perfeccionamiento es fruto de una voluntad: **la voluntad de contribuir**.

Pero lo cierto es que contribuir no forma parte de la naturaleza del ser humano inconsciente que tiene tres problemas:

1. Es perezoso y tiende a adaptarse a las situaciones.
2. Se conforma y prefiere lamentarse por lo que no tiene en vez de hacer algo para conseguir lo que desea.
3. Considera agotador el adiestramiento.

No es fácil tener la posibilidad de recibir un buen adiestramiento, y cuando ocurre **hay que saber reconocerlo para poder aprovecharlo**. Por último, es necesario, si no imprescindible, encontrar un instructor, el Mentor, que quiera adiestrarte. Y esto es lo más difícil que puede pasar en el Mundo Ordinario.

Decidir adiestrarse con la guía de un Mentor significa someterse a un estado de obligación. Empezamos desarrollando nuestros órganos de percepción para estar más atentos, ser más sensibles o más creativos (es decir, *capaces de crear realidad*). Eso nos hace fértiles y nos prepara para recoger las semillas de la vida: las ideas.

¿Se puede cambiar el mundo con una idea?

Yo creo que sí. Sí... si la idea se convierte en acción. Sí... si la acción es convertirte a ti mismo en esa idea, encarnarla.

La mayor parte de los economistas y los políticos tienen una lógica de pensamiento muy árida y creen que el motor de la sociedad es el capital. Pero lo que realmente mueve el capital de un sitio a otro son las ideas. **El verdadero capital de la sociedad son las ideas.** Las ideas forjan el mundo y mueven el capital en el mercado haciendo coincidir demandas y ofertas. Después hay que dedicar tiempo a realizar esas ideas y desarrollar las competencias necesarias, y por ello también son imprescindibles las personas y las tecnologías que habilitan todo el proceso. El capital solo resulta necesario al final.

Lo malo es que solemos detenernos en las apariencias, en el aspecto material y tosco de las manifestaciones de la realidad, es decir, en el capital, la escasez o la abundancia, y olvidamos que detrás de una idea siempre hay un propósito; que detrás de una voluntad siempre hay una visión; que detrás de una visión siempre hay un ideal; que detrás de un ideal siempre hay un valor, y, por último, que detrás de un valor siempre existe la aspiración de la persona que ha intuido y racionalizado la idea en cuestión.

Una vez, durante una peregrinación, un sacerdote me describió la oración en estos términos: «Es un acto que acerca la Tierra al Cielo». Pues bien, el proceso de generar una idea viene a ser lo mismo: **una idea solo es válida si se transforma en un acto creativo**, esto es, en una acción que transforma en materia una mera prefiguración. Tener una idea significa darle forma después, darle sustancia y transformarla en realidad.

El acto de la innovación, comúnmente entendida como apoteosis del proceso de producción de una idea (algo que está muy de moda en este período histórico), en realidad no es más que la definición de la palabra que encontramos en el diccionario: «Cambiar el orden establecido de las cosas para hacer cosas nuevas». Así pues, «idea» también es sinónimo de «innovación». Por eso las ideas han sido siempre el bien más preciado de este planeta.

«El universo no es más que una idea», escribió Zhuangzi (ca. 370-286 a. C.), filósofo y místico chino. Es una idea (normalmente una buena idea) que te hace muy rico y te conduce a la eternidad, del mismo modo que una mala idea te puede hacer muy pobre y llevarte a la disgregación. Eres pobre cuando una idea pierde su condición natural de fluidez y adaptabilidad e involuciona para convertirse primero en un condicionante y luego en una convicción. En cambio, eres muy rico cuando una idea tuya surge de un movimiento interior noble, casi espiritual, entonces la idea puede considerarse un intento pasional tuyo de cuidar de algo que no eres solo tú mismo.

Estamos muy lejos del mundo de las doctrinas estériles, nos hallamos en el reino misterioso de los ideales nobles. En mi opinión, **la falta de un ideal supremo que contemple el bienestar común es la peor privación que un hombre le puede imponer a su propia existencia.** De hecho, es la mayor causa de insatisfacción para muchas personas que no comprenden la importancia de tener un ideal noble que inspire su vida, un ideal divino que purifique la atmósfera de la escoria de descargamos en ella y evite que esta nos asfixie y nos envenene.

El ideal más alto es el Amor. Es evidente, es obvio, lo sé. Quizá por ello el valor del Amor como ideal ha desaparecido de las conversaciones familiares a la hora de la cena, de las reuniones entre amigos que quieren pasarlo bien, de los discursos sobre objetivos de empresa, de lo que enseñan profesores y maestros en las universidades y las escuelas o de lo que incluyen los políticos en sus programas electorales.

Mientras escribo esta lista me siento muy demagógico. Con todo, el Amor sigue siendo el producto más solicitado en cualquier tipo de mercado, aunque nadie lo ofrezca, porque lo dan por descontado. Hoy en día, el Amor debe abandonar oficialmente esa condición innatural de normalidad a la que ha sido relegado en nuestra vida para volver a los tiempos en que se hablaba de él públicamente. Y los primeros en hacerlo serán los Héroes. Ese será su reto.

EL MERCADO DE LAS IDEAS

Todos los que piensan, los que se salen de los esquemas, todos los que provocan al sistema proponiendo, más que nuevas ideas, nuevos modos de organizarlas suscitan preocupación. Hoy en día pensar no es legal. Hoy en día tener una idea no es legal. Peor aún: hoy tener una idea ni siquiera es normal. En la televisión, la radio o los periódicos, ante las máquinas de café en las empresas, en los medios de transporte públicos o en los bares, todo el mundo habla únicamente de algo o de alguien, de hechos sucedidos o de personas, de lo que debería haber sido y no fue. Es rarísimo oír a alguien hablando de ideas. Tal como citó Thomas Buckle: «Las mentes pequeñas hablan de personas. Las mentes mediocres, de sucesos. Las grandes mentes hablan de ideas».

Hoy, el único mercado posible es el de las ideas. Y las ideas verdaderamente fundamentales, estratégicas y sostenibles beben de una enseñanza antigua que se va adaptando a las circunstancias de espacio y tiempo y que siempre sitúa al ser humano en el centro. Debemos sintonizar con ideas que mejoren la colectividad (que es mucho más que la suma de sus partes) y ayuden a alcanzar una felicidad profunda, que pase de ser un objetivo espiritual a un objetivo social.

La historia de la humanidad está marcada por la alternancia entre momentos en los que ciertos locos visionarios intuyeron y dieron forma a grandes ideas que amanecieron en nuestro mundo, y esos otros momentos en que dichas ideas llegaron al ocaso debido a la introducción de otras ideas más innovadoras todavía.

El 27 de octubre de 1930, al final de la cena en honor de Albert Einstein celebrada en el hotel Savoy de Londres, el escritor George Bernard Shaw dijo de él:

> Napoleón y otros grandes hombres crearon grandes imperios, pero los ocho hombres que voy a mencionar crearon universos sin mancharse las manos con la sangre de sus secuaces. Si retrocedo dos mil quinientos años, ¿cuántos puedo contar en este lapso de tiempo? Puedo contarlos con los dedos de las dos manos. Pitágoras, Ptolomeo, Kepler, Copérnico, Aristóteles, Galileo, Newton y Einstein. Y aún me sobran dos dedos. Es necesario hacer distinciones entre estos ocho hombres. Los he llamado creadores, pero algunos de ellos solamente fueron restauradores. Newton creó un universo que duró trescientos años. Einstein ha creado un universo que sin duda ustedes desean que no termine nunca, aunque no sé cuánto durará.

El proceso mediante el cual se han afianzado las ideas verdaderamente grandes y novedosas en la historia siempre ha sido el mismo: todo parte de la incontenible curiosidad de una persona, fecundada por un deseo intenso de contribuir de manera concreta a la colectividad aportando un beneficio o resolviendo un problema. Entonces la persona se pregunta sin cesar: «¿Qué puedo hacer?», y se le activa una capacidad poco frecuente: desarrolla una sensibilidad especial para intuir la idea en cuestión, para incorporarla a su vida y convertirla en modelo ante el resto de la colectividad. Al final llega el momento de dar a conocer la idea, y lo hace personalmente y también gracias a otras personas, que primero se sienten atraídas por la idea y luego ayudan a difundirla.

«Al principio te ignoran. Luego te denigran. Luego luchan contra ti. Y luego has ganado», decía Gandhi. Y así ocurrió con su batalla mediante la no violencia, al igual que con Albert Einstein y su teoría de la relatividad; con Nelson Mandela y su lucha por la igualdad de derechos; con Lech Walesa y su lucha por la libertad de su país, o con Juan Pablo II y sus esfuerzos en pos del diálogo interreligioso.

He tenido la suerte de conocer a grandes personas en mi vida, cuyos modelos me han servido para trazar mi propio camino. Sus historias tienen impactos sociales muy distintos, pero todas ellas poseen dos elementos en común: el primero es que se hicieron la pregunta «¿Quién soy?»; el segundo, que se preguntaron «¿Qué puedo hacer?». Y a todas estas personas al principio las ignoraron, luego las denigraron y finalmente lucharon contra ellas antes de que ganaran sus batallas personales.

LAS GRANDES PREGUNTAS QUE DAN ORIGEN A TODO

Me emociona imaginar que la gran aventura evolutiva del ser humano tiene su origen en la primera vez que un antepasado nuestro se hizo la pregunta **¿Quién soy?**

Es la pregunta primordial de nuestra especie. Y es una pregunta violenta, casi indecente, porque el contraste entre su esencialidad y su necesidad nos coge desprevenidos. Ante todo yo soy dos cosas: **mis preguntas** y **mis ideas**. Si es cierto que cada uno vale por la calidad de las ideas que expresa, también lo es que la calidad intrínseca de una idea depende de lo útil que resulte para la colectividad. Por tanto, yo soy en función de cómo me manifiesto en la colectividad.

Cada día hay más personas que, según afirman, solo ven a su alrededor a otras personas atemorizadas y frustradas. Pero a mi alrededor observo a personas como yo, unas veces bien focalizadas, otras veces desorientadas y otras aparentemente sin objetivos, sin un fin o un sentido en la vida. Yo no creo que existan personas con objetivos y personas sin objetivos, más bien creo que hay personas que saben cuál es su objetivo porque se han preguntado sin cesar «¿Quién soy?», y personas que posponen continuamente esta pregunta. Lo cierto es que nos corresponde a nosotros decidir cuál es el objeto de nuestra vida.

Desconfiemos de quien nos diga *qué* debemos ser, *cómo* debemos ser y *por qué* lo debemos ser. Si observamos con detenimiento, descubriremos la batalla que se está librando entre la posibilidad y la imposibilidad, entre el silencio y el ruido, entre la calma del mundo de las preguntas verdaderas y el ruido del mundo de las respuestas preconcebidas.

Mi Maestro me dijo un día:

> Es necesario abandonar los temores. No podemos ser miedosos, ni dudar de nuestra capacidad, nuestro talento y nuestra fuerza; de lo contrario, la sabiduría se tambaleará, el amor se derrumbará y nos quedaremos sumidos en el caos, en la infinidad de opciones descartadas. Este momento requiere que tú seas como eres, pero mucho mejor. Y debes hacerlo hoy mismo.

Me enseñaron que **el Bien común pasa por la resolución de los opuestos** y que la gente debe comprender dos cosas:

1. Que los seres humanos, por naturaleza, tienden al bien.
2. Que solo existimos en relación *con*, o en contraposición *a*.

De nuestra capacidad para relacionarnos con la complejidad de nuestro mundo dependerá la suerte de nuestra especie. Muchos seres humanos están llenos de rencor hacia otros seres humanos. Muchos seres humanos desprecian a otros seres humanos. Muchos seres humanos oprimen a otros seres humanos. ¿A qué esperamos para hacernos preguntas profundas sobre cuál es nuestro papel? Sin duda, la misión de la gente *de bien* de este planeta es obvia y manifiesta.

La pregunta que debemos hacernos es: **¿Cómo entro en relación con la vida, las cosas y, sobre todo, con las personas?**

El respeto de un ser humano por otro ser humano, el ser conscientes del estado de con-vivencia en el que nos encontramos todos en el camino del Héroe, es la adoración más sagrada. Imaginar que estamos solos y somos independientes es venenoso. **Nuestra existencia depende de una colectividad que es mucho más que nosotros**, y ello nos permite existir.

Para aceptar al otro, antes debo aprender a aceptarme a mí mismo, con mis virtudes y mis defectos, con mi identidad y sin ocultarme ante el mundo.

Así nuestra existencia vivirá de una capacidad relacional gracias a la que voy a ofrecerle al otro lo mejor de mí. Esto es *educar* en la *excelencia*: hacer salir fuera de mí la parte de la que puede disfrutar el prójimo; hacer salir fuera de mí lo que alimenta y complementa al prójimo.

Y ahora llegamos a otra reflexión. La última pregunta que debemos hacernos es doble, y es la que le da sentido a todo: **¿Por qué he nacido aquí? ¿Cuál es mi objetivo?**

El objetivo de un ser humano es tener éxito. No sé qué entiendes tú por *éxito*. Para mí un hombre de éxito es alguien que provoca que ocurran cosas de un modo consciente y voluntario.

En los últimos años me he esforzado mucho para que ocurriesen varias cosas, y mientras lo hacía he entendido que la diferencia, más que en el éxito en sí mismo, estriba en el hecho de descubrir que puedes hacer que ocurra algo. No me sentí una persona con éxito hasta que no conseguí hacer el bien para todos. Pensemos en esto: al final de la vida solo quedarán nuestros éxitos, lo que hayamos hecho que suceda durante nuestro viaje, durante la espléndida aventura llamada *Vida*. La idea que pudimos tener, en realidad no la tendremos nunca si no la convertimos en un proyecto de vida. En cuanto a los valores e ideales a los que podríamos haber aspirado, tampoco serán jamás verdaderamente nuestros si no los incluimos en un *proyecto de vida*.

Así pues, es importante desarrollar la capacidad de conjugar nuestras aspiraciones y nuestras capacidades, y tener la humildad de saber posicionarnos según la relación existente entre lo que somos y lo que deseamos ser. Por último, debemos trabajar nuestro sentido de la responsabilidad y nuestra habilidad a la hora de dar respuestas.

Todos tenemos que responder a preguntas cada día, y todas las preguntas que nos hacemos o que nos hacen nos conducen a **preguntas-madre universales**:

«¿Quién soy?»... porque soy.

«¿Cómo me manifiesto?»... porque soy energía.

«¿A qué dedico mi tiempo?»... porque solo soy aquí y ahora.

«¿Cómo me relaciono con?»... porque solo existo en relación con.

«¿Cuál es mi objetivo?»... porque solo soy lo que hago.

En 2001, cuando mi Maestro me hizo estas cinco preguntas por primera vez, en la boca me supieron como cinco cucharadas de hiel.

Pero lo que es hiel en la boca es miel en el estómago.

7

CRUZAR EL PRIMER UMBRAL

La única esperanza es lo imprevisto.

Anónimo

EL GUARDIÁN

Una vez comienza la Aventura, el Héroe se enfrenta a un primer reto: superar el llamado **Primer Umbral.** Al otro lado están las tinieblas, lo desconocido, el peligro. Dicho umbral representa la frontera entre el Mundo Ordinario y el Mundo Extraordinario. La persona ordinaria está contenta, se siente orgullosa de permanecer dentro de las fronteras establecidas. Las creencias populares la autorizan a no dar un solo paso en dirección a las zonas inexploradas.

En cambio, para el Héroe cruzar el Umbral es **dar el primer paso hacia la zona sagrada del manantial universal.**

En vez de avanzar hacia el exterior, más allá de las fronteras del Mundo Ordinario, el Héroe se dirige al interior para renacer en el Mundo Extraordinario. Se trata de una especie de autoaniquilación voluntaria y orientada.

Según la tradición, su entrada en esta dimensión corresponde a la entrada del fiel en el templo, que es el templo interior, el Templo del Corazón. Para entrar debe superar la barrera formada por los llamados Guardianes del Templo en la tradición heroica, y solo podrá hacerlo si es capaz de **afrontar una metamorfosis**, si es capaz de **despojarse de sus cualidades ancestrales.** Esta superación es el primer acto de voluntad del Héroe en su viaje y debe poner todo su empeño en llevarlo a cabo. Cualquier acción frente al umbral, quedarse inmóvil o avanzar para cruzarlo, tendrá un efecto irreversible en él.

En el Umbral del Mundo Extraordinario, el **Guardián** —que en la tradición clásica era un enemigo— en realidad solo es una transfiguración vinculada a la conciencia del Héroe y a sus demonios interiores. El Guardián es el primero que lo desafía y representa esos momentos de nuestra vida en que ponemos a prueba nuestra voluntad real de renacer, en que medimos la cantidad de energía que podemos invertir en nuestro reto, en que hacemos presión sobre nuestro estado psicofísico, en que ocurre de todo para detenernos o para comprobar si estamos realmente decididos a aceptar el reto final.

Antes de cruzar el Umbral, el Héroe siempre debe pasar una **prueba** (que a veces es de fuerza o, con mayor frecuencia, de astucia). En la tradición clásica la prueba podía ser un enigma o una adivinanza, y el Héroe debía enfrentarse al Guardián de muchas maneras: atacándolo directamente o bien utilizando la astucia o el engaño. En algunos casos se daba la vuelta y huía, en otros lo sobornaba o lo aplacaba; pero también podía transformarlo de Enemigo en Aliado.

Si lo pensamos, nos daremos cuenta de que en todas las pruebas que hemos realizado en los umbrales correspondientes a momentos determinantes de nuestra vida, siempre nos hemos enfrentado a un Guardián. A veces era un obstáculo común, como el tiempo, la mala suerte o un prejuicio, o también una presión o una persona hostil. El Guardián puede ser cualquier cosa que no apruebe o que no desee que cambiemos, crezcamos, nos desarrollemos o mejoremos. Los Guardianes más potentes son los invisibles. Son nuestros **demonios interiores**, es decir, las emociones negativas, los pensamientos recurrentes, los condicionantes de nuestro plano instintivo, las costumbres, los vicios, las convicciones, nuestras dependencias y todo lo que nos imponemos para limitarnos.

En mi vida, además de algunos que acabo de citar, los Guardianes más potentes se manifestaron a través de varias formas de resistencia o pereza que me impedían hacerme preguntas esenciales y me impulsaban a posponerlas continuamente. En cada instante de nuestra vida se nos plantea una pregunta y tenemos que elegir. Es un proceso natural entre nosotros y nuestra vida, y nos corresponde decidir si aceptamos el reto e indagamos en busca de respuestas o si lo seguimos retrasando.

Creo que **una persona es realmente afortunada cuando la vida le plantea preguntas que no puede eludir**. Jamás olvidaré el día en que vi todo esto manifiestamente claro.

Una tarde, Sara me llamó a la oficina y me pidió que fuera a su casa aquella noche porque tenía que hablar conmigo. Después de trabajar tenía ensayo en el teatro, y eso para mí tenía prioridad sobre todo lo demás, pero esa vez decidí faltar con una excusa y fui a verla. Cuando llegué, me recibió en la entrada y fuimos enseguida a su habitación. Era un dormitorio largo y estrecho, con muebles lacados de color rosa, la cama individual pegada a la pared de la derecha y tres fotos grandes en blanco y negro colgadas. Sara se quedó de pie en la entrada, cerró la puerta tras de sí y permaneció casi en el umbral; en cambio, yo entré, me dirigí al fondo, apoyé los hombros en la ventana y me quedé escuchando sentado en el radiador. Ella me miró fijamente a los ojos, con cara de fatiga y congestión. La vi ligeramente transfigurada. Pocos instantes de silencio interrumpidos por tres palabras: «Oscar, estoy embarazada...». De pronto se me empezó a llenar la cabeza de vacío. Sentí escalofríos en el cuerpo y creo que palidecí.

Me pareció una eternidad, pero solo duró unos instantes. Lo único que fui capaz de decir fue absurdo e inoportuno: «¿¡Cómo ha podido pasar!?». A los pocos segundos, todavía invadidos por el miedo (más bien auténtico terror), fuimos hacia el salón, donde estaban sus padres y su hermano, Massimo. Su madre lo sabía desde primera hora de la tarde porque, al entrar accidentalmente en el baño, se había encontrado a Sara sentada con el test en la mano, y fue la primera en secarle las lágrimas de miedo que derramó. Sara se lo dijo a su padre y a su hermano por la noche, poco antes de que yo llegara: «Papá, Massimo, vais a ser abuelo y tío», les anunció. «¡¿De quién?!», le contestaron. En aquella etapa nos veíamos poco y para todos fue algo totalmente inesperado, un hecho que desafiaba la estadística. El caso es que yo fui el último en saberlo.

En el silencio de aquel instante, mientras se respiraba una felicidad revestida de inocente desesperación, fuimos incapaces de articular una sola palabra. Entramos en el salón y se produjo una explosión de besos y abrazos regados primero con lágrimas y luego con una botella de champán. A ver... ellos se habían enterado antes que yo, pero ¿no tendría que haber sido una noticia terrible? No entendía nada. No sabíamos cuándo ni cómo había podido ocurrir, aunque ahora, después de tantos años, me gusta pensar que sé por qué sucedió: me gusta creer en la idea de una voluntad superior que nos envió a Lunachiara como un regalo. Sara y yo no estábamos preparados para afrontar aquello. Si ni siquiera sabíamos gestionar nuestra relación, ¿cómo íbamos a estar preparados para gestionar una familia? Pero, de repente, el momento de ser adultos y responsables había llegado. En aquel punto de nuestra existencia habíamos llegado a una encrucijada, y en las encrucijadas solo puede tomarse un camino, que es el correcto.

Ambos pensamos que la vida nos estaba haciendo una pregunta, una de esas preguntas cuya respuesta no puedes delegar ni retrasar. Y Sara y yo tuvimos que decidir y quisimos hacerlo: la vida que crecía no era nuestra y tenía prioridad sobre nosotros.

Le dimos una forma definitiva al *nosotros* unos años más tarde, cuando nos casamos. Lunachiara nos cambió la vida: primero le dio un sentido profundo y, años después, junto a Aqua y Sara Viola (pero aún sin Agnese y Davide), estaba en la iglesia con nosotros, en Corvara, haciendo de dama de honor con sus hermanas, para certificar la existencia de aquel *nosotros* como familia. Necesitaría un libro entero para describir la hora que pasamos en la pequeña iglesia de montaña, desde que entré solo al empezar la ceremonia hasta que salimos juntos al final. Ante menos de cien personas, entre ellas las más importantes para la dimensión espiritual de mi vida, aquella hora fue tan intensa que la considero una segunda pequeña prueba de superación de un umbral, aunque en esa ocasión no fui capaz de gestionar emotivamente ni un solo instante de la vivencia. La emoción descontrolada era tan grande que creo que fue el momento de mayor inconsciencia (entendida como falta de conciencia) de mi vida. Nuestra familia estaba bendecida por Dios y había llegado el momento de darle un valor social a ese pacto.

Creo que la capacidad de **evaluarnos dentro de la colectividad** es un talento primario que todos poseemos como seres humanos y que deberíamos honrar con todas nuestras facultades para superar, uno tras otro, los momentos difíciles. La comunidad a la que pertenecemos, cuya máxima expresión ha sido hasta ahora la familia, es el referente por excelencia para comprender nuestro valor real.

La familia es el lugar donde podemos afrontar lo que somos realmente. Educar a los hijos para que sean mejores que uno es difícil, y también es complicado desear lo mismo para nuestros colaboradores de trabajo. Si no queremos que esta afirmación suene como una contradicción, debemos decidir qué valor daremos a la palabra *mejor* en este contexto específico. Mientras lo pensamos... yo reflexiono: si mis hijos, en vez de ser mejores que yo, fueran idénticos a mí, o incluso peores que yo, y si yo me limitara a reproducir con ellos el modelo de mi padre y él, a su vez, hubiese reproducido el de mi abuelo, significaría que, durante cuatro generaciones, mi familia no habría contribuido a la evolución de nuestra especie. Pero a mí me apasiona la idea de contribuir a la colectividad estimulando a los que vienen detrás de mí a ser mejores que yo, viviendo con intensidad las alegrías y los sufrimientos. Por eso intento aceptar lo que me ofrecen como un regalo e imagino que yo también soy un regalo para los demás. Es lo que siempre me ha ayudado a darle sentido a la vida, más aún cuando no logro mi propósito.

DÓNDE ESTÁ EL UMBRAL

Si te encuentras con alguien y luego lo dejas, déjalo mejor que cuando lo encontraste: para mí eso es sentirse un regalo. Ahora bien, sería muy reduccionista vincular el hecho de cruzar el Umbral únicamente a los momentos épicos de nuestra vida. En realidad, el Umbral aparece en nuestra vida cotidiana cada vez que, frente a una dificultad o un imprevisto, decidimos no retroceder y comprometernos a seguir la dirección elegida previamente. Cada vez que, inspirados por un valor o un ideal, no nos dejamos llevar por la pereza, la vida tranquila y la normalidad de una existencia basada en creencias, convicciones e ideas preconcebidas (cosas que por comodidad llamamos *seguridades*), reaccionamos ante un sistema que pretende someternos de forma mecánica y nos reafirmamos en nuestro compromiso de ser protagonistas activos de un cambio colectivo cuyo origen es, necesariamente, un cambio personal nuestro.

Aún tengo grabado en la mente un recuerdo de 2001, cuando a unos amigos y a mí (éramos unos doce en total) nos hicieron tres preguntas:

- ¿Cuál es vuestro interés personal en la vida?
- ¿Qué habéis comprendido con respecto a este?
- ¿Es suficiente para ser libres?

Después de reflexionar mucho tiempo sobre estas cuestiones, llegué a la conclusión de que había creído durante años que lo que más me motivaba e interesaba era encontrarle una finalidad y un sentido a mi vida. Para entendernos: con la palabra *finalidad* quiero decir *objetivo*, y con la palabra *sentido* quiero decir *dirección*.

Esa idea, que no se basaba en mi educación familiar o escolar ni en lo que me ha enseñado la vida por accidente, siempre me ha parecido uno de mis grandes logros. Al principio fue una terapia muy eficaz para vencer la enfermedad del «no sé qué quiero realmente de la vida». Una vez curado, la idea siguió actuando como un antídoto y me permitió comprender con un nivel de conciencia más profundo que la finalidad y el sentido de la vida de un ser humano están estrechamente vinculados a su capacidad de entrar en relación con las dos dimensiones principales de su existencia:

- Una interior: uno mismo.
- Otra exterior: las cosas, las personas, la vida.

La capacidad de cada persona para gestionar la relación a lo largo de estas dos directrices es una primera manera de medir su valor. *Su medida.*

Conocer nuestra medida es fundamental para emprender cualquier viaje, cualquier aventura. Tu medida te indica lo que puedes, lo que podrías (si...), lo que no podrás (a menos que...). En mi caso, se trata de un viaje no tan metafórico que empecé hace casi diecisiete años y que me ha llevado hasta un punto muy especial del trayecto, un punto desde el que ya no ves el lugar del que partiste, pero tampoco distingues la meta final hacia la que vas. Del pasado solo quedan huellas de la memoria; del futuro solo hay señales edulcoradas de sueños y aspiraciones.

Concentro toda mi atención en transformar las memorias en estructuras que no me limiten y en convertir los sueños en aspiraciones-guía, aquello que llamábamos *finalidad* en el Mundo Ordinario. Ahora que hemos emprendido el viaje hacia el Mundo Extraordinario podemos verlo con nuevos ojos y aparece en toda su forma ilusoria, porque es vacuo y perecedero. Todo esto sucede de una manera sumamente natural; cambiamos de forma consciente en un mundo que cambia, y con nosotros cambia nuestra finalidad en la esencia más profunda y en su valor.

La condición que durante años consideré una forma de liberarme de la cárcel de mis instintos primitivos, de mis emociones negativas y mis ideas asociativas, gracias a la cual tenía la sensación de haber conquistado mayor libertad, hoy me parece lo que realmente es: una mera ilusión.

La condición verdaderamente necesaria a la que debemos aspirar de entrada, más que a obtener la libertad, es a ser más conscientes de nuestra condición de prisioneros.

Una vez perdemos la referencia, en realidad solo ilusoria, del punto de partida (¿De dónde vengo?), cuando aún no divisamos en el horizonte nuestro destino (¿Adónde voy?), nos queda una sola pregunta verdadera y profunda por responder: **¿Dónde estoy?** Es un interrogante crucial, porque nos induce a la otra pregunta esencial de nuestro presente: **¿Qué quiero?**

Mientras intento hallar estas respuestas, llevo desde 2001 repitiéndome sin cesar un mantra de dos invocaciones: «Condicionar el mundo a través de mi posición» y «Contribuir a la evolución colectiva». Con el paso del tiempo esta secuencia ordenada de palabras no me ha abandonado, y cada vez adquiere un valor más profundo en mi vida. Hoy siento que ocupo una posición desde la que puedo hacer más fecunda la parte del mundo que me ha sido confiada, y contribuir así a la evolución de mi colectividad.

Cuando declaras en público un objetivo, te comprometes y te privas definitivamente de la posibilidad de volver a una cómoda situación de anonimato. De repente percibes tus palabras con una nueva intensidad y te sientes obligado a mantener una coherencia irreversible. Si quiero repartir Amor fuera de mí, primero debo albergarlo en mi interior, porque ahí, dentro de mí, todavía hay odio. Y lo mismo vale para el perdón, porque en mí aún hay ofensa; o para la unión, porque en mí aún hay división y discordia; o para la fe, porque en mí aún hay duda; o para la verdad, porque en mí aún hay error; o para la esperanza, porque en mí aún hay desesperación; o para la alegría, porque en mí aún hay tristeza; o para la luz, porque muchas veces aún estoy en las tinieblas.

Para comprometerse, vencer el reto y llegar a la meta del viaje hace falta valor, y para tener valor antes hay que haber sentido miedo. **No hay miedo más grande que el miedo que te das tú mismo al descubrir que eres lo que no quisieras ser o, peor aún, al descubrir que no eres lo que quisieras ser.**

LA VALENTÍA Y LA CONFIANZA

¿Por qué la valentía es más importante que el esfuerzo o la suerte para vencer en la empresa de la vida?

El simple hecho de plantearme esta pregunta me permitió buscar respuestas nuevas, distintas de las habituales. Un día leí esta frase de Sócrates: «La valentía es la ciencia de lo que debemos temer y no temer en la guerra y en otras circunstancias». Me pareció muy interesante y sugestiva la imagen de la valentía no ya como una emoción fuerte que nos induce a lanzarnos a un acto temerario sin pensar en las consecuencias ni tomar precauciones, sino como una ciencia, como el resultado de un plan cuidadoso y puntual. Más interesante aún fue concebir la valentía como algo aplicable tanto en circunstancias no ordinarias como ordinarias. Y me dije de inmediato: hoy en día necesitamos grandes dosis de valentía en el mundo y en la vida; no me refiero únicamente a la valentía de unos pocos temerarios, sino a la de muchas, muchísimas personas.

Esta idea me condujo a dos líneas de pensamiento:

- Por un lado, la percibí como un **estímulo para repensar el pasado**, pero sin cambiarlo ni reinterpretarlo, o más bien para reinterpretarlo de manera más útil y apropiada.
- Por otro lado, empecé a proyectarme hacia el futuro concibiéndolo como **un presente en un devenir continuo**.

Es importante entender que la vida es sobre todo el **hoy**, un hoy cuyas raíces están en el pasado, que es a su vez la raíz del futuro, razón por la cual debemos honrarlo. Hoy es *aquí y ahora*. Mi Maestro utiliza a menudo una frase que refleja esta idea y que siempre me sirve como guía: «Mientras nuestro corazón no se pare, debemos servir y honrar este don gratuito que es la vida».

Pero ¿cómo honrar la vida sin ser objetos pasivos de su devenir constante y de lo que nos imponen a la fuerza?

Esas palabras me parecen tremendamente actuales y necesarias cuando pienso en el mensaje de los medios de comunicación y de la mayoría de las personas que vemos en nuestro día a día. Desde el exterior casi nunca nos proponen una visión o una posibilidad; solamente nos llegan escenarios cargados de preocupación, a veces de miedo y terror. Pocas veces nos incitan a buscar una misión, una finalidad, un sentido. Pocas veces nos muestran la posibilidad efectiva de que muchas facetas de nuestra vida dependan de nosotros. Y sin embargo, es así. El problema es que tal mensaje deja a la multitud, a la masa, en un estado catatónico cargado de sentimientos negativos y de una sensación de impotencia, o bien en un estado irascible cargado de violencia y alimentado por los pesares.

He observado cómo ocurría esto en mi vida, pero, con todo, no hay que dejarle a la mente un espacio envenenado donde pensar que el mundo es malo y que nos estafan repetidamente.

Nos han robado el placer de confiar en los demás, y eso es grave. Al privarnos del prójimo, nos privamos de un recurso muy importante para nosotros. Además, confiar en los demás se basa en confiar en nosotros mismos; cuanto más confíes en ti, más confiarás en el prójimo. Deberíamos preocuparnos menos de quién puede engañarnos y centrarnos en los objetivos de nuestra vida. Nadie te hará sentir jamás un fracasado si no le dejamos el espacio y el modo para hacerlo. Por eso, cuando nos traicionan, nos cuesta tanto perdonar: porque **no nos han educado para perdonarnos a nosotros mismos.**

Cuando nos comprometemos, debemos comprender la intensidad y la importancia del instante en que lo hacemos.

Debemos comprender que el hoy incluye el mañana, porque mañana voy a ser lo que fui ayer, pero potenciado.

Reconozco el desequilibrio existente entre la banalidad de esta afirmación y el hecho de no ser consciente de ella en mi propia vida. ¿Dónde está el engaño? ¿Cómo puedo despertar y llevarla al nivel consciente de mi vida para que me oriente en mis decisiones cotidianas?

Hasta hoy solo he encontrado una solución posible: **todo depende de mí porque el mañana consiste en aplicar mi voluntad de hoy**. Entretanto el corazón bombea la vida, pero no su calidad. Es como si la intensidad de la existencia no residiera en su duración, sino en **la intensidad con que vivimos cada instante**. Y al hacer todo esto tenemos que disfrutar, porque si no somos capaces de disfrutar, no somos capaces de dar las gracias.

La experiencia que procede de los sentimientos y las ideas está separada del resto, como si fuera una suerte de ilusión óptica de la conciencia. Dicha ilusión es una especie de prisión para nosotros, que nos limita a nuestros deseos personales y a sentir afecto por unas pocas personas cercanas. Desde luego, podemos imaginar que nos libramos de la responsabilidad de darle un objetivo a nuestra vida y que cualquier cosa que hagamos solo es una gota en el océano, pero lo cierto es que si no hiciéramos esa pequeña cosa, el océano tendría una gota menos. Hoy mi gota en el océano se llama **Economía 0.0.**

LA ECONOMÍA 0.0

La Economía 0.0 no se basa en ninguna fórmula, en ninguna teoría. Por supuesto, al trabajar en un banco le dedico gran atención a la economía. De hecho, casi puedo decir que me cautiva, pero ello no significa que la orientación sea unívoca.

Para mí la economía, como **Arte de lo Justo,** es una disciplina que debe ocuparse exclusivamente de *hacer el bien* y de *hacerlo bien.* La Economía 0.0 es una nueva idea de economía: es una economía sostenible que expresa la capacidad de poder existir como un conjunto en relación con el todo y no solo como una parte. Es **una economía basada en el capital creativo cultural, en cuyo interior el Amor es el acto económico por excelencia.**

Tenemos que recuperar el sentido de lo humano. Abramos el diccionario: «Economía es el arte de gestionar y administrar bien los asuntos de familia y del Estado».

La economía es, por tanto, un arte, pero un arte en el que todos estamos implicados, tanto en la dimensión privada como en la pública. La Economía 0.0 se centra en la única palabra fundamental de la definición: «Bien», un principio según el cual el proceso económico debe producir beneficios no solo para mí o para ti, sino necesariamente y, sobre todo, para el conjunto que nos contiene a ambos y de cuyo destino ambos dependemos. **La Economía 0.0 reivindica el valor que debería tener para todos nosotros la idea de *conjunto*.** Se trata de volver al principio, pero no es una condición primitiva, sino una condición originaria de retorno a la esencia de las preguntas para reflexionar acerca de las respuestas.

La pregunta crucial surge espontánea: **¿la economía es la finalidad o el medio? Y el ser humano, como protagonista principal del proceso económico, ¿es el medio o la finalidad?**

La vieja economía falló precisamente en esto, y la Economía 0.0 tiene como finalidad **devolverle el papel central al ser humano.** Vamos a gran velocidad y todo se codifica a base de 1.0, 2.0. 3.0..., y lo mismo ha pasado con la economía. Ahora, mientras todo el mundo se esfuerza por conseguir un X.0 lo más alto posible en su disciplina, yo quiero provocar con un mensaje muy sencillo: **re-orientémonos un instante.**

La Economía 0.0 se propone mantener una velocidad lo más alta posible *fuera* y al mismo tiempo crear un pasadizo interior *dentro*. Ello no significa ralentizar. La idea es crear un pasadizo en profundidad y reflexionar de nuevo sobre el porqué de las cosas.

¿Qué es para mí hoy cruzar el Umbral? Es hacer economía bien.

¿Qué es hacer economía bien? Perseguir el Bien para la colectividad.

Perseguir el Bien de la colectividad significa que preferiríamos morir antes que hacer el Bien solo para nosotros mismos.

Estoy muerto porque no deseo,
no deseo porque creo poseer,
creo poseer porque no intento dar,
al intentar dar, vemos que no tenemos nada;
al ver que no tenemos nada, intentamos darnos nosotros mismos;
al intentar darnos nosotros mismos, vemos que no somos nada;
al ver que no somos nada, deseamos convertirnos en algo;
al desear convertirnos en algo, vivimos.

RENÉ DAUMAL

8

PRUEBAS, ALIADOS Y ENEMIGOS

Nadie sale vivo de esta vida.

(Del discurso de Jake Bailey
a sus compañeros de colegio)

ENEMIGOS, ALIADOS Y AMIGOS

Cuando ya has engañado al Guardián que te quería ver hipnotizado gracias al influjo de tu Mundo Ordinario e incapaz, por tanto, de enfrentarte al reto de cruzar el Umbral, una vez que decides guiarte por tus preguntas más profundas y transformar la búsqueda de respuestas en tu camino, es cuando te das cuenta de que cruzar el Umbral solo era el principio. Es ahí cuando comprendes que debes empezar a enfrentarte con valentía a una serie repetida de pruebas cuyo resultado es cada vez más incierto y cuyas consecuencias son cada vez más peligrosas.

El Mentor prepara al Héroe para llegar al Umbral, pero su cometido termina ahí, exactamente a las puertas de la prueba principal, que el Héroe debe afrontar solo. Prueba tras prueba, el Héroe encuentra enemigos y obstáculos a lo largo de su aventura, pero también amigos y aliados que lo ayudan. Cualquier Héroe, al decidir enfrentarse a la prueba, descubre fuerzas benévolas dispuestas a apoyarlo, y quizá las que perciba en primer lugar sean **las fuerzas de su subconsciente.**

Creo que en ese momento exacto el ser humano empieza a percibir su potencial heroico: **la propia vida se transforma**

en una prueba. De pronto todo adquiere un sentido en relación con el objetivo que ahora lo guía y motiva, transformando su mundo ordinario en extraordinario.

No ha cambiado el mundo, estás cambiando tú. La vida es extraordinaria por naturaleza, somos nosotros quienes la reducimos a una dimensión ordinaria para adaptarla a nuestra medida.

Ahora el Héroe entra en ese Mundo Extraordinario que es su vida de una manera nueva, dispuesto a vivirla y a enfrentarse conscientemente a todas las pruebas a las que se vea sometido. Es un proceso de liberación lento, constante y progresivo, con un final incierto y con el riesgo latente de fracasar o retroceder.

En la tradición clásica existen tres figuras arquetípicas de **Enemigos**.

1. La primera es el llamado **Cambiaformas**, que se disfraza y cambia de aspecto o forma. Al igual que los amigos que se convierten en enemigos, o viceversa, el Cambiaformas siembra dudas y sospechas, crea inseguridad y retrasa la acción del Héroe desviándolo o teniéndolo en ascuas. Es frecuente que se pongan en duda su lealtad o su sinceridad. Se trata de una figura estrechamente vinculada al alma, al pensamiento y al subconsciente del Héroe, y su función es cambiarle la psicología durante la transformación.
2. La segunda figura es el **Liante**, que crea el momento goliárdico y los contratiempos e impulsa los cambios. Está en contacto con el instinto del Héroe, minimiza sus despropósitos y lo devuelve a la realidad, le da la réplica cómica y es su compañero de viaje. Sus escenas suelen ser paréntesis distintivos antes de una batalla.

3. La tercera y última figura es la **Sombra**, que saca lo mejor del Héroe y pone su vida en peligro. Evidentemente, son figuras metafóricas, convertidas en personajes dentro de la tradición clásica, cuyo valor en nuestra vida real es de naturaleza psicológica.

Entre mis mejores **Aliados**, el más importante pertenece a la dimensión no ordinaria de mi vida: es **la educación que he recibido de mi Maestro.** Una educación basada en estudiar ideas fundamentales, utilizar técnicas e instrumentos útiles para la investigación y observar y experimentar con mi vida.

El Mentor es el elemento crucial, porque prepara al Héroe para el reto y lo adiestra para toda su existencia. Te dice qué contemplar y cómo hacerlo, te transmite el conocimiento necesario para comprender lo importante que es observar, pero nunca te dice qué debes creer respecto a lo que has observado.

Los problemas se resuelven en un nivel de conciencia más profundo que el nivel en que se han generado, es un rasgo común en todos los grandes hombres que he conocido. Eso los transformó de hombres ordinarios en Héroes. También es común el que todos hayan tenido un Maestro (un Mentor, un Guía) que los ayudó a profundizar. Y lo hicieron por todos nosotros. Este acto fundamental les ha permitido vivir su existencia de forma heroica.

Me considero afortunado por haber tenido la oportunidad de conocer a estos Héroes. He disfrutado del privilegio de oírles contar su vida de viva voz. Me han mostrado amorosamente el camino que debía recorrer para asumir el mismo reto, para ser yo también el artífice de mi vida, para transformar mi existencia, que es un regalo para mí, en un regalo también para los demás. Son historias de hombres ordinarios que decidieron encarnar una serie de valores y dejarse guiar por unos ideales, tras lo cual descubrieron que pertenecían a un círculo muy restringido: el de los protagonistas que contribuirían a escribir, a veces incluso a reescribir, la historia de nuestra civilización.

Fue en abril de 2012. Gracias a la invitación de mi amigo Enzo Cursio, por aquel entonces vicepresidente de la secretaría permanente de la Cumbre de los Premios Nobel de la Paz, tuve ocasión de asistir a la duodécima edición del World Summit of Nobel Peace Laureates, un acto que desde el año 2000 reúne anualmente a todas las personas y organizaciones distinguidas con el premio Nobel de la Paz. Era la primera vez que asistía y no podía imaginar que tendría la suerte de poder hacerlo también en las dos ediciones siguientes, la de Varsovia en 2013 y la de Roma en 2014.

Aquel año la cumbre era en Estados Unidos, concretamente en Chicago, en el estado de Illinois. Aunque no siempre es posible reunir a todos los ganadores del Nobel en cada una de las ediciones, debo reconocer que los personajes presentes en Chicago fueron más que suficientes para hacerme vivir una experiencia muy intensa. No es algo frecuente pasar tres días junto a algunas de las personas que durante los últimos cincuenta años de nuestra historia han dedicado su vida a valores universales como la Paz, la Esperanza o la Salvación. Me refiero a mujeres y hombres de la talla de Mijaíl Gorbachov, Muhammad Yunus, el dalái lama, Frederik de Klerk, Jimmy Carter, Shirin Ebadi, Jody Williams o Lech Walesa. Durante las pausas, las comidas o, ya de noche, en el hotel, todos ellos se mostraban sociables y dispuestos a intercambiar ideas. Lamentablemente, mi timidez no me ayudó demasiado y solo pude conseguir algunas píldoras de sabiduría y unas cuantas fotos.

El objeto de aquella cumbre era hacer un llamamiento a los jóvenes de todo el mundo a organizarse por la paz y a resolver los conflictos luchando contra la injusticia y la desigualdad. Los apuntes que tomé en un bloc que aún guardo celosamente siguen siendo pequeñas estrellas polares de mi firmamento cuando busco referencias concretas sobre cómo hacer bien las cosas o cómo actuar de forma útil. Aquí tienes un breve extracto:

> Como personas y organizaciones premiadas con el Nobel de la Paz sabemos que, si el compromiso a favor de la paz y los derechos humanos no se transmite de una generación a otra, lo que hemos conseguido no durará mucho. Por eso aplaudimos a los jóvenes de todo el mundo que se levantan y hablan en señal de protesta contra la injusticia y la desigualdad, que defienden el derecho a la paz, la justicia social y a un futuro sostenible. Nos preocupa que persistan las viejas amenazas a la paz y que haya nuevas amenazas. Invitamos a los jóvenes a que se organicen por la paz y aprendan a prevenir y resolver pacíficamente los conflictos. En una época en que el militarismo sigue corrompiendo la mente de los políticos y envenenando las relaciones internacionales, y ahora que se intensifica la nueva carrera armamentista, todo esto debe ser una prioridad fundamental. Como dijo el premio Nobel Martin Luther King Jr., quien ama la paz debe aprender a organizarse tan eficazmente como quienes aman la guerra.

Unas semanas después de volver a casa, mientras revisaba las fotos de la cumbre y me repetía ese llamamiento como un mantra, aún sentía en mi interior las emociones y los recuerdos de los momentos vividos en Chicago. Quería encontrar una manera útil y constructiva de asimilar las ideas que me habían transmitido durante aquellos tres días, porque sentía que aún no había captado su sentido más profundo.

Primero imaginé que las consignas no iban dirigidas al mundo entero, sino únicamente a mí, y me pregunté: «¿Qué haces tú, Oscar, para que este sistema social, político y económico, que evidentemente no funciona, empiece a cambiar?». Cada vez estaba más convencido de la necesidad de posicionarme, primero de forma íntima y personal, y luego de forma pública y social.

Hoy sigo convencido de que para muchas personas ha llegado el momento de coger fuerzas y echar raíces. Los medios de comunicación y la parte del mundo que pretende que nos rindamos nos muestran con regularidad un escenario insoportable. Ha llegado el momento de contribuir en el ámbito civil y social. Durante mucho tiempo me pregunté cómo podía sintetizar en un Manifiesto lo que creía (y sigo creyendo) que debe hacerse. Buscaba un lenguaje actual, eficaz, adecuado para los fines que perseguía y sigo persiguiendo, que interesara a muchas personas. Intentaba en vano ser original, pero me daba cuenta de que no había mucho que añadir a lo que han ido diciendo muchos héroes en estos años. No conseguía nada, y durante mucho tiempo no supe si me estaba rindiendo o no ante la idea de sintetizar en unas palabras mi deseo.

De pronto, unos días después de entregarle al editor este texto, hallé el impulso emotivo e intelectual necesario para escribirlo. Lo titulé *Be Your Essence* («Sé tu esencia»), y es una invitación a que los Nuevos Héroes se manifiesten y se unan entre ellos. Lo encontrarás al final del libro pero, por favor, no lo leas hasta llegar al final. Ahora solo debes saber que en estos meses muchos se han adherido a la iniciativa. Entretanto, te voy a contar las historias de algunos aliados míos del pasado, personas que pasaron de ser mis Héroes a convertirse además en **aliados** y **amigos**:

JOSÉ MUJICA Y LA INDEPENDENCIA

En enero de 2013 vi un vídeo de YouTube en el que hablaba José Mujica. El vídeo me impresionó, me hizo sentir una punzada en el estómago. ¿Quién era ese señor? No lo conocía, y empecé a buscar información sobre él.

José Alberto Mujica Cordano, nacido en Montevideo (Uruguay) el 20 de mayo de 1935, es un político uruguayo conocido públicamente como Pepe Mujica, senador de la República y jefe del Estado del 1 de marzo de 2010 al 1 de marzo de 2015. Tras un pasado como guerrillero, primero fue elegido diputado y, más tarde, senador. El 30 de noviembre de 2009 ganó las elecciones presidenciales al derrotar en la segunda vuelta a Luis Alberto Lacalle.

Como presidente, Mujica recibía del Estado uruguayo un sueldo mensual en pesos equivalente a 8.300 euros por su trabajo al frente del país, pero donaba un 90 % a organizaciones no gubernamentales y a personas sin recursos. Tenía un Volkswagen Escarabajo de 1987 que le habían regalado unos amigos, y después de su elección se negó a venderlo. Vivía en una pequeña granja en Rincón del Cerro, en las afueras de Montevideo, y renunció a trasladarse a la residencia presidencial. La pequeña parte del sueldo que se reservaba para él, unos ochocientos euros, le hizo ganarse el apodo de «el presidente más pobre del mundo». Al respecto, Mujica declaró en una entrevista para el periódico colombiano *El Tiempo* que dicha cantidad de dinero era suficiente, puesto que muchos compatriotas suyos vivían con mucho menos.

No sé mucho de su vida, pero sus decisiones y su mensaje me llegaron directos a la mente y al corazón y me obligaron a hacerme preguntas que, junto con otras vivencias y reflexiones, contribuyeron a dar forma a los principios fundamentales de lo que más tarde llamé Economía 0.0.

Las preguntas que alimentaban mi corazón no podían quedar sin respuesta, al menos no para mí, que llevo quince años trabajando cada día en el sector de las finanzas y la economía real. Ya las he citado, pero quiero repetirlas ahora, unas páginas después:

- ¿El hombre gobierna el mercado o el mercado gobierna al hombre?
- La Economía, que significa —recuerdo— el «arte de gestionar y administrar bien los asuntos de familia y del Estado», ¿es un medio o un fin para nuestra sociedad y para nuestra colectividad?
- Y el hombre, eje de cualquier proceso económico, ¿es el medio o el fin para la Economía?

Escuché a Mujica muchas veces y poco a poco se fue desencadenando una inquietud en mi interior. ¿Era posible su perspectiva? ¿Era un camino transitable? ¿Se trataba de pura retórica o era un camino que se podía recorrer hasta cierto punto sin reproducir necesariamente el mismo modelo?

En aquella época estaban a punto de celebrarse elecciones en Italia, y yo pensaba en lo que ocurriría si hubiéramos tenido un candidato al gobierno con las ideas de Mujica. Por una curiosa coincidencia, en aquellos días cayó en mis manos un libro de Manlio Sgalambro, *Della misantropia* («Sobre la misantropía»), publicado unos meses antes. Algunos fragmentos del capítulo «De gubernatione» («Sobre el gobierno») me parecieron muy adecuados para las preguntas que me estaba haciendo acerca de la economía y muy actuales en el tema de la responsabilidad social. Estas son las palabras de Sgalambro:

> Para los oficiantes de la política somos almas muertas. Solo podemos hablar a través de ellos. La política y sus sacerdotes

> aspiran a hacernos pensar a través de ellos. Son como embudos por los que pasan nuestros lamentos ya transformados en alegres marchas. Ellos desean «representar» mi existencia, mientras que yo dudo de la suya. En mi opinión, quien se amplía a sí mismo, quien llega a abarcar todo lo que hay en la unidad de sí mismo y transforma lo que es en lo que tiene no puede darles importancia a sus semejantes. Yo soy todos mis atributos. No basta con que yo sea. Debo tenerme. «Yo me poseo» es mi punto fuerte, a través del cual puedo volver a apropiarme del poder de autorrepresentarme.

Cada vez tenía más claro que no quería (y no podía) depender de otras personas o cosas, menos aún depender de semejante embrollo. Por primera vez intuí que no iba a encontrar la solución librándome de los políticos; para encontrar una vía de fuga tenía que librarme de mis necesidades. Probablemente nuestro nuevo gobernante no sería muy distinto de su predecesor. Quien nos gobierna nos representa. Y lo mismo nos ocurre en la vida: nuestra vida exterior, la que va tomando forma en nuestro Mundo Ordinario, es una manifestación de nuestra condición interior y de la calidad de nuestro Mundo Extraordinario.

Empecé a observar en una dimensión ordinaria, práctica, la manifestación de lo que hasta entonces solo había sido una idea, un principio teórico perteneciente a una dimensión no ordinaria, pero tampoco extraordinaria. La idea sería extraordinaria cuando yo fuera capaz de incorporarla a mi vida. Eso era justamente lo que quería: **ser mis ideas.**

Nuestro mundo empezó a parecerme el resultado (la manifestación) natural de lo que todas las personas somos íntimamente: una multitud inconsciente a la que todo le sucede. Los más perspicaces aprovechan esta condición difusa de inconsciencia mezclada con accidentalidad para inventar un estado de dependencia.

Una mezcla letal de inconsciencia y dependencia me estaba matando lentamente, y el choque fue todavía más fuerte cuando empecé a comprender que no era un homicidio, sino un suicidio. Mujica citaba indistintamente a filósofos como Epicuro y Séneca o a los indios aymara para decir: «No es pobre el que tiene poco. Es pobre el que necesita mucho y desea, desea y desea sin fin».

Para interiorizar la consigna y evitar que sonara como una sentencia mortal, me esforcé por que fuera como una fórmula mágica, liberatoria, y todo cambió. La melodía de sus palabras se transformó en una voz interior que susurraba: «¿Quién eres? ¿Qué quieres realmente? ¿Y para qué lo quieres?». O también: «¿Qué parte de tu vida está libre de la necesidad de controlar, de tener, de obtener reconocimiento, consideración y gratitud?». «¿Qué parte de tu vida depende de ti y no del resto, aunque contemple y contenga el resto?». «¿Cuándo dejarás de lamentarte y de caer en el error social del *no depende de mí* para que tu vida empiece a depender de ti?».

De repente lo vi todo muy claro: vivimos en un lugar en el que todos estamos destinados a oscilar constantemente entre la felicidad y la infelicidad. Un lugar en el que, si no tomamos una decisión consciente que interrumpa o al menos ralentice dicha oscilación perpetua, seguiremos debatiéndonos entre buscar la felicidad y huir de la infelicidad. Es una batalla agotadora e ilusoria, porque eso que llamamos felicidad, una vez obtenido, acaba siendo exactamente lo contrario, ya que automáticamente se pone en marcha el proceso de nuestra dependencia de ella.

Yo no quería depender de nada ni de nadie, ni siquiera de la felicidad. Lo cual es una contradicción de términos solamente en apariencia. Intuí que solo podría emprender un proceso de liberación en el momento en que decidiera cambiar la posición que deseaba ocupar. Y comencé a intuir otro de los principios fundamentales de la Economía 0.0: «Lo que pones en circulación vuelve a circular» (que en mis conferencias internacionales se convertiría en «What goes around comes around», una frase parcialmente afín a «lo que das es lo que recibes»).

Guardo en la memoria un recuerdo muy nítido del instante en que fui consciente de que en mi vida, si deseaba tener, siempre dependería de algo o alguien; en cambio, si deseaba dar o, mejor aún, darme, volvería a mí un valor igual o incluso superior a lo que yo hubiera dado o a cuanto me hubiera dado.

EL DALÁI LAMA Y LA GRANDEZA

> Es una gran alegría en la vida que nos utilicen para un fin cuyo valor conocemos... Quiero que me utilicen hasta que muera, porque cuanto más trabaje, más viviré. Para mí la vida no es una vela corta, es una antorcha que deseo que arda con la mayor luz posible antes de entregársela a generaciones futuras.

Estas palabras de George Bernard Shaw me resultaron muy útiles cuando tuve la oportunidad de conocer a uno de los hombres más carismáticos de nuestra época, Su Santidad el XIV dalái lama.

Tal como se narra en los documentos oficiales, en 1937 un grupo de monjes Sera, guiados por el lama Kewtsang Rinpoche tras consultar el oráculo de Nechung, llegó a Taktser (China), donde se encontraban el monasterio del Tejado Verde, Jade y Dorado, y también la casa del pequeño Lhamo, con las tejas de color turquesa. Los monjes mantuvieron en secreto su identidad, al igual que el lama Kewtsang, que iba disfrazado de sirviente, y examinaron al niño para comprobar que, efectivamente, era la reencarnación del Gran Decimotercero.

En aquella época, la provincia de Amdo estaba bajo el control de Ma Lin, un señor de la guerra aliado con el chino Chiang Kai-shek y gobernador de la provincia por orden del Kuomintang, al que la teocracia de Lhasa pagó un notable rescate para que permitiera al chico ir a la capital. Tras llevar a Lhamo a Potala, residencia de los dalái lama y centro del gobierno y la religión del Tíbet, el niño fue entronizado como el XIV dalái lama en 1939, durante una ceremonia solemne en la que lo rebautizaron como Jetsun Jamphel Ngawang Lobsang Yeshe Tenzin Gyatso, es decir, «Sagrado Señor, Gloria Gentil, Compasivo, Defensor de la Fe, Océano de Sabiduría». Desde entonces, los tibetanos se refieren a él como Yeshe Norbu, esto es, «Gema que cumple los deseos», o simplemente Kundun, que significa «La Presencia». En el mundo occidental es frecuente llamarlo Su Santidad el XIV dalái lama.

Mi primer encuentro con él duró unos pocos e intensos instantes condensados en el breve contacto de nuestras manos y un intercambio de miradas fugaz. Pero la intensidad de un instante puede darle sentido a una vida entera, sobre todo si la experimentas a conciencia y no se trata de un encuentro accidental, sino del momento culminante de un proceso.

Quiero aclarar que ni soy budista ni dejo de serlo. ¿Qué importancia tiene? Cuando leo palabras como estas, pronunciadas por él: «Ojalá pueda yo seguir vivo mientras existan el espacio y los seres vivos para eliminar el sufrimiento del mundo...», no necesito ser budista para estar de acuerdo.

A lo mejor eres budista y no lo sabes. En la Semana Santa de 2012, la diosa Fortuna me hizo un regalo: un buen amigo me preguntó si conocía a alguien que pudiera facilitar el viaje por Italia del dalái lama financiando parcial o totalmente el coste de un vuelo nacional de Calabria a Milán. Obviamente no podía ser un vuelo regular, tenía que ser privado y, por razones de horario, seguridad y ritual de la delegación, había que organizarlo según unas indicaciones específicas.

Al principio me sorprendió que ni las instituciones de nuestro país ni ninguna compañía aérea se hubieran ofrecido; pero luego, al ver que ni siquiera habíamos sido capaces de concederle la nacionalidad honorífica, imaginé que nadie quería tener problemas diplomáticos con China. En realidad tampoco me cuadraba que la delegación no tuviera fondos para afrontar el gasto, pero luego pensé que no era asunto mío y que sería interesante aceptar el reto de ayudar al dalái lama. No sabía muy bien si era algo emocionante o... alucinante. El asunto era urgente, porque estaba planificado que los días 27 y 28 de junio Su Santidad hablara en el Mediolanum Forum de Milán, y había que cerrar cuanto antes todos los aspectos logísticos para no correr el riesgo de que lo esperaran miles de personas y no apareciera. Mi amigo necesitaba una respuesta inmediata, y yo me dije: «Tienes que intentarlo».

Cuando recibí su primer mensaje, me encontraba en el extranjero con mi familia, en una cena de Semana Santa. Me armé de valor y le pregunté a la persona que estaba sentada a mi lado si podía ayudar a la causa. Digo que me armé de valor porque consideraba a esa persona ideológicamente muy alejada del pensamiento budista, así que no podía apelar a la religión o a la filosofía. Sin embargo, su respuesta me dejó estupefacto, pues me dijo de inmediato: «Claro que sí, le ayudaremos».

Había encontrado una solución a pocos centímetros y en poquísimos instantes. Pero yo no fui la solución. Yo solamente fui un canal. Ahora no tiene importancia saber exactamente qué hice y qué dije para provocar la magia y encontrar en pocos minutos a alguien que corriera con los gastos del vuelo de la delegación entera, ni saber quién era ese ángel de la guarda o cuánto le costó y por qué lo hizo. Lo interesante es que ocurrió todo lo que yo deseaba que ocurriese. Ese hombre representó la solución no porque fuera budista, sino por tener la sensibilidad suficiente para comprender la grandeza de la obra del dalái lama y su compromiso con el mundo; por eso en un solo instante decidió correr personalmente con los gastos.

El hecho de que hayas acumulado riqueza, hayas adquirido conocimientos o poseas bienes no implica necesariamente que estés dispuesto a convertirlos en regalos. Para ello es necesario que tengas la sensibilidad de comprender cuál es tu papel en el mundo, que sepas cuándo es el momento de pedir y cuándo es el momento de ofrecer. En mi opinión es una de las cosas que diferencian a los seres extraordinarios de los ordinarios, a los Héroes de los hombres.

Sinteticé la experiencia en dos reflexiones. La primera fue de carácter personal. Me dije: «Oscar, la grandeza de una persona (—me refiero a quien pagó el viaje—) es algo concreto y objetivo, indiscutido e indiscutible, que nadie puede minimizar, por exceso o por defecto, en función de lo que tú crees que son los principios que guían su vida, o los objetivos que tú crees que desea alcanzar».

En definitiva, si un hombre es grande, es grande y punto.

Quien sepa hacer coincidir, aunque solo sea en el momento de hacer un gesto o tomar una decisión, sus creencias filosóficas o religiosas con las de otro hombre que practica, cultiva, predica y difunde activamente otra fe es un Héroe. Y lo es porque ha sabido morir, aunque sea por un breve instante, en su pequeña gran convicción ideológica para beneficiar a muchas otras personas con ideas distintas pero no opuestas a las suyas.

La segunda reflexión fue de carácter general, y la hice al enterarme de que el dalái lama, en una visita extraordinaria a los habitantes de la región de Emilia Romagna, donde se había producido un terremoto poco antes, donó una cantidad de dinero equivalente al doble de lo que le había dado el benefactor para su viaje. Me pareció un ejemplo de uso excepcional y virtuoso del dinero dentro de un circuito económico mecánicamente ordinario. Y el círculo se cerraba a la perfección con las palabras de George Bernard Shaw: «Es una gran alegría en la vida que nos utilicen para un fin cuyo valor conocemos».

Vi al dalái lama cuando llegó al aeropuerto privado de Milán, y después asistí a sus conferencias en el Mediolanum Forum. Fue emocionante entrar, participar y ver que más de diez mil personas habían podido ir a conocerlo, a veces gracias a pequeños gestos condensados en una acción concreta (algún sms, un poco de valentía, la dosis justa de sensibilidad).

Desde entonces, cuando recuerdo mi propósito de ser una persona mejor, trato de reinterpretar las acciones cotidianas que me llevan a entrar en relación con los demás, y me imagino tan influyente como el dalái lama, tan sensible como el ángel que lo ayudó, tan audaz como el amigo que se puso en contacto conmigo para resolverle el problema, tan virtuoso como la circulación de dinero que se había producido.

Cuando lo consigo, mi Mundo Ordinario se transforma en un Mundo Extraordinario, nuevo, donde resulta más fácil que aquello que hago cotidianamente en mi vida sea útil y rentable. Y eso me hace feliz.

PATCH ADAMS, EL HOMBRE-ABRAZO

Hablemos ahora del doctor Hunter *Patch* (que significa literalmente «parche») Adams, con el que me ha pasado de todo. Patch es un icono del Bien, y se hizo aún más famoso gracias a la película protagonizada por Robin Williams. Pero antes del Patch Adams-Icono existió el Patch Adams-Hombre. En realidad, si pienso en todas las vivencias que he compartido con él ante decenas de miles de personas en distintos lugares de Italia, creo que siempre fue el Hombre.

Entreví por primera vez al verdadero Patch escuchando sus relatos de juventud, mientras contaba anécdotas como cuando se pasó dos años marcando al azar números de teléfono de cualquier lugar de Estados Unidos hasta conseguir, llamada tras llamada, ser cada vez más bueno captando la atención de interlocutores anónimos en conversaciones interminables sobre la belleza del Amor. O anécdotas como el hecho de estar diez horas al día arriba y abajo en ascensores y, para acabar con la típica actitud que todos adoptamos en esas situaciones, comenzar a mirar a alguien a los ojos y, de repente, abrazarlo para ver cómo reaccionaba.

No se puede ser Patch Adams, un icono mundial del Amor, sin una biografía compleja e imprevisible. Pero el camino hasta su dinámica apología del Amor no ha sido sencillo: estando en el escenario con él, oí cómo relataba que, cuando era menor de edad, intentó quitarse la vida tres veces.

Pasó su infancia en bases militares de distintos países, ya que su padre era oficial del ejército. Le gustaba estudiar y, para evitar que los gamberros le pegaran, descubrió que bastaba con hacerlos reír, con entretenerlos. Todos los episodios que le he oído contar acaban desviándose hacia el lado positivo. De sus tendencias autolesivas durante la adolescencia y de las visitas forzadas al hospital, surgió la idea de ser médico. Al comprobar que el sistema sanitario estadounidense era una mezcla de avidez e impasibilidad, tuvo la idea de crear un hospital. Al constatar que los psicofármacos agriaban la esencia de las personas, nació en él la ocurrencia de crear un hospital dedicado a suministrar abrazos. Hasta llegar a la apoteosis: abrazar a un paciente durante doce horas seguidas. «Lo necesitaba», me dijo con una lucidez desarmante.

De los malos tratos que le infligieron los chicos mayores, surgieron las primeras actuaciones cómicas.

Del hecho de ser un buen estudiante sin amigos, el beneficio de tener mucho tiempo libre.

Y entonces empezó a llamar por teléfono a desconocidos, a tomarse confianzas con la gente en los ascensores y muchas cosas más.

Con todo, no podemos decir que el doctor Adams sea un optimista incurable, sería una afirmación restrictiva. Más bien es un cultivador de la sonrisa, un buscador infatigable del amor y la humanidad que todos tenemos en potencia y que puede interconectarnos con cualquiera en un instante, tal y como sucede con las miles de personas presentes en los teatros donde actuamos juntos, a las que instamos a abrazarse unas a otras y a bailar.

La sonrisa siempre fue una consecuencia inevitable de aquellos momentos, y lo mismo ocurrió cuando dejamos los escenarios teatrales para actuar en los escenarios de la vida, cuando entretuvimos con nuestros colores a enfermos terminales, adultos y niños. He visto a Patch hacer reír a niños cuya alma terminó abandonando su cuerpo a los pocos días para volar lejos, espero que al cielo.

Patch tiene una voluntad férrea, es un hombre que incluso en plena tormenta siempre optaría por la empatía con otro ser humano, costara lo que costase. Es muy consciente de ello, e independientemente de lo que ocurra sabe que ha elegido bien.

Para mí su modo de amar es una forma incorruptible de posicionarse frente al mundo. Una postura repetida todos los días con una convicción inquebrantable: su amor es un Amor resuelto, consciente y elegido entre las distintas opciones posibles. He visto a Patch alimentarse del amor que él mismo le daba al prójimo.

Nunca debemos tratar ni considerar a una persona por lo que es o ha sido accidentalmente, sino por lo que ella de un modo consciente quiera, pueda y, por tanto, debería ser.

SIMONA ATZORI, LA MARIPOSA SIN ALAS

Cuando un regalo es sincero, puro, desinteresado y orientado al bien y a la utilidad, no hay distinción entre el papel de quien da y el papel de quien recibe: se produce una alquimia donde la reciprocidad lo es todo. Eso es lo que tienen en común la historia de mi primer encuentro con Patch y la historia de un encuentro entre 1.302 corazones: el mío, el de una «mariposa sin alas» y el de 1.300 chicos de la Comunidad de San Patrignano a quienes vi por segunda vez a finales de 2014.

Desde hace más de treinta años, «SanPa», como lo llamamos entre nosotros, acoge gratuitamente a chicos y chicas con problemas graves de drogadicción sin pedirles aportación alguna ni a ellos, ni a sus familias, ni tampoco al Estado. Y todo sin hacer ningún tipo de discriminación ideológica, religiosa o social.

Cuando llegué a San Patrignano vi a casi todos los chicos que había conocido unos meses antes en un encuentro de cuatro horas en el salón de actos. Para mí fue una charla memorable y, según los educadores de la comunidad, también lo fue para los chicos, puesto que siguieron hablando del tema los meses siguientes. A pesar del tiempo transcurrido, era como si no nos hubiéramos separado. Empezamos donde lo habíamos dejado, con una frase de mi Mentor: «Convierte tu vida en un regalo, y convierte ese regalo en algo significativo para la colectividad».

San Patrignano es una historia auténtica, y una historia auténtica solo puede ser una historia verdadera. La historia de Simona Atzori, o «Simo», también es una historia verdadera, y quise que ella y yo juntos se la contáramos a los chicos de SanPa, tal vez para contármela a mí mismo por enésima vez. En aquel salón de actos, Simo dejó que la describiera ante los chicos tal como la describen en la página de inicio de su página web personal: «Un ejemplo de superación. Aunque nació sin brazos, se dedica a la pintura y al ballet clásico y ha obtenido fama internacional».

Simo ha bailado delante de los tres últimos papas. Daniel Ezralow, uno de los principales bailarines y coreógrafos contemporáneos, dijo de ella: «Simona es una gran bailarina sin brazos. Y es grande porque no le interesa lo que hace, sino lo que tiene».

Para mí la historia de Simona es la historia del regalo de la posibilidad, porque ella es la posibilidad encarnada en la forma-cuerpo de una mariposa que vuela sin alas.

Simo es un ser humano espléndido, mujer y bailarina a la vez, movimiento y silencio. Una unidad que vive para recordarle al mundo que nuestra vida, no importa cuál sea, siempre es digna de ser vivida. Su estrategia está muy clara, es la típica del Héroe: todo parte de un sueño. Un sueño que hay que cuidar, proteger, alimentar y amar. Luego hay que fragmentarlo en pasos concretos, humanizarlo y despojarlo de su connotación poética hasta convertirlo en realidad. Simona me ha demostrado que la posibilidad es un regalo para quien todavía dude sobre si podrá ser dueño de su destino y capitán de su alma.

En el encuentro con los chicos de SanPa, desde el escenario Simona y yo empezamos con esta frase: «Respira hondo y pregúntate: ¿qué me falta para ser feliz?». Su historia no es solo suya. Su historia es tu historia, es mi historia. Y nuestras historias juntas son un espectáculo de vida.

Simona ama cualquier expresión artística porque todas le permiten comunicarse directamente, bajo el hilo de la conciencia, y acceder al lenguaje de la carne de gallina, de las punzadas en el estómago, de las lágrimas y la sonrisa. Ese lenguaje es como un abrazo universal. No importa si tienes brazos o no los tienes, si eres altísimo o bajito como un tapón, si eres blanco, negro, amarillo o verde. Lo que importa —recuerda Simo en su espectáculo— es que tú *seas*. Quizá suene obvio, pero una limitación en el fondo no es más que algo que debemos superar.

La limitación es un reto para tu aspiración de ver qué hay después. A veces una limitación puede ser solamente eso, una limitación. Reconocer y respetar una limitación no es una derrota, es tomar conciencia en profundidad de dónde estás, de qué puedes hacer. Una limitación es tu mejor aliado, porque te ayuda a comprender quién eres y cuánto vales. Y no valemos mucho o poco, valemos y punto. Cada uno según su medida. Hay cosas que podemos hacer y cosas que no. La mayoría de las cosas que no podemos hacer no es cierto que no las podamos llevar a cabo; en realidad son factibles, solo que de otra manera, y esa es la posibilidad que no nos concedemos: la otra posibilidad.

Tal como dijo en aquellos días el subdirector del semanario *Panorama*, mi querido amigo Sergio Luciano, al escribir sobre el encuentro en SanPa: «Simona es una especie de hada, una Superheroína, aunque de un tipo muy distinto del que se inyectaban los chicos de SanPa hace años o meses».

Al mirarla nos da vueltas la cabeza. Oscilamos entre la

admiración, el estupor y el malestar. Porque de repente ese leve dolor de espalda que tanto nos molesta, ese resfriado que no se cura, esa próstata que nos obliga a ir al baño a menudo nos parecen tonterías y nos sentimos estúpidos por darles importancia, y enanos frente a esa gigante de metro cincuenta.

Es lo que suele ocurrir cuando alguien o algo te remueven y empiezas a cuestionarte, tus certezas vacilan y sales de la zona de confort de tus hábitos.

Creo que hoy debemos hablar cada vez más de historias, de historias verdaderas, historias que hagan el bien, porque hacer el bien para la colectividad pronto será la mejor manera —tal vez la única— de relatarnos en el mundo.

Simona empezó preguntando irónicamente:

> ¿Quién dice que las manos deben estar arriba? Mis manos solo están un poco más abajo. Hacen de pies, hacen de manos, y a veces me miran y me dicen: Uf, ¿cuántas cosas quieres que hagamos? ¿Se puede ser feliz sin brazos? Quizás hasta hace media hora creíais que no, quizás ahora os estéis haciendo alguna pregunta. Sí, se puede vivir sin brazos. Se puede vivir bien y entender lo que los demás ven como una limitación, simplemente como mi forma de ser.

Para quien no la haya visto nunca, diré que Simo gesticula con los pies, coge un libro y lo hojea, come con cubiertos, se maquilla, se peina, usa el móvil... y deja sin aliento a todos los llamados *sanos* que tenemos la suerte de verla en persona. Aquel día yo también me quité los zapatos y los calcetines en el escenario, porque si ella para usar sus manos-pies tenía que ir descalza por la vida, yo me tenía que quitar los zapatos en público al menos una vez. Fue una liberación. Pero en esta increíble sinfonía de fuerza y vida que se mostraba ante la comunidad, también hubo un momento de dolor. Fue cuando nuestra Heroína, al hablar de su segundo libro, *Dopo di te* («Después de ti»), se refirió a su madre, fallecida un año atrás.

Simo tiene la gran humildad de reconocer que en su dimensión peculiar y en su fuerza extraordinaria nunca ha estado sola, siempre ha tenido una madre y un padre especiales; los padres que en muchos casos (no en todos) les han faltado a los chicos de San Patrignano. Su historia es un relato de valentía por parte de ella y la de sus padres, y también es comparable a la valentía de los chicos que han sabido decir basta y se han dirigido a San Patrignano para salir del túnel y transformarse en los Héroes que todos los hombres y mujeres somos interiormente.

Modestamente, yo, a mi manera, también tuve un arranque de valentía al enfrentarme a una posible acusación de retórica vacía por exponer mi rol profesional y poner en entredicho la credibilidad de mi empresa, y sobre todo la mía, al reinterpretar una disciplina como el marketing a través de un principio y un mensaje muy claros: hoy en día, una gran empresa no puede desinteresarse del destino del mundo y sus habitantes, debe poner sus recursos a disposición del Bien, máxime si trabaja directamente para la gente y con el dinero.

Desde el primer instante, cuando entré en San Patrignano por primera vez lo tuve claro; así se lo dije a los chicos de la comunidad, y se lo repetí al volver con Simona: en aquel salón de actos había una concentración irrepetible de excelencia. Mil trescientas historias importantes y, sobre todo, verdaderas, historias de liberación, quizás historias más importantes que las que he contado en las páginas anteriores de este libro.

Para dejar atrás definitivamente sus desventuras, los chicos debían valorar su historia, que era una historia de Héroes: «Si conseguís veros así, como Héroes —dije mientras no se oía ni una mosca—, y queréis cambiar el mundo desde vuestra posición, imaginando que sois un regalo para los demás, un paquete de Navidad bajo el árbol de un niño, os resultará muy útil observar a Simona y reflexionar sobre si merece la pena convertir vuestra vida, que es el espejo de la vida de todos, en un regalo para los demás, no solo para vosotros mismos».

En aquel instante, Simona representaba la otra posibilidad, la posibilidad que solo nosotros podemos concedernos. Simona había tomado la vida en sus «manos», esas manos que algunas personas aún llaman pies, esos pies que nadie se atreve a llamar manos.

EMILIA Y LA PLATAFORMA TED

Durante mucho tiempo, para mí solo fue una idea romántica, pero conocer a hombres y mujeres como estos me demostró que el Amor podía ser el remedio más poderoso contra la indiferencia. Entonces me propuse encontrarle un sitio noble en el ámbito de la economía y las finanzas. La oportunidad me llegó en marzo de 2014, cuando me invitaron al primer escenario verdaderamente importante, el del TEDxRoma.

Los actos de la plataforma TED siempre han sido una de mis grandes fuentes de inspiración. La versión TEDx reproduce localmente y en todo el mundo el modelo internacional del acto TED principal y conserva toda la magia que a lo largo de los años ha atraído a los conferenciantes más inspiradores del planeta. Era la primera vez que TED concedía la licencia TEDx a Roma, pues consideraban nuestra capital uno de los quince emplazamientos más importantes del mundo. Además, hasta ese momento ninguno de los que habían solicitado la licencia les había ofrecido las garantías de calidad suficientes para mantener el nivel TED. En cambio, Emilia, la organizadora del acto (que se convertiría en una buena amiga mía), debió de ser muy convincente.

Coincidimos por casualidad en un restaurante de Milán, durante un almuerzo de trabajo, y fue amor a primera vista. A decir verdad, yo ya estaba enamorado de TED, pero ahora debía convencerla a ella de que estaría a la altura de ese público y ese escenario. Y lo conseguí. No me lo podía creer: en marzo hablaría en un TEDx. Me subiría a un escenario con el mítico círculo rojo en el suelo; el ritual TED obliga a los oradores a permanecer dentro del círculo mientras hablan. Y aún fue más increíble enterarme de que Emilia había conseguido que viniera Vinton Cerf, un informático estadounidense conocido por ser uno de los padres de internet. Él y Robert Kahn inventaron el protocolo TCP/IP, que generó ese mundo inimaginable que es hoy la web. Además, Cerf también trabajó en un protocolo interplanetario como nuevo estándar para la comunicación entre planeta y planeta que se basará en la comunicación radio/láser; además, es Chief Internet Evangelist («director evangelizador de internet») de Google desde 2005, el mismo año en que el presidente Bush le otorgó la Medalla Presidencial de la Libertad. En definitiva, se trata de un Leonardo da Vinci de nuestra época. Aún recuerdo la cena que hubo después del acto; estábamos sentados uno al lado del otro y, entre plato y plato, me dijo: «Oscar, llámame Vint». Fue como si Leonardo da Vinci me hubiera dicho: «Oscar, llámame Leo». Seguimos hablando un buen rato y me dijo que, en su opinión, viendo la increíble evolución de la tecnología, «el futuro no nos necesita». Era un punto de vista inquietante.

Fue una semana muy intensa. Dediqué cada momento que tenía libre a preparar mi intervención. Emilia me persiguió durante días para asegurarse de que mi exposición solo iba a durar doce minutos, como prevé el ritual TED, y para que le diera mi presentación de diapositivas con la antelación suficiente para que se la autorizaran desde Nueva York. La organización TED es muy rigurosa con las intervenciones y todo debe ser aprobado previamente en Estados Unidos. El problema era que yo siempre termino de preparar las comunicaciones cinco minutos antes de empezar a hablar y que nunca me había cronometrado. Decidí hacer trampa: le entregué las diapositivas un par de días antes y le aseguré que la duración era perfecta; en realidad, hice el primer ensayó mientras viajaba a Roma en tren, y duró 19 minutos. Qué horror. Emilia me había dicho que al llegar al minuto 12, todos los oradores debían terminar. Pero no me desanimé.

El día antes del acto ensayé de nuevo en el escenario, aunque solo repasé mentalmente, porque no quería perderme la emoción de hablar por primera vez en directo al día siguiente. Duró 6 minutos. Pensé: «¡Qué bien! Los 6 minutos de hoy en el escenario más los 19 minutos de ayer en el tren suman 25 minutos. La media de los dos ensayos son 12 minutos y 30 segundos. Mañana lo haré perfecto». Y así fue: 11 minutos y 36 segundos.

Ese día, en aquel escenario mítico, con un simpático relato de cómo Papá Noel murió en casa del hijo de un amigo mío, empezó formalmente la dimensión pública del viaje que hoy me ha llevado hasta estas páginas. El título de mi comunicación fue «Economía 0.0», y significó el primer acto en el que compartí desde un escenario algunas ideas de mi investigación, como, por ejemplo, la Economía entendida como el arte de gestionar y administrar bien los asuntos de familia y del Estado; la Matriz de Evolución Económica, que sintetiza los hitos de nuestro desarrollo económico de la fase 1.0 a la fase 4.0; la necesidad de pasar de una condición egocéntrica de nuestra organización social a una condición ecocéntrica; el considerar esta nueva etapa como la Época de las Relaciones, yendo de la Era del Fuego a la Era de la Web y pasando por la Edad de la Rueda; los riesgos que corremos si seguimos dándole tanta importancia en nuestra vida a los paradigmas *mors tua, vita mea* y *yo contra el mundo* y, en consecuencia, la necesidad de buscar la solución a nuestros problemas en un nivel de conciencia más profundo que el nivel en que los creamos, así como la necesidad de asumir nuestra parte de responsabilidad en la búsqueda de dicha solución; la belleza como forma económica y, por último, el hecho de considerar el sentimiento más bello que podemos expresar, el Amor, como el acto económico por excelencia.

Fue una carrera de 12 minutos condensada en las frases finales, en una lágrima imperceptible y una voz rota de emoción.

Tras la respuesta positiva que obtuve en el teatro y en los días siguientes, me armé de valor y decidí que aquel era el camino adecuado: tenía que comprometerme a divulgar el principio del Amor como acto económico. Fue un dulce despertar y, al mismo tiempo, una revelación, algo evidente. Y así fue como intuí dos datos esenciales y básicos para la Economía 0.0.

El primero: **todos los seres humanos desean ser amados**, de modo que el *mercado de la demanda* es potencialmente inmenso, tanto como el número de habitantes de este planeta.

El segundo: **todos los seres humanos desean amar**, de modo que el *mercado de la oferta* era igual de inmenso.

Así pues, el retorno de la inversión (el famoso ROI, Return On Investment) me pareció un retorno seguro: «Tanto das, tanto recibes» es un mantra repetido de memoria en cualquier latitud y longitud de este planeta, independientemente de cómo esté organizada la sociedad de un determinado lugar.

Los más sensibles fueron más allá y comprendieron que amar rinde incluso cuando no recibimos nada a cambio, porque el solo hecho de realizar un acto de amor consciente nos devuelve la inversión con intereses. El riesgo de dicha reflexión está en su obviedad, una obviedad que raya en la demagogia.

No obstante, luego tuve que reconocer que, si fuera algo tan evidente, no sería un tema tan poco tratado en los medios de comunicación, las redes sociales, las conversaciones entre la gente, las clases en los colegios de nuestros hijos y, en general, en nuestra cotidianidad.

Por eso, una vez más, me armé de valor y decidí convertirlo en el principal propósito de mis actividades de divulgación pública. Dicho propósito me acompaña en cada acción y es mi aliado más poderoso y mi amigo más fiel, mucho más que cualquier individuo. El Aliado entre los aliados, el Amigo entre los amigos.

EL PADRE IBRAHIM FALTAS

Dentro de esta relación nuestra basada en la comunión y en el hecho de compartir, nos vamos acercando peligrosa y deliberadamente a una dimensión más espiritual que la que hemos recorrido hasta ahora en las páginas de este libro. Me gustaría pensar que puedo ofrecerte un punto de vista sobre la manera de pensar en el dinero. **Piénsalo, míralo y úsalo como instrumento del Amor, ya que su existencia te permitirá mantenerte con dignidad mientras te dedicas a lo que quieres hacer por tu Bien y por el bien ajeno.** Porque cualquier bien o servicio se puede transformar en dinero, y gracias a este podrás conseguir cualquier otro bien o servicio que necesites.

Creo firmemente que pensar en el dinero como vehículo del Amor puede cambiarnos radicalmente la vida. Si lo hacemos, aunque nos hayamos visto sometidos a ciertos condicionantes vinculados al dinero, acabaremos pensando en él incluso con gratitud, no tanto porque gracias a él podemos permitirnos ciertas cosas sino más bien porque gracias a él podemos desarrollar nuestro talento y ponerlo al servicio de los demás y de la colectividad, lo cual me parece una excelente motivación para hacernos ricos.

En realidad, lo que nos separa a nosotros y a nuestro Mundo Ordinario del Mundo Extraordinario es un umbral muy fino, pero denso, una abertura con una puerta, la puerta del Amor. El problema es que la puerta solo tiene un tirador y solamente se abre desde dentro.

¿Recuerdas el antiguo proverbio chino ya citado en estas páginas: «Lo que es miel en la boca, es hiel en el estómago; y lo que es hiel en la boca, es miel en el estómago»?

En el transcurso de su aventura, el Héroe tiene una prueba en la prueba a la que debe enfrentarse a la fuerza: aprender a distinguir quién es realmente Amigo suyo de quién lo parece pero no lo es. El Enemigo es astuto y no siempre se presenta como esperamos, pues cultiva el arte del engaño. Sabe a quién identificamos como «amigo» y a quién como «enemigo», y a veces no ataca de frente, visible y abiertamente, sino que opta por una forma más engañosa y se muestra ante nosotros como su exacto opuesto.

Todo Héroe, antes de serlo, es sobre todo un ser humano. Y un ser humano por naturaleza está dividido en sí mismo, es víctima de sus condicionantes y convicciones, unos intersticios por donde la hiel entra en nuestra boca con sabor a miel. Por otra parte, esta misma condición nuestra nos impide identificar quién es un Amigo de verdad, es decir, quién, más allá de las formas, se mueve por valores e ideales que superan nuestra capacidad de reconocerlos, privándonos así de la posibilidad del encuentro. Muchas veces nosotros somos los primeros en impedir el encuentro con el único ser que nos podría salvar. **¿Cuántas veces nuestra insensibilidad, cegada por nuestras creencias, nos endurece el corazón, nos nubla la mente y nos priva de oportunidades que tal vez no volvamos a tener?**

Todo ello me pareció terriblemente cierto cuando fui por primera vez a Belén. Ocurrió hace unos ocho meses. Tenía que viajar a Tel Aviv para visitar algunas de las empresas emergentes más interesantes del país. Era la enésima vez que iba a Israel, pero en esa ocasión, antes de regresar a Italia, quise ir a toda costa a Palestina. Un gran amigo mío, Antonio, me habló de una persona que, según él, me enseñaría aquella tierra con una mirada especial. Nunca imaginé que le estaría tan agradecido por haberme propuesto ese encuentro.

Antonio me puso en contacto con un franciscano, el padre Ibrahim Faltas.

Licenciado en Filosofía por el Instituto Oriental Franciscano de Guiza (Egipto), donde también realizó el servicio militar, Ibrahim estudió a continuación Teología en el Studium Teologicum Jerosolytanum de Jerusalén. En 1992 fue ordenado sacerdote de la Orden de los Frailes Menores en la Custodia de Tierra Santa. Desde 1995 es director del Colegio de Tierra Santa de Belén y responsable del *statu quo* de la basílica de la Natividad de Belén, y desde 2004 es el titular de la parroquia latina de Jerusalén.

Probablemente, el padre Ibrahim sea hoy el principal representante de la Iglesia católica en Tierra Santa, tanto desde un punto de vista formal, por ser ecónomo de la Custodia de la orden franciscana (que allí existe desde tiempo inmemorial), como por ser uno de los principales mediadores culturales (el mejor en su zona) entre los pueblos que viven en esta tierra sin paz.

¿Qué puede pensar un palestino, según la educación recibida, de un cristiano, y viceversa? ¿Qué puede pensar un cristiano, según la educación recibida, de un israelí, y viceversa? ¿Qué puede pensar un israelí, según su educación, de un palestino, y viceversa?

¿Amigo o enemigo?

Esta es la pregunta que se hace el Héroe cada vez que tropieza con alguien distinto de él a lo largo de su camino: **¿hiel o miel?** ¿Qué procesos instintivos, emotivos y cognitivos guían la sensibilidad del Héroe a confiar en unos y desconfiar de otros? ¿Quién lo defenderá a muerte en caso de peligro? ¿Quién le será siempre fiel? ¿Quién lo traicionará?

En 2002, el padre Ibrahim, además de cumplir con su compromiso cotidiano de seguir en primera persona numerosos proyectos de solidaridad, integración y educación para la paz dirigidos sobre todo a jóvenes y niños israelíes y palestinos, mostró ante el mundo, llevado por una nobleza superior a la de la mayoría, su apego heroico al **Amor alimentado por la Compasión.** No me refiero a un amor religioso, sino al amor de la aceptación, el único que te ayuda a revertir el paradigma ordinario amigo/enemigo.

Ibrahim es famoso por haber vivido y participado ese año en el conflicto entre israelíes y palestinos durante el sitio armado del ejército israelí en la basílica de la Natividad de Belén, episodio que luego contó en su libro *L'Assedio della Basilica della Natività* («El asedio de la basílica de la Natividad»).

En una situación tan dramática, el padre Ibrahim optó por la vía del diálogo y desempeñó un papel clave en las negociaciones entre los palestinos encerrados en el interior de la basílica y el ejército israelí, hasta conducir a las partes a una solución pacífica tras treinta y nueve días de asedio.

Cuando lo conocí no relacioné su nombre ni su rostro con aquellos hechos sucedidos varios años atrás. Pasamos dos días enteros juntos y nos dejó en manos de unos lugareños que nos hablaron de su tierra desde un punto de vista completamente inusual para un simple turista como yo. El segundo día, el padre Ibrahim nos contó su historia, aunque esperó hasta el último momento. Nos llevó a lugares remotos e inaccesibles incluso para los peregrinos y los religiosos de la basílica, y también subimos a su tejado. Allí, mientras contemplábamos el claustro desde las alturas, él empezó su relato de la tragedia.

> El ejército israelí ocupó Belén durante diez días. Mataron a veinte palestinos, tres de ellos cristianos. Uno era un chico de mi colegio, un *boy scout*. Lo mataron después de misa, delante de mí, en la plaza de la Natividad. Los soldados disparaban por todas partes. En la basílica había personas de dieciséis nacionalidades. Durante el sitio los israelíes cortaron los cables eléctricos [...] En realidad, al final nos ayudaron los propios soldados israelíes; nos prestaron una batería para que cargáramos dos veces los móviles [...] Después cortaron el agua. Querían que pasáramos sed. Pero de uno de los grifos aún salía agua. Otro milagro fue lo del gas: tenía que acabar el 1 de abril, pero duró hasta el final. En aquellas condiciones tan precarias parecía que el sitio no terminaba nunca. Pero el Señor nos ayudó mucho.

Otras dos comunidades, los griegos ortodoxos y los armenios, comparten con los franciscanos la custodia de la basílica. Durante el sitio se quedaron dentro treinta franciscanos y cuatro monjas. No fue el padre Ibrahim quien abrió. En el instante en que irrumpieron en la basílica, él estaba durmiendo.

> De repente vino el párroco a despertarme y me dijo: «¡Acaban de entrar! ¡Han forzado la puerta del convento!». Vi que había once heridos y le pedí inmediatamente al ejército que no disparara. Luego me reuní con los griegos y los armenios, y de co-

mún acuerdo decidimos acogerlos. Nosotros veíamos a personas, no importaba si eran palestinos o israelíes. La mayoría de los chicos palestinos iban armados; miraban por las ventanas y me decían: «Hay muchos soldados, podemos matarlos a todos». Yo les pedí: «No, no lo hagáis. Si os queréis quedar aquí, nadie puede disparar». Y nos obedecieron. Hasta el Papa nos animó a resistir, y al final fuimos capaces de impedir lo que podría haber sido una masacre. Hablamos de los atentados suicidas; yo estaba siempre con ellos y hablábamos mucho. Eran de varios grupos: Hamás, Yihad... aunque la mayoría estaban en contra de los atentados. Hay varios grupos terroristas que llevan a cabo esta práctica, pero no creo que el pueblo la acepte realmente. Hoy en día la situación en Palestina se ha complicado mucho. La gente vive en muy malas condiciones. Las personas no pueden ir a trabajar y el paro ha superado el 80 %. Ahora en Belén ya no hay toque de queda y el ejército se ha retirado, pero la situación económica es gravísima. Nosotros, los frailes, hacemos lo que podemos. Tenemos el colegio más grande de toda Palestina, con más de dos mil niños. Hacemos todo lo posible por ayudar a la gente, para que olviden la guerra.

Aquellos hechos habían ocurrido hacía poco más de diez años. Mientras pisaba el suelo donde habían muerto aquellos hombres, una parte de mí aún era víctima de las contradicciones de aquel lugar, muy similares a las contradicciones internas que le impiden a alguien ser Héroe; pero, otra parte en mi interior empezaba a entrever la luz: Palestina me estaba mostrando una condición interna a través de una forma física externa; allí, en esa pequeña porción de tierra, donde hay una iglesia siempre vemos enfrente una mezquita con su minarete; y donde hay una mezquita, enfrente siempre vemos una iglesia con su campanario. Son puntos de vista opuestos a los que se añade, a pocos kilómetros de distancia de la plaza de Belén, situada entre la basílica de la Natividad y la mezquita, un tercer punto de vista, y un poco más allá, un cuarto. ¿Enemigo o Amigo? ¿Miel o hiel?

Era más de medianoche. Yo permanecía inmóvil, impasible, paralizado en la plaza, sin saber dónde mirar ni qué hacer. Lo que me salvó no fue una idea, fue una emoción: obligarme a elegir carecía de interés; en un espacio tan pequeño como aquel, era mucho más interesante considerar la posibilidad de compaginar varios puntos de vista.

El padre Ibrahim había elegido la hiel. El Héroe, fascinado por la dulzura de la miel, puede llegar a arruinar su aventura si deja que lo venza la energía de la contradicción y la confusión, la de las creencias y las convicciones.

Hay algo que el padre Ibrahim cuenta pocas veces al hablar de aquellos días. Tal vez parezca un simple detalle, pero para mí fue muy significativo a la hora de comprender la importancia de todos nuestros actos: casi todos los palestinos se habían refugiado en el claustro, lo que dificultaba que los israelíes pudieran disparar al interior. Por eso utilizaron una grúa cuya altura les permitía apuntar con mayor eficacia y precisión. Colocaron en la grúa un instrumento que fotografiaba la imagen del claustro para apuntar mejor. Más tarde se supo que aquel instrumento de guerra montado en la grúa lo había diseñado un palestino que había emigrado a Estados Unidos hacía años.

Recapitulando: unos israelíes que asediaban a unos palestinos refugiados en una iglesia cristiana codirigida por franciscanos, griegos ortodoxos y armenios fueron en parte asesinados con un arma estadounidense tomada por el ejército israelí y fabricada por un palestino. ¡Menudo lío! Cuando el hombre no comprende que su verdadero enemigo es él mismo, el destino se burla de él.

Gracias al padre Ibrahim, al amanecer pudimos visitar

en completa soledad, antes de que llegaran los peregrinos, el lugar donde Todo empezó, según la tradición cristiana. Un lugar cargado de misticismo: el lugar donde nació Jesús, donde fue amamantado por primera vez. El establo al que acudieron los primeros pastores y los Reyes Magos. El pesebre. Pero el pesebre auténtico, el de verdad.

Al atardecer me enteré de que ese mismo lugar, tal vez como admonición contra la ignorancia de nuestra especie, siglos después fue escenario de muerte. Y decidí que aquella noche la palabra que debía acompañarme era *re-nacimiento*.

Regresé al hotel, que estaba cerca de la basílica de la Natividad, donde tuve el honor de ocupar la misma habitación en que habían dormido los últimos tres papas. Era algo inaudito: iba a tenderme en la misma cama, a lavarme los dientes en el mismo lavabo que Juan Pablo II, Benedicto XVI y el papa Francisco, personas que asumieron responsabilidades sobre su propia vida y sobre la vida de miles de personas.

A la mañana siguiente desperté con la palabra «integración». *Shalom!*

9

LA PRUEBA CRUCIAL

(Acercarse a la cueva más recóndita. Experimentar la muerte.)

> La experiencia no es aquello que le sucede a un hombre. Es lo que un hombre hace con aquello que le sucede.
>
> ALDOUS HUXLEY

LA SOMBRA

A lo largo de su aventura, el Héroe se enfrenta a pruebas cada vez más duras. Según avanza en su viaje, los Guardianes del Umbral son cada vez más fuertes y el peligro de muerte aumenta. El Héroe tiene que empezar a comprender la lógica de sus enemigos, porque será su única salvación. Es más débil que ellos y solo podrá derrotarlos con la astucia. Tal como Vogler y Campbell afirman en sus estudios, este es el punto más intenso de la aventura del Héroe: se acerca la prueba más difícil, la llamada **Prueba Crucial.** La diferencia con respecto a la fase anterior es que, con esta prueba, el Héroe cruza un Umbral **desde el que ya no podrá volver atrás.**

Es el momento de la **primera muerte metafórica** del Héroe. Es la hora de hacer frente a sus grandes miedos. Después cambiará para siempre y a partir de ahí mejorará continuamente.

En los relatos épicos, un personaje llamado Sombra representaba metafóricamente dichos miedos, reflejaba las tendencias negativas y no explícitas del Héroe y le creaba problemas amenazándolo de manera concreta o aprovechándose de sus psicosis más profundas. Así es como extraía la esencia del Héroe: poniendo su vida en peligro. La figura de la Sombra encarna la fuerza del lado oscuro y simboliza los **monstruos de nuestro mundo interior**, las cosas que no nos gustan de nosotros mismos, los secretos inconfesables, los sentimientos reprimidos o las emociones ocultas, las ideas más oscuras o los instintos más bajos, así como los trenes perdidos, las oportunidades desaprovechadas y las ocasiones irrepetibles. Cuanto más fuerte sea tu Sombra y más arraigada esté, más complicado e intenso será tu viaje de Héroe. La Sombra es a todos los efectos el antagonista, el Enemigo.

En este momento del reto no hay conocimientos ni poderes ordinarios que ayuden al Héroe; se trata de un gran salto al vacío. Él entra en una dimensión más consciente y profunda de su ser y sabe que solo hallará el equilibrio definitivo cuando experimente la muerte. Su multitud de Yoes se disgrega y se reintegra, empieza a construir un **Yo unitario**, totalmente nuevo, mucho más fuerte y orientado al objetivo que ahora es su único fin en la vida.

Así comienza para ese ser humano, ahora plenamente consciente de su estatus de Héroe, el tiempo de la conciencia y la verdad. La multitud de Yoes, en la dimensión singular e individual del Héroe, es **su único pueblo**, el único por el que debe ganar todas las pruebas. Porque todos somos en primer lugar Héroes de nosotros mismos.

Es una nueva vida tras la muerte. Por eso superar la Prueba Crucial es más relevante que todas las victorias que pueda obtener el Héroe. A diferencia de cuanto relatan las epopeyas mitológicas, en la vida real el protagonista (nosotros) a veces no está preparado para enfrentarse a la Prueba Crucial; en tales casos ese momento, en vez de coincidir con la apoteosis, supone una derrota. Pese a todo, lo importante es saber que cada victoria y cada derrota corresponden a una muerte seguida del renacimiento a una nueva vida, y que de esta nueva vida surgirá un nuevo ciclo de retos y pruebas aún más difíciles. Como si la propia vida, lo que hemos experimentado hasta ese momento, estuviera formada por un **ciclo recurrente de muertes y renacimientos.**

La Prueba Crucial es un **punto de inflexión**, el momento en que adquirimos unos conocimientos que ya no son ideas escindidas de nosotros, sino que se convierten en realidad en nosotros, gracias a nosotros. Nos encontramos en la frontera entre el Mundo Ordinario y el Mundo Extraordinario, en el Umbral donde los conceptos de vida y de muerte se compenetran hasta confundirse.

En la mitología clásica, durante la Prueba Crucial se esperaba que el protagonista muriera, pero él se enfrentaba heroicamente a una muerte segura y al final sobrevivía allí donde los demás habrían fracasado.

Para el Mentor, a diferencia de lo que ocurre con el Héroe, la muerte es un umbral familiar y lo cruza con relativa facilidad; su tarea es lograr, a través de sus enseñanzas, que su discípulo comprenda la **necesidad de morir para renacer**, porque renacer no es más que nacer a una nueva vida.

No es propio del hombre ordinario enfrentarse de forma voluntaria a sus miedos más recónditos. En el fondo todos sabemos que nuestro enemigo más violento y poderoso somos nosotros mismos. ¿En qué modelos podemos inspirarnos para vencer esta guerra santa?

Tal vez el concepto de *modelo* sea demasiado abstracto para nuestra vida, incluso puede resultar peligroso si lo consideramos solamente a nivel intelectual en vez de práctico y con una intensidad emotiva muy alta. Para ser Héroes no basta con tener algo divino en el interior. **Un Héroe debe ser un modelo para los demás, despertarles la conciencia e inci-**

tar a cada uno para que libre su batalla interior personal. Todo esto solo es posible si nuestros pensamientos y sentimientos son rectos y si ello se ve reflejado en nuestras acciones.

Toda acción produce un efecto, ese efecto que solemos llamar resultado. El efecto es una medida. La palabra «modelo» proviene del latín *modulus*, diminutivo de *modus*, que significa «medida». En el diccionario se define como «Representación en pequeño de una obra grande». Es fantástico: **somos modelos de nosotros mismos, y podemos tomar cada día de nuestra vida, cada instante de nuestro día, como una representación en pequeño de esa obra grande que es nuestra existencia.** Y también, instante tras instante, podemos medir la calidad de nuestra vida y compararla con la medida de nuestro talento.

¿Sabes quién debería ser tu Héroe, tu mito, tu sueño? **Tú mismo.** Pero **reunificado** y **renacido.** Elige dentro de cuánto tiempo quieres encontrarte a ti-mismo-Héroe.

LA MULTITUD DE YOES

Comprendí la importancia del modelo como medida y, además, como valor el día en que vi que yo no era el modelo que deseaba ser y que no medía lo que creía medir. La medida indica una cantidad, y el valor, una calidad, y yo en pocos instantes me di cuenta de que aquella obra que era mi vida podía quedar incompleta para siempre, encerrada en una forma muy pequeña comparada con su potencial.

Al enfrentarme a mi primera prueba entendí que nuestros errores nunca son fortuitos o accidentales y que un error puede marcar el inicio de un nuevo destino. Entonces comprendí que los cuentos no sirven para explicarles a los niños que los dragones existen, porque los niños ya lo saben. **Los cuentos**

son para explicarles a los niños que es posible vencer a los dragones.

Intuir cuál iba a ser la moraleja del cuento de mi vida fue un momento de gran intensidad emotiva. Un momento en el que me enfrenté a mí mismo sin tener la posibilidad de huir, a diferencia de lo que suele ocurrir en la vida cotidiana en los momentos de dificultad. Te das cuenta de que estás realmente en el Umbral de una Prueba cuando no ves ninguna vía de fuga a tu alrededor.

El momento fue intenso, más que por mirar en mi interior, por el hecho de descubrir que en realidad quien yo creía ser había sido otro al menos por un tiempo.

¿Otro Oscar? Pues sí, otro Oscar.

¿Alguna vez has notado que no eres uno solo sino más de uno? ¿O que eres muchos, muchísimos?

En mi caso, lo que hasta entonces solo era una idea que estaba estudiando, la multitud de los Yoes, se transformó en un descubrimiento: en mi vida había un Oscar que adquiría compromisos y sellaba acuerdos y había muchos Oscares que, llegado el momento de respetar tales acuerdos y mantener tales compromisos, al no haber sido ellos (el mismo Oscar) quienes los habían asumido y firmado, los ignoraban y no los respetaban. Era como si le resultaran totalmente ajenos.

Prestemos atención, es un fenómeno que se repite constantemente en nuestros pequeños momentos cotidianos: cuando decimos cosas que no queríamos decir, o hacemos cosas que no queríamos hacer, o cuando no decimos ni hacemos cosas que debíamos o queríamos decir o hacer parece como si estuviéramos inmersos en un caso de doble personalidad, pero en realidad se trata de una multitud de Yoes, y siempre tenemos una buena excusa para justificar su existencia.

Nos ocurre prácticamente a todos, y yo personalmente llevo tiempo observando la mecánica de este proceso para intentar librarme de él y dedicarme a practicar el virtuoso arte de la reunificación. Lo intento desde que tuve que enfrentarme a un Oscar que seguía consejos equivocados de personas equivocadas que perseguían objetivos equivocados. Un Oscar superficial, pésimo calculador de la relación causa-efecto que existe en cualquier decisión que tomamos. Y lo peor es ignorar adrede una regla y actuar sin tener la precaución de conocer previamente el escenario de dicha regla.

Para ser más concreto, me vienen a la mente las palabras atribuidas a Sun Tzu, un general chino que vivió probablemente entre los siglos VI y V a. C., a quien se atribuye el mejor tratado de estrategia militar jamás escrito, *El arte de la guerra*, en el que declara: «Para ganar hay que sopesarlo todo muy bien; de no ser así, perderemos. Quien no calcula bien tiene muy pocas probabilidades de ganar».

El problema es que solemos calcular poco incluso en los pequeños asuntos cotidianos. Somos muy imprecisos y, cuando debemos tomar decisiones importantes, nos damos cuenta de que somos pésimos calculadores y pésimos estrategas.

Pero aquella vez era diferente: me veía completamente desdoblado; pero a diferencia de otras ocasiones en las que siempre encontraba excusas y distracciones para no observarme con atención, para dejarme llevar por la intensidad del momento y así salvarme (desgraciadamente) por enésima vez, el camino estaba trazado y ninguna vía de fuga podía ayudarme. Y a nada ni nadie le interesaba que tú no quisieras, no supieras, no pudieras.

Si confías en las personas equivocadas, te equivocas. Y si te equivocas, lo pagas. Lo que me entusiasma de esta ecuación es que cuanto más pagas, más puedes comprender. Repito: *puedes* comprender.

No importa lo que ocurrió, no importa si me sentí traicionado y víctima de un engaño ajeno, no importa cuál fue mi interpretación personal de la decisión que había que tomar. En el Mundo Ordinario solo cuentan los hechos y da igual quién los realice o por qué los realiza, ya sea la voluntad, la ignorancia o la distracción.

La dificultad para superar mi Prueba residía sustancialmente en **gestionar una experiencia de sufrimiento que afectaba a mi sistema de valores.** Es difícil reconocer que carecemos de un valor en el que siempre habíamos creído o, peor aún, que creíamos encarnar. Si te ocurre alguna vez, espero que te juzgue (bien o mal) el Mundo Ordinario, porque es una manera muy eficaz de no poder huir y de mirarte por obligación al espejo y verte de verdad, en tu justa medida. Entonces podrás tomarte como modelo y a partir de ahí resurgir.

Antes de que sucediera este hecho, yo ya tenía claro que los seres humanos habíamos nacido en este planeta para aprender. Aprender mediante un proceso de autoconocimiento practicable gracias a una mezcla de estudio y experiencias, que produce nuevos conocimientos. Aún ignoraba la fuerza que tendría para mí un nuevo conocimiento, un acto mágico capaz de transformar la derrota en victoria. En un período emotivamente difícil, me salvó una frase que me dijo una persona muy querida: «Oscar, no importa lo que hayas hecho, ni lo que haya pasado. Lo importante es qué has entendido de lo que ha sucedido». Era tarde para lamentarme por lo que yo había hecho y por lo ocurrido, ya me juzgaría el mundo. En cambio, el acto de comprenderlo era una cuestión entre mi espejo y yo.

Cada vez que accidentalmente en la vida tengamos que mirarnos al espejo, es importante reflejar en él la imagen más nítida de cómo somos en ese instante. Y para observarnos debemos estar presentes en nuestro interior.

¿Estás ahí?

He comprobado que solo puedo comprender si estoy. Si no estoy, el azar o el accidente comprenderán por mí, pero yo no obtendré ningún beneficio (a no ser que sea casual) de esa falsa comprensión. Es vivir como un muerto. Por eso la Prueba activa el proceso de *re-nacimiento*.

La comprensión es lo que queda, lo que podemos compartir de una experiencia. **La verdadera comprensión es lo único que puede convertirse en un referente real para nuestras ideas y emociones**; una vez penetre en nuestra carne, será un signo indeleble que nos acompañará siempre, un modelo, una medida. Y cuando seamos definitivamente dicha medida, nos transformaremos en modelo para los demás, no solo para nosotros mismos.

Bendigamos, pues, el día en que nos demos cuenta (con la mente, el corazón y el cuerpo) de que hemos traicionado un valor en el que creíamos (creer). **El día en que el mundo nos vea desnudos, delante de un espejo cuya imagen reflejada no podamos negar, comprenderemos la diferencia existente entre predicar un valor y encarnarlo.**

En mi caso, la comprensión llegó con el sufrimiento delante de un espejo y con la perspectiva de una vida privada de ciertos valores que consideraba fundamentales: la honestidad, la confianza, la transparencia y la rectitud. Condiciones en mi opinión necesarias para que me acepten las personas en quienes deseo confiar. Condiciones necesarias para que alguien confíe en mí. Es una cuestión moral.

Y la aspiración a la excelencia como modelo constante es el gran acto moral de una voluntad que transforma dicha aspiración en nuestra Estrella Polar, en alimento de nuestra esencia. Omraam Mikhaël Aïvanhov habla así de nuestra esencia:

> Un ser solo es moral cuando se le despierta la sensibilidad hacia lo colectivo, lo universal, lo cósmico... Un día, los seres humanos entenderán que todo lo que les hacen a los demás (tanto el bien como el mal) también se lo hacen a sí mismos. Aparentemente cada ser está aislado, separado de los demás, pero en realidad, en el plano espiritual, algo de él vive en todas las criaturas, en todo el universo... La base de la moral estriba en que el hombre empieza a percibir en su interior el mal y el bien que se hace a sí mismo o a los demás.

Vivir y morir. Estas dos perspectivas son el verdadero tema, la verdadera cuestión sobre la que es necesario reflexionar cuando hablamos de moral. Nada cambiará si no introducimos un gesto creativo, un acto voluntario de discontinuidad en nuestra vida.

VIVIR COMO UN RAYO DE LUZ

Hace cosa de un año reflexionaba sobre ello con un gran amigo mío, Claudio Luraschi (para mí, Claude), a quien conozco desde hace diecisiete años. Recuerdo varias conversaciones con él sobre muchas cuestiones referentes a nuestra vida. En ellas, los temas sobre los que más hablamos son la vida y la muerte, el nacimiento y el renacimiento.

Nuestra vida cotidiana nos ofrece sin cesar momentos de nacimiento y muerte: las ideas nacen y mueren; las emociones nacen y mueren; las intenciones nacen y mueren; las acciones nacen y mueren; las cosas nacen y mueren; las personas nacen y mueren. Nacimos y moriremos.

Dentro de esta alternancia imparable puede resultar una experiencia muy bonita y útil imaginar que **vivimos nuestra vida como si fuéramos un rayo de luz,** que actuamos en nuestra cotidianidad como actúa la luz que se filtra sinuosamente en la oscuridad: la luz no se detiene ante las tinieblas, lo que hace es llenar la oscuridad, introducirse en ella con delicadeza e iluminarla desde dentro, transformando la negrura en luz, incluso dándole las gracias porque la luz, sin las tinieblas, no podría manifestarse en su esencia.

Lo mismo podemos hacer nosotros: **introducirnos como la luz en los espacios oscuros de nuestra vida**, de nuestro ruido y nuestra confusión, de nuestro miedo a equivocarnos, de nuestras mentiras, de nuestros pensamientos negros, de nuestras acciones torcidas, de nuestra inseguridad, de las historias que nos contamos cuando decimos que somos lo que no somos.

Bastaría con desearlo, confiar en nuestra mejor parte e incluso darle las gracias a nuestra peor parte antes de abandonarla para siempre.

Claude se ha embarcado en una aventura muy difícil: transformar en una profesión el hecho de hablar con naturalidad de vida y de muerte en las empresas. Mejor dicho, hablarles de ello a las personas que trabajan en las empresas. Me parece un reto importante y muy actual. En diciembre de 2012 hablamos de ello en Asís, en una de nuestras infinitas conversaciones nocturnas. Él es psicólogo y lleva quince años trabajando para el departamento de recursos humanos de varias organizaciones. Al igual que Claude, yo en el fondo también me siento un gran admirador: admiramos a todas las personas que conocemos, sobre todo a aquellas que poseen la fuerza necesaria para perseguir sus sueños. En nuestras respectivas profesiones —él como psicólogo y formador, yo como ejecutivo y consultor—, lo que más nos interesa es la calidad de vida de las personas. Para Claude es algo que depende esencialmente de la actitud personal.

Algunos dicen: «He decidido recorrer este camino»; otros: «Me veo obligado a hacer lo que hago». En el ámbito empresarial (y, según he observado, en cualquier otro aspecto de nuestra vida) es cada vez más difícil encontrar a los *primeros*, es decir, a los que no están completamente sometidos ni identificados con el aquí y ahora de la empresa. La mayoría fijan la mirada hacia sus objetivos y no ven nada más, el único Dios que conocen es la manera de satisfacer frenéticamente sus urgencias. Se trata de un modelo más o menos tácito compartido en muchas realidades y que crea un profundo malestar. Parece que estas personas no quieran ver el horizonte, ni quieran dedicar unos minutos a pensar y a hacer planes. La excusa siempre es la misma: no hay tiempo y urgen asuntos pendientes.

Somos miedosos, y creemos que lo único que podemos hacer es correr. Y si correr no es suficiente, tenemos que perseguir. Si luego nos sentimos mal, no pasa nada; si la impaciencia por conseguir algo alcanza un nivel máximo, no pasa nada; si el ambiente en la empresa es muy competitivo, no importa.

Mientras tanto, tal como comentábamos Claude y yo aquella noche, la vida auténtica transcurre fuera de las cuatro paredes de nuestra empresa o nuestra casa. Es pura matemática: si le dedico al trabajo entre diez y doce horas al día durante cinco o seis días a la semana a lo largo de cuarenta años de mi vida, ¿qué me queda? Poquísimo, prácticamente nada.

Lo cierto es que le dedicamos los momentos más importantes de nuestra vida a la empresa donde trabajamos, a lo que solemos llamar «nuestras obligaciones». ¿Cómo vamos a ser insensibles o a no darle la máxima importancia al transcurso cualitativo del tiempo que dedicamos a nuestro deber? Traducido en términos prácticos: ¿cómo no vamos a darle importancia a la calidad del tiempo que le dedico a una videoconferencia? ¿O al tiempo que tardo en contestar las decenas de e-mails diarios? ¿O a las horas que paso entre el tráfico de la carretera en el tramo casa-trabajo-casa? ¿O al tiempo que empleo en limpiar la casa, ir a la compra, estar con mis hijos, etc.?

Nada cambiará si no interrumpo el circuito de hábitos que he transformado en mi modelo y mi estilo de vida, aunque no comparta en absoluto su valor. En cambio, un gesto surgido de una visión supone una esperanza, porque está cargado de sentido y motivación.

¿Por qué es tan difícil encontrar un principio, un valor o una idea que nos rescate de una cotidianidad que no nos hace justicia y no nos motiva en profundidad?

Claude y yo tenemos una respuesta a esa pregunta. No será la única posible, no será la definitiva, pero nos parece muy pertinente. Ambos creemos que para la mayoría de las personas es muy difícil imaginarse distintas de como son.

Traducido: **vivimos una vida llena de urgencias, que no nos resulta gratificante ni nos motiva, pero somos incapaces de imaginar una vida que gire alrededor de los valores y principios que nos estimulan.**

En realidad lo que debería asustarnos es la ignorancia en la que hemos decidido vivir. Esa incomprensión, ese malentendido de fondo («Me veo obligado a vivir una vida que no he elegido») es nuestra mayor limitación. El hecho de no buscar el enfoque correcto tiene un coste muy alto, porque genera necesidades insatisfechas, miedos generalizados, una actitud de «esperemos a ver qué pasa» y un gran anhelo de sentirnos seguros. En otras palabras, el núcleo de la incomprensión está vinculado a un temor profundo a experimentar lo que es vivir y lo que es morir.

Contrariamente a lo que pensamos, este proceso no se da

una sola vez; se trata de un proceso cotidiano, que está presente en todos los ámbitos de nuestra vida. Las cosas, las relaciones, las personas, el entorno, los valores, las creencias: todo se modifica y se transforma constantemente. Eso significa que nace y muere, nace y muere, nace y muere...

Es la ley de la **alternancia de los opuestos**: en la superficie parece que las partes luchen, pero en lo profundo conviven o, mejor dicho, coexisten. Así, una bajada es al mismo tiempo una subida, y viceversa. **Entrenar la mente para que sea más flexible al cambio significa responder con la actitud correcta a las preguntas que surgen todos los días.** Ahí es donde está el verdadero reto.

Aquella noche, Claude me confió que deseaba crear un proyecto profesional para divulgar en las empresas las ideas que estudiábamos juntos desde 1999, aunque él había empezado unos años antes. Unos meses más tarde fundó Youmoksha, el primer *coaching* personal que se ocupa del proceso de la vida y la muerte, una formación dirigida a quienes necesitan hacerse preguntas en profundidad acerca del porvenir para reducir la angustia, el estrés o la conflictividad, para estimular la motivación profunda y, sobre todo, para aspirar a un horizonte mucho más amplio. «Don't be silly, ask questions!» es el eslogan que eligió para su empresa: «No seas estúpido, ¡hazte preguntas!».

Antes de que sean adultos, padres, ejecutivos o políticos, es mejor no divulgar entre los jóvenes la idea de éxito en su forma canónica; lo más conveniente es invitarlos a reflexionar sobre qué es el éxito. Tal y como lo entendemos, no creo que sea el objeto principal de la vida porque, como Einstein les decía a sus alumnos:

> El motivo más importante para trabajar en el colegio y en la vida es sentir el placer del trabajo y el placer del resultado, ser

conscientes del valor del resultado para la comunidad. La preocupación por el hombre y su destino siempre deben constituir el interés principal de todos los esfuerzos técnicos. No lo olvidéis nunca entre tantos diagramas y tantas ecuaciones. Haced las cosas de la manera más simple posible, pero sin simplificar. El objetivo no es ser hombres de éxito, sino hombres de valor.

10

LA RECOMPENSA

El premio por algo bien hecho es haberlo hecho.

RALPH WALDO EMERSON

EL VALOR SECRETO DE LA RECOMPENSA

Tras matar y vencer al dragón, por fin llega el momento de la Recompensa. El Héroe ha estado a punto de morir, o ha sacrificado su vida, y obtiene algo a cambio, ese algo que ha estado buscando a lo largo de una Aventura que culmina en la Prueba Final.

Las imágenes canónicas de la recompensa que utiliza la tradición clásica son el **oro**, el **secreto**, la **espada** o el **anillo**. Se trata, en todo caso, de un objeto mágico, lo que Joseph Campbell llama «el último regalo» en *El héroe de las mil caras*.

Algunos Héroes lo alcanzan, pero no todos consiguen siempre la recompensa aunque la merezcan. Otros Héroes, por su parte, la tienen que conquistar con la astucia. Campbell denomina este segundo caso «el robo del Elixir». Tras la batalla de la Prueba Final, antes de emprender el viaje de vuelta al Mundo Ordinario con el Elixir, llega el momento de celebrar el éxito y de recuperar las energías consumidas en la lucha.

En alquimia, el **elixir** es uno de los estadios intermedios para llegar a la piedra filosofal, que transforma todos los metales en oro, que da la vida y trasciende la muerte. Pero la recompensa no es necesariamente un objeto, como ya se ha dicho. Puede ser una nueva función o un nuevo poder que se le confiere al Héroe, una nueva capacidad, una mayor sensibilidad o, también, un estado de conciencia más profundo.

Pocas personas son agudas y solícitas, pocas son humildes, dóciles y pacientes, y pocas piensan con rectitud, sienten con rectitud y actúan con rectitud. El Mundo Ordinario no está lleno de personas conscientes que se conozcan a sí mismas. **Encontrar tu lugar en el mundo, saber quién es superior y apoyarlo para que te eduque, te instruya y te oriente, así como valorar y alimentar a quien es inferior, son actitudes propias del Héroe.**

En noviembre de 2011, cautivado por la magia de dos viajes que había hecho en muy poco tiempo, el primero a Jerusalén (Israel) y el segundo a Medjugorje (Bosnia-Herzegovina), llegué a la conclusión de que este tiempo tan peculiar que vivimos es mi tiempo, es nuestro tiempo, es el tiempo de todos los que saben marcar la distancia correcta entre lo que sucede fuera de ellos y lo que la vida les pide. El tiempo de los que antes de contestar mecánicamente a la pregunta son capaces de comprender en profundidad lo que sucede en su interior.

En los últimos años (los que yo conozco, porque los he vivido) nunca habíamos asistido a cambios tan repentinos como los de ahora. Somos testigos de oscilaciones de un péndulo frenético en nuestra vida y en la vida de nuestras familias, nuestras empresas y nuestra sociedad civil; un péndulo que se mueve repetidamente entre el más y el menos, el blanco y el negro, lo bueno y lo malo, la oportunidad y la crisis. Claude y yo diríamos «entre la vida y la muerte». Un micromundo interior lleno de contradicciones y contrastes que se refleja a la perfección en la condición actual del mundo exterior: nuestras relaciones afectivas, nuestras relaciones sociales, nuestras familias, nuestras empresas, nuestra sociedad civil, nuestros gobiernos, nuestras religiones, nuestras morales, nuestros dogmas y nuestro planeta.

En aquellos dos viajes algo me llamó poderosamente la atención e hizo las veces de despertador; fue mi pequeña salvación:

- La primera llamada se produjo en Jerusalén, en la cuarta estación del vía crucis, bajo el arco de entrada a una galería que descendía hasta una cueva donde los peregrinos se retiran en acto de contemplación.
- La segunda fue en Medjugorje, en lo alto del monte de las apariciones, al final del vía crucis que empieza justo por encima del lugar donde, según dicen, tuvo lugar la primera aparición de la Virgen.

En ambos casos la llamada fue una palabra que dejé que me llegara sin derecho a réplica, una orden imperativa: *Silentium*. En Jerusalén la vi escrita en el arco de un túnel subterráneo; en Medjugorje, en un cartel, en la montaña. En las dos ocasiones todo sucedió en un instante. La palabra adquirió para mí un significado nuevo, que no tenía nada de religioso y que solo volví a encontrar en la ermita de las Cárceles de Asís, el lugar por antonomasia de la historia de san Francisco, y en el monasterio de San Biagio, situado en el camino que va de Asís a Gualdo.

Fue una experiencia nueva: **el silencio se manifestaba con sencillez.**

Jerusalén y Medjugorje son dos lugares increíblemente llenos de contradicciones. En la zona vieja de la Ciudad Santa, entre las murallas, coexisten en pocos metros cuadrados cuatro mundos densos y muy característicos, completamente distintos unos de otros. Partiendo del antiguo centro, si recorremos unos cuantos metros en cuatro direcciones opuestas, pasamos del barrio armenio al barrio judío, al barrio cristiano y al barrio musulmán. Y tenemos la impresión de haber cogido un avión y de haber volado varias horas debido a las sensaciones tan diferentes que percibimos en cada uno de ellos. Son cuatro micromundos llenos de contradicciones y contrastes que, en mi opinión, reflejan perfectamente las condiciones actuales de nuestro planeta, de nuestra sociedad civil, de nuestros gobiernos y de nuestras empresas, de nuestras familias y nuestras relaciones, de nuestra mente y nuestro corazón.

En el Santo Sepulcro, uno de los lugares más místicos de la Tierra, los religiosos se disputan la vigilancia y la gestión de los accesos, y cuando por fin llega tu turno y vas a entrar por el pasadizo que te conducirá al sanctasanctórum, el representante de la congregación que vigila la entrada te mira mal y te empuja bruscamente para formar grupos de tres, cuatro o cinco personas como máximo. Luego, una vez dentro, mientras lo contemplas Todo, te llama desde fuera sin piedad y con insistencia («*Come out!... Come on people, get out of there!*»).

Las contradicciones continúan en el Muro de las Lamentaciones, donde te mezclas con cientos de judíos ortodoxos vestidos según la vieja usanza, con judíos vestidos de civiles y con soldados del ejército israelí que forman parte del servicio de seguridad y protegen uno de los lugares más calientes del planeta. A veces estos últimos, cuando tienen un descanso, dejan la ametralladora debajo de la silla y se ponen a rezar y a leer las Sagradas Escrituras.

Después, en la iglesia de María, las monjas rusas ortodoxas que la gestionan, pese a abrir solo una hora un único día a la semana, te dejan estar como máximo diez minutos, aunque no haya nadie detrás de ti esperando para entrar. Será que molestas mucho...

La iglesia de María se encuentra a pocos metros del cementerio judío, que está saturado en las zonas que se consideran privilegiadas porque, según dicen, allí aparecerá el Salvador y despertará en primer lugar a esos muertos.

Dicho cementerio, a su vez, está muy cerca de la mezquita, como si en esa ciudad todo tuviera que ser necesariamente complicado...

Y así sucesivamente, una y otra vez, hasta perderse en un mar de fondo.

Volví de Jerusalén un lunes, y el sábado tuve que ir inesperadamente a Medjugorje, donde había muchos autocares de peregrinos y cientos de puestos que vendían miles (quizá millones) de objetos sagrados. Bueno... más o menos sagrados: se trata de objetos porque son sagrados para quien los compra, los lleva a bendecir y les transfiere la energía de su propia fe. Y todo esto ocurre en una tierra dura e inhóspita, llena de piedras cortantes como las miradas desconfiadas de sus habitantes, hombres y mujeres que durante siglos han padecido una serie interminable de abusos civiles, militares, políticos, económicos y religiosos.

En esta tierra martirizada por una violentísima guerra civil que los de mi generación hemos visto en la tele, a seis jóvenes se les apareció la Virgen, vestida de gris y con un velo blanco, con el cabello oscuro y largo hasta la cadera. Desde entonces, los seis videntes jamás han negado la visión, a pesar de las presiones recibidas por parte de instituciones públicas, políticas y religiosas. Hoy en día la siguen viendo y reciben sus mensajes, que se transcriben de inmediato y son comunicados a los peregrinos que están allí y se retransmiten también por radio a todos los fieles del mundo. Algunos de los videntes la ven una vez al mes (siempre el mismo día del mes), otros solo en ocasiones especiales y otros le hablan todos los días.

Al percibir tanto ajetreo fuera de mí, percibí también una lucha en mi interior entre la voluntad de rendirme a la posibilidad del milagro y la incredulidad, entre mi aspiración a lo imposible y mi imparable tendencia interior a simplificar para intentar comprender sin recurrir a la credulidad. Mientras me preguntaba si aquello era posible, tal vez la Virgen *estaba* allí. Este tipo de preguntas son como un ruido de fondo en nuestra cabeza. Un ruido que nos ofusca la mirada, nos endurece el corazón y hace que nuestro cuerpo solo sea capaz de actuar con el fin de satisfacer una necesidad instantánea. Y si no detenemos el ruido podemos acabar perdidos para siempre mientras perseguimos metas inalcanzables.

No supe responderme acerca de la presencia de la Virgen, pero ese día en Medjugorje hubo un momento en el que circularon frecuencias vibratorias muy íntimas, difundidas por radio y en el corazón de los miles de fieles presentes durante la adoración nocturna. Una secuencia amorosa y circular de cantos e invocaciones alternados con largos silencios, producida por adultos y niños, hombres y mujeres, razas y personas de todo el mundo.

Durante aquella hora, aquellos 60 minutos o 3.600 segundos, el mundo se apagó dentro y fuera de mí. Y se hizo el silencio. No importaba en qué o en quién creía, o si creía o no. Había silencio. Fue uno de esos momentos en los que eres capaz de decirte quién eres. Un momento de comprensión. Un momento para resistir y no ceder a la vanidad, a la satisfacción, a la complacencia y la normalización de algo que en realidad es extraordinario e irrepetible.

EL RUIDO Y EL SILENCIO

Lo cierto es que en mi vida, como padre, como ejecutivo, como marido y como amigo, cometo muchas veces el error de confundir el momento de la celebración con el momento de la complacencia, el de la comprensión con el de la convicción, el del resarcimiento con el de la insistencia. **En el momento en que crees ser, dejas de ser. Y todo se detiene.** Y cuando todo se detiene, imaginamos que nosotros también nos hemos detenido, pero en realidad **vamos hacia atrás.** Es como estar en una escalera mecánica que baja cuando quieres subir: si no te mueves rápido, vas hacia atrás.

Al igual que ocurre en todas las experiencias llenas de contradicciones, cuando permanecemos inmóviles y somos incapaces de posicionarnos queda tanto espacio libre que si no lo llenamos conscientemente con el Bien, se colma de forma automática con el **no Bien.** Recuerdo la afirmación de una mujer, Paula, a la que conocí en uno de los centros franciscanos de la zona. Me dijo con pacífico ardor cristiano: «Oscar, Satanás no nos hace malos, nos hace pasivos».

El hecho de encontrarme con el silencio, algo que solo había experimentado con anterioridad en mis retiros a las montañas de Asís a lo largo de aquellos diecisiete años, me llevó a tratar de comprender mejor en qué condiciones vivo mi vida. Y el silencio solo es posible gracias a una acción mágica: **Escuchar.**

Fue entonces cuando supe que, tras superar una Prueba al final de una Aventura heroica, mi recompensa sería comprender en profundidad **el valor del silencio.** En aquel momento, cuando me di cuenta de que estaba a punto de forzar mi idea de silencio para incluirla en un marco preconcebido, ideé una fórmula que no he abandonado nunca. Una simple resta aritmética:

Paz Absoluta – Ruido = Silencio

La Paz Absoluta es un estado que me trasciende. Puedo investigarla, buscarla o intuirla, pero no generarla. En cambio, **el ruido sale de mí**. El ruido por sí solo no existe.

Fue muy importante constatar que en la vida (al menos en la mía) es preferible hacer menos ruido y escuchar más, sobre todo si hablamos de cosas que no conozco pero creo conocer, lo que significa que me engaño ante todo a mí mismo. Para entender bien las cosas tengo que dedicarme a hacerlas, a experimentar, a indagar. Antes de hablar de un tema, antes de responder a una pregunta o a una solicitud, antes de expresar una idea o, peor aún, de emitir un juicio sobre algo, o antes de adoptar una postura radical, es muy útil **buscar un momento de silencio**.

Al hacerlo he observado que sucede algo mágico: se crea un intervalo entre la pregunta y nuestra respuesta (que de otro modo daríamos mecánicamente) y se producen breves instantes de vida en los que somos conscientes de todo. En dichos instantes comprendemos por fin qué debemos hacer, decir y ser.

Son momentos de puro silencio en los que se crea un espacio: el espacio de la *posibilidad*. **La posibilidad de escuchar, de experimentar y, por tanto, de ser**. Ser nuevos. Escuchar para saber qué sucede fuera. Experimentar para comprender, para tener un punto de vista nuevo, aunque sea subjetivo, sobre una cosa. Sobre cualquier cosa. Y para dejar de creer que las cosas son única y exclusivamente como nos las han contado hasta ahora.

Recuerdo una conversación con una amiga, Gianna Fratta, una de las pocas mujeres italianas directoras de orquesta. Hace poco más de un año, Gianna y yo escribimos un *post* a cuatro manos para mi blog, y lo titulamos *Alla ricerca del silenzio che non esiste* («En busca del silencio que no existe»). En él compartimos estas ideas:

- El silencio no existe, ni en la vida ni en la música.
- Lo que existe y es indispensable tanto para el músico como para el hombre es la búsqueda del silencio.
- Buscándolo descubres que no hay silencio, pues escuchas lo que hay aparte de ti mismo, en la vida y en la música.
- Cuando buscas el silencio, encuentras el sonido y la vida y tomas conciencia de ello.
- El silencio es un estado del sonido, su parte más pura y verdadera, su parte más sincera.
- Es material sonoro, porque subraya y amplifica los sonidos, los hace más vibrantes, anuncia su entrada y crea efectos muy sugestivos de espera y suspensión.
- El silencio es un medio expresivo lleno de significado potencial; es la renuncia a cualquier intención, a cualquier señal; es como el vacío, y al igual que el vacío el silencio no es la ausencia de referencias, sino que es todas las referencias.

Es muy importante y útil respirar hondo cada día y repetirnos: «Yo soy esto, esto soy Yo». Para hacerlo tenemos que vaciarnos y, para vaciarnos, tenemos que guardar silencio. El vacío me vuelve extremadamente receptivo, lo cual me permite atender preguntas, comprender su significado, dar nuevas respuestas y prepararme para nuevos interrogantes de mayor importancia. El vacío es tenerlo todo hasta comprender que lo único imprescindible es saber decir conscientemente «Yo soy». Solo así nos convertimos en canal, aunque para ser canal necesitamos Paz, y para tener Paz necesitamos Silencio.

Escuchamos poco y nos escuchan poco. Nos escuchan poco porque el otro es como yo: no escucha. Donde no hay silencio nadie escucha. Donde no se escucha, nadie comprende. Donde no se comprende, no hay posibilidad. El ruido lo domina todo.

Intentemos guardar silencio por dentro, a ver si el ruido cesa también fuera.

Porque es en el ruido, en el caos, donde nos suelen robar, lo cual casi siempre ocurre sin que nos demos cuenta.

El ruido ignora el silencio, y cuando se dé cuenta de que le han robado, será demasiado tarde, porque ya reinará Su Majestad el Silencio.

TARA GANDHI Y EL VALOR DEL SILENCIO

Gandhi reservaba un día a la semana para el silencio, pues estaba convencido de que hablar rompía su paz interior. Se trataba de una idea extraída de la concepción hinduista del poder de *mouna* y *shanti*, y los días que dedicaba al silencio se comunicaba con los demás escribiendo notas. A la edad de treinta y siete años, Gandhi dejó de leer los periódicos por un período de tres años y medio, afirmando que el estado tumultuoso de los asuntos mundiales le causaba una gran confusión. El silencio le servía para **concentrarse en purificar el alma y estar en paz**, eso fue lo que me explicó su nieta Tara.

La conocí hace unos años. Tara es hija de Devdas Gandhi, el cuarto hijo del Mahatma, y es una mujer increíble, un icono de la calma con la fuerza de un fuego siempre encendido. Aparte del primer encuentro, nos vimos tres veces más, y oírla hablar de los años que pasó con su abuelo fue un auténtico privilegio. Intercambiamos muchas ideas y emociones mientras recorríamos varios teatros y salas de congresos de

Italia hablando de la Paz y la No Violencia, valores que ella siempre ha defendido incansablemente.

Durante un día que le robamos a este enésimo período de tumultos sociales, financieros y políticos (no sé si hoy el Mahatma leería los periódicos), le propuse a Tara la idea de constituir un movimiento que removiera las conciencias reivindicando la importancia y el valor del silencio. Entonces lo bauticé *El Movimiento del Silencio*. Tras escuchar mi desafío, Tara me escribió una larga carta titulada «Silencio por la no violencia», y eso me convenció de que mi idea podía ser buena. Luego he ido transformando esa idea inicial hasta convertirla en un proyecto, que ya he mencionado en estas páginas, llamado *Be Your Essence* que espero que vea la luz dentro de unos meses. Me emocionó leer una carta que me había escrito personalmente la nieta del Mahatma Gandhi. Fue algo increíble. Aunque sea muy compleja en su forma, quiero compartirla contigo.

En un Hilo de la Creación
En un círculo global
Un Peregrinaje de Silencio
En la búsqueda Orbital
De un Momento de Iluminación
de Paz y Verdad
Dentro y Fuera de Nosotros

En todo flujo de ideas, emociones y acciones hay una búsqueda. En toda búsqueda se explicitan una serie de pasos que, uno tras otro, siguen el camino de las experiencias de la vida. Como ramas mecidas por el viento, mis pensamientos libres surgen en momentos de silencio e introspección. Línea a línea exploro el Tiempo, el Espacio, los Elementos, el Sonido y la Visión, y a través de sus símbolos deseo compartir el Sonido que se propaga en el infinito sin horizonte y que podemos llamar el Silencio del Universo.

La conciencia es una verdad que reside en la suprema realidad; cuando dicha verdad nos induce a buscar lo desconocido en lo Cósmico, se convierte en un viaje espiritual. La conciencia es nuestra guía de excelencia en esta vida y la búsqueda espiritual nos lleva a indagar en los misterios no resueltos de la creación.

La espiritualidad pura se debilita si no interviene la conciencia. Del mismo modo que el viaje espiritual se realiza en un silencio profundo, la conciencia se desarrolla en el sonido del silencio, no en el sonido del lenguaje.

El Silencio es nuestro momento de homenaje a los hilos de la creación, de homenaje al flujo del amor, a la madre que hay en nosotros y a la Vida. En el flujo del silencio, a través de la introspección, Nosotros, hijos de la Madre Tierra, rendimos homenaje a los flujos espirituales y creativos más nobles del hombre y la naturaleza, del pasado y el presente, que han mantenido viva la chispa del amor eterno que aún brilla en cada uno de nosotros.

Estamos en el contexto de una celebración planetaria del concepto de SATYAGRAHA, verdad y no violencia, tal como conoció y vivió Mohandas Karamchand Gandhi. Gandhi pertenece a toda la Humanidad y su vida, su filosofía y su Pensamiento son un objeto constante de estudio, análisis y veneración, así como motivo de reacciones negativas. Hace tres años, las Naciones Unidas declararon el 2 de octubre, aniversario del nacimiento del Mahatma Gandhi, Día Internacional de la No Violencia.

Junto a la concienciación global con respecto a la no violencia existen las terribles contradicciones de la espantosa contaminación del medio ambiente, la espeluznante violencia y terror humanos y el temor a la amenaza de las armas biológicas, químicas y nucleares, además de una cadena global de miedo. Con todo, la mayor fuerza es inherente a la verdad, a la valentía y a la compasión, cualidades desesperadamente necesarias hoy en día. La filosofía y la práctica continua de la no violencia y la paz son imprescindibles, en un sentido absoluto, para la supervivencia de la vida y del medio ambiente.

El 30 de enero asesinaron al Mahatma Gandhi. ¿Cómo podemos recordar de manera significativa esa fecha y aceptar el reto de la No Violencia a nivel colectivo e individual? Me pregunto si en todas las épocas de la historia de la Humanidad los conceptos filosóficos de «verdad» y «compasión» han sido objeto de una celebración colectiva y consciente que cruzara nuestro Planeta Azul. Nuestras emociones e ideas son embriones en el vientre del silencio y la introspección, y a través de nuestro cuerpo toman forma de acciones completas. Cuando dichas acciones son conscientes y no reactivas como respuestas mecánicas a las exigencias de la vida, perseguimos el fin de nuestra existencia recorriendo un camino guiado por la aspiración, que nos impulsa a dejar huella de nuestro paso y de nuestra existencia. Cuando ello no ocurre, vivimos mecánicamente, como dormidos, persiguiendo una vida sin objeto y sin sentido.

Silencio tras silencio vamos explorando las dimensiones del Tiempo, el Espacio, los Elementos, el Sonido y la Visión. La conciencia es nuestra guía de excelencia en esta vida y la búsqueda espiritual nos lleva a indagar en los misterios no resueltos de la creación. Pero la espiritualidad pura se debilita si no interviene la conciencia, que luego se manifiesta en la práctica cotidiana de acciones conscientes.

Del mismo modo que el viaje espiritual se realiza en un silencio profundo, la conciencia se desarrolla en el sonido del silencio, no en el sonido del lenguaje. El Silencio es nuestro momento de homenaje a los hilos de la creación, de homenaje al flujo del amor, a la madre que hay en nosotros y a la Vida.

En el flujo del silencio, a través de la introspección, Nosotros, hijos de la Madre Tierra, rendimos homenaje a los flujos espirituales y creativos más nobles del hombre y de la naturaleza, del pasado y el presente, que han mantenido viva la chispa del amor eterno que aún brilla en cada uno de nosotros. Cuando se habla de diálogo entre culturas, siempre pensamos en un diálogo en términos de lenguaje, no de silencio. La variedad y las diferencias existentes entre las culturas humanas son algo bonito e interesante, pero los valores siguen siendo los mismos. La no violencia y la paz son una celebración de nuestra conciencia para honrar la vida y la creación.

La celebración de dicha conciencia debería traducirse en el objetivo de un movimiento de masas, que actúe en silencio para eliminar la violencia de la mente humana y proteja el medio ambiente de la contaminación imperante. Ese sería un mensaje universal más allá de las divisiones sociales, políticas y religiosas. No violencia significa mucho más que ausencia de violencia. No violencia también es acción e introspección. Es el coraje de la verdad vivida con amor. Es el despertar del espíritu en armonía con la naturaleza, el medio ambiente y todas las formas de vida. La reconstrucción del orden social también forma parte de todo esto.

Imaginemos un hilo cósmico, un flujo de armonía que recorre una órbita de la Tierra en veinticuatro horas, a partir de las doce de la noche del 30 de enero en Japón y, tras un minuto de silencio e introspección de la humanidad, se desplaza hacia occidente para dar una vuelta a la Tierra en veinticuatro horas. Esta es la celebración de nuestra conciencia en honor a la no violencia en nuestro contexto presente. El Silencio es nuestro momento de homenaje a la creación, a los demás, a nosotros mismos. En el flujo de este silencio, a través de la introspección, cada uno de nosotros, todos juntos, rendimos homenaje a los flujos espirituales y creativos más nobles del ser humano y de la naturaleza, del pasado y del presente que han mantenido viva la chispa del amor eterno que aún brilla en cada uno de nosotros y en cada cosa fuera de nosotros. El mundo ya ha ahorrado electricidad durante un minuto. Un minuto de silencio será un momento de iluminación global.

Un abrazo,

TARA GANDHI BHATTACHARJEE

Sintonicé de inmediato con las palabras de Tara. A menudo he observado a mi alrededor la oscuridad del miedo y de la frustración sin asumir la responsabilidad que me corresponde por ser parte activa de un cambio. En consecuencia, he tenido que preocuparme de **aprender a observar mejor**. Así es como he empezado a ver la luz de la posibilidad y el entusiasmo.

En la batalla entre el silencio y el ruido no hay tregua. Entre el silencio de la pregunta, que suele partir de una necesidad más que de una aspiración, y el ruido de las respuestas que preconfeccionamos en nuestro Mundo Ordinario. El estrépito de un mundo centrado en el Yo, que suele olvidar el Nosotros y al Otro. Un mundo en el cual la mayoría acumula cosas en su propio granero, no en el granero del mundo.

Siempre he percibido la existencia de una dimensión mayor que yo mismo y no siempre la he llamado «Dios», pese a saber que esa melodía haría vibrar mi corazón al unísono con el mundo, por no sentirme obligado a seguir un modelo religioso y por poder elegir un modelo espiritual sin etiquetas. Pues bien, pensé mucho en cuál podía ser la vía para indagar en esa dimensión, y uno de los días que pasé en Medjugorje, mientras reflexionaba sin cesar sobre este tema junto a una laica consagrada que había conocido unas horas antes, me quedé sorprendido cuando ella me dijo: «Si quieres estar cerca de Dios, debes estar cerca del ser humano, porque Dios está en el ser humano».

Fue una revelación, un regalo. Y más tarde intuí que esa idea encerraba otro tesoro oculto: si yo era un ser humano y para estar con Dios debía estar con el ser humano, por simple propiedad transitiva entendí de inmediato que, para estar con el ser humano, primero debía estar conmigo mismo, en mi propio silencio.

EL VALOR DEL SACRIFICIO

Era mucho más que una simple intuición, pero durante mucho tiempo fui incapaz de ir más allá, hasta que no descifré el significado oculto del **valor del entusiasmo.**

Ya he tenido ocasión de compartir contigo mi pasión por el estudio etimológico de las palabras. El término «entusiasmo» procede del griego antiguo ἐνθουσιασμός, compuesto por ἐν (en) y θεός (dios). Literalmente significa «lleno de un dios» o «inspirado divinamente», pero todo el mundo lo suele interpretar como «amor por la vida».

¿Quién era el Dios al que se referían los griegos?

Evidentemente la palabra tiene una connotación religiosa pero, dejando a un lado este sentido específico, creo que cualquiera, al pronunciarla o escucharla, la asocia a una connotación noble, áulica, superior, final y absoluta. Incluso un ateo, para quien el sentido de todo está en sí mismo o en la ciencia, seguramente le atribuirá el mismo valor a la palabra.

Dejo para otros contextos y para los expertos las elucubraciones estrictamente religiosas, aunque sin perder de vista el sentido elevado de la palabra. Hablando desde un punto de vista laico, me gusta pensar que, al pronunciar el nombre «Dios» en la vida cotidiana, nos referimos a **aquello que mueve y guía nuestros actos y sentimientos, a nuestro objetivo más alto y personal en la vida.**

Del mismo modo que un religioso de cualquier confesión convierte a Dios en objeto de búsqueda en su vida, en objeto de amor en su corazón y en objeto de meditación en su mente, cualquiera de nosotros también puede atribuirle al objetivo de su vida el mismo valor y la misma importancia. No tiene por qué tratarse de un ente que sustituya a ese Dios al que todos nosotros podemos referirnos, sino más bien una estrella que nos guíe con la misma fuerza mientras perseguimos nuestras acciones cotidianas en el trabajo y la familia, en los afectos más íntimos y en las relaciones sociales, en el cuidado del cuerpo y en el cuidado de la mente y el alma.

Lo digo porque cada vez veo a más personas temerosas o preocupadas, desorientadas y sin objetivos ni fines.

Transformemos nuestro hacer y nuestro ser en una ofrenda a nuestro Dios. Ofrezcámonos como un don a nuestro objetivo. Inmolémonos.

Somos la única especie que puede ser el oficiante y el sacrificio a la vez. Si sabemos sacrificarnos como hombre o mujer, como padre o madre, como marido o esposa, como amigo o simple conocido, como ejecutivo o colaborador, no importa qué traje llevemos, porque ya le habremos dado sentido a nuestra vida. «El ser humano es como la llama de una vela: se consume a sí mismo para ser». Esta frase, que pronunció mi Mentor durante una clase en la Universidad de La Sapienza de Roma, es la mejor síntesis que puedo ofrecerte del concepto de sacrificio: **darse para existir.**

Como ya he dicho anteriormente, no creo que haya personas que tengan objetivos y personas que no los tengan. Más bien creo que existen personas que saben cuál es su objetivo porque se lo han repetido hasta la saciedad, y personas que no lo saben porque retrasan constantemente el momento de buscarlo. Tener o no tener un objetivo es un ligero matiz, el mismo matiz que separa un gris muy claro del blanco. Pero cualquier tono que no sea un blanco nuclear pertenece a los matices del negro.

Tenemos que encontrarle a nuestro blanco ese tono impoluto que representa nuestra posición correcta en el mundo del trabajo, de la familia o de la sociedad en general. Siempre que haya una posición. Y cuando la hay, siempre es la correcta. Lo contrario sería una no posición.

La correcta es aquella que te hace entender quién eres verdaderamente y lo que vales. Solo entonces podrás decidir cómo moverte para convertirte en otro: un Héroe.

> Recogerás lo que siembres. No lo olvides. De lo que fue sale lo que es y lo que será. El esclavo puede nacer príncipe por las virtudes que tuvo. El reinante puede convertirse en pordiosero y errar sin paz por lo que hizo o no hizo. El que roba devuelve; el que asesina será asesinado. Ten la fuerza de soportar los castigos para saldar tu deuda. Recuerda que lo que hagas te será hecho. Los frutos te seguirán en el camino...

(No recuerdo dónde lo leí, pero me habría gustado tener la sensibilidad necesaria para escribirlo yo.)

11

EL CAMINO DE REGRESO

> Un camino que no alimenta a su viajero no es un camino digno de ser recorrido.
>
> De *El Libro del Mirdad*

LA RESURRECCIÓN

Una vez superada la Prueba y tras entrar en posesión del Elixir, el Héroe se siente tan feliz en esta etapa de la Aventura que no desea regresar a su viejo Mundo Ordinario. Y, al haber derrotado a la Sombra, se siente el Rey de su Mundo Extraordinario. Sabe que debe volver, pero también sabe que no será fácil, puesto que la sabiduría y la magia adquiridas al superar la Prueba podrían desaparecer en el Mundo Ordinario. Necesita encontrar alguna motivación para llevar su Recompensa al lugar de donde partió. Además, puede que su enemigo, la Sombra, esté derrotado, pero no aniquilado. El Camino de Regreso se convierte en una aventura dentro de la aventura desde el momento en que debe tomar la decisión de regresar o no regresar. La decisión se convierte en la nueva prueba, y optar por volver supone una gran responsabilidad.

En la tradición clásica este momento es llamado «resurrección». La Resurrección es el momento del clímax, el momento de la prueba subjetiva. El Héroe tiene que demostrar que sabe poner en práctica en el Mundo Ordinario lo que ha aprendido en el Mundo Extraordinario. Tiene que demostrar que ha cambiado, que sabe distinguir el bien del mal y comprender la lógica ajena. Tiene que saber transformarse en el otro, por el otro. Esta segunda prueba puede consistir en una **decisión**, una **prueba física** o una **prueba espiritual**.

Una vez más, el Héroe debe optar por morir, esta vez con el objeto de renacer para siempre.

A través de la purificación, el Héroe logra recordar las lecciones aprendidas en la Prueba Crucial antes de regresar al Mundo Ordinario. Como escribe el ya citado Vogler en *El viaje del escritor:*

> Debe crear un nuevo Yo... para un nuevo mundo. Del mismo modo que se libró del viejo para entrar en el Mundo Extraordinario, ahora el Héroe debe librarse de su personalidad y construir una nueva, apta para regresar al Mundo Ordinario.

En 2010, durante el vuelo de regreso de un viaje a la isla Mauricio, donde mi familia y yo habíamos pasado las vacaciones de Navidad, leí en *Newsweek* una entrevista a Richard Branson, fundador y presidente de Virgin. Me guardé el recorte y hace unos días, por casualidad, apareció en el bolsillo de la maleta. Un destacado de la entrevista citaba textualmente:

> Creo que el mundo se mueve hacia un sistema en que la comunidad de los negocios debe trabajar en estrecho contacto con los gobiernos y apoyarlos a la hora de resolver los problemas. Estoy convencido de que los negocios deben ser una fuerza para hacer el bien, y no ser únicamente una máquina de dinero para accionistas.

Hoy más que nunca todo el que trabaja —por su cuenta o en una empresa— tiene una responsabilidad que va más allá de sí mismo, de su posición en esta y en la sociedad, sus ganancias y sus relaciones. Lo mismo puede decirse de quien desempeña este papel en la familia o en la sociedad en general: me refiero a los administradores públicos, a los políticos y a los profesores. Todos nosotros tenemos responsabilidades que afectan a los demás, a su posición social, su dinero y sus relaciones. Se trata de una responsabilidad que va más allá de los otros: es una **responsabilidad con la colectividad.**

Dada la fuerza intrínseca de cualquier rol decisional, creo que quien lo ocupa solo puede optar por un camino en su actividad cotidiana: contribuir a establecer nuevos sistemas reglamentarios, económicos y sociales. Si no, otros nos impondrán los sistemas que hayan codificado en nuestro lugar.

La decisión es fácil: **¿queremos o no queremos ser parte activa a la hora de establecer un nuevo sistema económico y social?**

Debemos ser siempre conscientes de que dicho sistema, independientemente de quién de nosotros lo conciba, codifique y transmita (compartiéndolo más que imponiéndolo) lo pensarán, regularán, podrán en marcha, distribuirán y utilizarán seres humanos. Por eso debemos partir del Ser Humano en su completitud y debemos volver al Ser Humano en su completitud. Esto es 0.0. **Tenemos que dedicarnos al ser humano en su completitud**; tenemos que basar en él la certeza del presente y una continuidad para el futuro.

Lo que define una empresa son los seres humanos, no los procesos ni los sistemas. Los gobiernos y las empresas tienen que adiestrar, formar y educar a seres humanos. Y es a un Ser Humano al que yo, Oscar, quiero dejar cuando ya no sea este cuerpo y me transforme —espero— en algo más noble.

Desde hace años hay una pregunta que se repite en mi vida tanto como se está repitiendo en estas páginas: **¿Quién soy?** Es imposible plantearse esta pregunta si no hay silencio. Según he observado, pocos se hacen esta pregunta, y menos aún los que comparten con los demás sus averiguaciones.

Pocos son incapaces de estar mucho tiempo y de forma continua con ella. Es una pregunta que afecta a muchas de nuestras decisiones (quizás a todas), y en ella se basa otra reflexión importante para todo ser humano: **¿Qué quiero? ¿Cuál es realmente mi objetivo?**

El 1 de septiembre de 1999 empecé a hacerme estas preguntas de un modo más consciente, y en los últimos diecisiete años, gracias a las enseñanzas de mi Maestro, siempre que alguien me pregunta cuál es mi objetivo personal, aquello que le daría sentido a mi vida, contesto lo mismo: «Quiero contribuir. Y quiero hacerlo de dos maneras: condicionando al mundo mediante mi posición y contribuyendo a la evolución de mi colectividad».

Por «colectividad» entiendo a mi familia, mi tejido de relaciones, la empresa donde trabajo, la sociedad en la que vivo, el mundo que frecuento y a mí mismo.

Ahora no es imprescindible que sepas con exactitud qué significa todo esto para mí, ni es necesario que todo esto signifique algo para ti, ni que signifique lo mismo. Lo importante es comprender que cuando dos personas, por ejemplo tú y yo ahora, logran que sus actos y seres formen una sinergia funcional para alcanzar su objetivo, cada una de ellas será por fin algo, será por fin alguien, porque el mero hecho de intentarlo le dará un sentido, un significado y un fin a todo.

Algunos estarán emocionados; otros, molestos; otros permanecerán neutrales. Pero **no podemos dejar de intentar sernos útiles los unos a los otros.**

Cuando te marcas un objetivo, sucede algo mágico: todos los conocimientos que has acumulado hasta entonces en la vida, no importa si los posees a nivel consciente o almacenados en el subconsciente, empiezan a reordenarse, y esos puntitos repartidos hasta entonces sin orden ni concierto en la hoja en blanco de tu vida comienzan a unirse siguiendo un orden que primero transforma el saber en experiencia y luego transforma la experiencia en conciencia y conocimiento.

EL ESCEPTICISMO DE JACQUES ATTALI

En junio de 2014, yo estaba entre bambalinas, en el LH-Forum, junto a Jacques Attali. Él, además de ser un banquero francés, es un famoso ensayista y, sobre todo, uno de los economistas más relevantes de nuestro tiempo. Cuando François Mitterrand fue elegido presidente de la República el 10 de mayo de 1981, nombró a Attali su consejero especial. El resumen de diez años de colaboración es un auténtico diario de la época que pasó en el Elíseo. En 1998, Attali fundó la asociación sin ánimo de lucro PlaNet Finance, hoy presente en sesenta países, con la que ha financiado, aconsejado y formado más de diez mil sociedades de microfinanzas. Además, dicha asociación ha sido la base para crear lo que Attali llamó «Movimiento por una Economía Positiva».

Su objetivo principal es difundir un nuevo modelo económico preocupado por el interés de las generaciones futuras. Tal como puede leerse en el manifiesto del movimiento, la economía positiva es el tipo de economía que orienta al capitalismo hacia objetivos a largo plazo. La generosidad con las generaciones futuras es un incentivo mucho más poderoso que el egoísmo que supuestamente rige la economía de mercado. La economía positiva promueve entablar relaciones a largo plazo y compartir el conocimiento y los sistemas colaborativos, y urge para que las generaciones contemporáneas actúen para tutelar la vida de las generaciones futuras. Además de la dimensión moral, es fundamental subrayar el valor de la interconexión generacional, puesto que amplios sectores de la economía dependen de las generaciones futuras: multiservicios, pensiones, producción o salud, por citar solo algunos ejemplos.

En 2014, la primera etapa internacional del Movimiento por una Economía Positiva se celebró en Italia, concretamente en San Patrignano. Fue un momento de reflexión en torno al principio de una economía al servicio de la sociedad, promotora de un crecimiento responsable, sostenible e inclusivo, respetuoso con las generaciones futuras y con el planeta.

Para mi sorpresa, entre tantos economistas, estadistas, empresarios y periodistas, también me invitaron a mí. El jueves 12 de junio di mi charla titulada «Conexiones positivas». A los pocos minutos de concluir, cuando ya estaba entre bastidores, me senté en un sofá con Attali y comenzamos a hablar de la Economía del Amor y él comentó, con algo de escepticismo, mi arriesgado intento de incluir el Amor como tema básico en la economía y acto económico por excelencia:

> Piense en el Conejo Blanco de *Alicia en el País de las Maravillas*. Yo cito a menudo el pasaje en que el Conejo Blanco sostiene que nosotros les damos el significado que queremos a las palabras y se pregunta quién manda, si ellas o nosotros.

Con la actitud típica del intelectual intrigado por las posibilidades de un concepto, sopesaba los pros y los contras de mis opiniones sobre el Amor como fuerza motriz para un cambio colectivo. Le confié mi deseo de difundir este mensaje en los escenarios internacionales más relevantes para los negocios y la economía, así como mi voluntad de ir a las escuelas y las universidades, a los teatros y las calles, a la radio y la televisión. Además, le conté que quería escribir un libro sobre la Economía del Amor, a la que había bautizado como Economía 0.0, y que el título podía ser *Loves makes Money* («El amor hace dinero»), aunque me apresuré a añadir que el título podía ser malinterpretado. Él me dijo: «Pensándolo bien... creo que será un *best seller*», y se despidió.

Attali no confiaba en el enfoque que yo le estaba dando a mi mensaje. Había sido muy amable conmigo, pero también muy francés, seco y conservador en las maneras y el tono. Era un experimentado economista y detecté en sus ojos, en su lenguaje corporal y en el tono de sus palabras una especie de incredulidad o desencanto acerca de la posibilidad de aplicar o de llevar a cabo lo que yo le había contado. Con todo, la conversación con él me motivó y la interpreté como una señal positiva para mi aventura en el Mundo Extraordinario, al que pensaba dirigirme cuanto antes.

Desde entonces siempre intento compartir el mismo mensaje con las personas que se cruzan conmigo: **la responsabilidad.** La responsabilidad social de las empresas, de las instituciones, de las organizaciones, de los individuos consigo mismos, con el otro, con el conjunto que nos contiene a todos.

La Economía 0.0 es una construcción personal mía a base de ideas y acciones; no es un mensaje que divulgo a través de los canales institucionales de la empresa donde trabajo y en la que ocupo un cargo directivo. Pero no podría hacer lo que hago en la empresa donde trabajo si no tuviera la sensación de que existe coherencia y convergencia entre los principios fundacionales que llamo Economía 0.0 y lo que hago cotidianamente con mis colegas. Cuando le conté a Attali que los accionistas de referencia del grupo bancario para el que trabajo decidieron devolver de su bolsillo, y no con fondos del banco, los 181 millones de euros a los clientes que se habían visto afectados por la quiebra de Lehman Brothers, y lo complicado que había sido hacerlo, ya que la ley italiana no concebía acciones de este tipo en aquel entonces, Attali manifestó estupor y a la vez reconocimiento. Era justo lo que él deseaba que sucediera en el mundo. Intercambiamos nuestras tarjetas y me pidió que le mandara información más detallada sobre lo que hacía nuestra entidad. Fue el principio de un diálogo que espero que pueda continuar en el futuro.

IR A CONTRACORRIENTE

Desde luego, había que cambiar el sistema desde dentro, y así lo creía también Renzo Rosso, fundador de Diesel y otro de los conferenciantes de San Patrignano. Aún recuerdo su actitud sencilla y la fuerza de sus intenciones mientras me hablaba, y cómo apuntaba con el dedo acusando a las distorsiones de un «jodido sistema en el que todo se sacrifica en el altar de hacer dinero, hacer negocios y hacer números. Por eso es tan necesario ir a contracorriente». Le dije a Renzo que debíamos hacer hincapié en la idea de participación y de responsabilidad social de las empresas, las instituciones, las organizaciones y, sobre todo, de los individuos. Porque el individuo es el verdadero pilar de esta nueva posibilidad. La base de todo es él, es decir, somos tú y yo. Así es que debemos preguntarnos si nos vemos con fuerzas de ir a contracorriente. Y en caso de que así sea, ¿estaremos a la altura?

Voy a contarte un episodio en el que me di cuenta de que no estaba a la altura; y te diré lo que hice para compensar.

Hace unos meses salí a pasear por la calle Dante, situada en el centro de mi ciudad, con mi mujer y los dos pequeños, Agnese y Davide, que entonces tenían siete y cinco años. De pronto, Davide se fijó en las luces de un escaparate, me cogió de la mano y me condujo hacia una juguetería. Al pie del escaparate, un vagabundo sentado en el suelo pedía limosna. Mi hijo pegó la nariz al cristal, curioseó un poco y nos fuimos. A los pocos metros empecé a pensar que sin duda aquel hombre había entrado en el campo visual de Davide: no es que mi hijo no lo hubiera visto, sino que no lo había considerado interesante ni digno de su atención y consideración. Pensé que un niño de cinco años se siente atraído por cosas distintas de las que está acostumbrado, o al menos siente curiosidad por ellas, o le dan miedo. En ese caso, la persona sentada en el suelo transmitía una energía que producía más rechazo que atracción. ¿Lo normal no habría sido que Davide se asustara? Se trataba de un elemento nuevo para él, pero no lo había tomado en consideración. En realidad, Davide había visto escenas similares a esa muchas más veces de las que yo creía, tantas veces que en su mapa mental de niño de cinco años quizás esa imagen estuviera clasificada en el archivo de la normalidad. Me pregunté qué sucedería cuando tuviese quince, veinte o treinta años. ¿Qué aportaría él para resolver situaciones como aquella?

Porque, cuando hay alguien pidiendo limosna, cuando hay decenas, cientos, miles de personas pidiendo limosna, si tú, que no la pides, no haces nada para solucionar el problema, tu pasividad te convierte automáticamente en parte de ese problema. Por otra parte, el episodio me recordó una escena que veía a menudo en San Francisco cuando viví allí cerca de un año, en 1991, y que he visto empeorar progresivamente hasta la última vez que estuve en la ciudad, hace unos meses.

San Francisco está considerada (y ya lo era entonces) la ciudad del futuro, del progreso, de las nuevas tecnologías. Es una ciudad tan obsesionada por esta visión que el mundo tiene de ella y que la propia ciudad tiene de sí misma, que en las últimas décadas ha atraído a un gran número de personas en busca de una oportunidad. Personas de todo el mundo, la mayoría muy preparadas y con grandes perspectivas de labrarse un futuro.

Cuando yo estaba allí, a principios de los noventa, ya se percibía una corriente de bienestar que iba apartando cualquier forma de normalidad. Lo cierto es que esa carrera desenfrenada hacia el nuevo oro que era (y es) la web, y esa energía de renovación tecnofuturista, hoy está apartando, además de la normalidad, a las personas: las echa de las casas donde viven porque los propietarios encuentran inquilinos dispuestos a pagar más (ya que sus empresas, a su vez, les pagan mucho más) y a correr con cualquier gasto con tal de vivir en la ciudad. Las echa de las empresas, que suprimen con gran facilidad puestos de trabajo más obsoletos que un dinosaurio el día después de la caída de un meteorito. En San Francisco puedes pasar de ser un ciudadano normal a perder el trabajo y convertirte en un vagabundo en pocas horas. Y esto también se considera algo normal.

Un día, al pasar por delante de la puerta del enorme edificio que alberga el cuartel general de Salesforce, donde me había citado con alguien, observé la cantidad de vagabundos que había en las calles y cerca de la entrada, y el proceso de normalización que muchos (demasiados) activamos cuando vemos ese tipo de imágenes me produjo una sensación paradójica: descubrí el contraste entre la pequeñez de una persona pobre de solemnidad y la grandeza de una empresa como Salesforce, que en los últimos cuatro años se ha adjudicado el premio a la empresa más innovadora del mundo, y del edificio donde están sus oficinas. Y entonces me pregunté si un sistema así podía funcionar.

En aquel edificio había, y sigue habiendo, una noble selección de excelencias del mundo, y el hombre que la guía es además un importante filántropo. En pocos kilómetros cuadrados hay miles de personas que están escribiendo el futuro gracias a las tecnologías más avanzadas de nuestro planeta, pero todo este impulso va minando los recursos de los que se han quedado atrás, tendidos al pie de estos edificios, incapaces de resistir la embestida de dicho impulso.

Es lo que he observado, y no tengo una solución para el problema, pero tengo una solución frente a la normalización del problema. Y me dije con fuerza que no, que no estaba bien que Davide viera a un hombre sentado en el suelo como algo normal.

Pero ¿qué responsabilidad iba a tener un niño de cinco años? ¿Dónde residía el origen del problema? El origen del problema residía en mí, que, como padre, había acompañado a mi hijo más de sesenta meses sin haber sido capaz de explicarle que esa situación existía, pero no era normal. Supuse que Davide debía entrar en contacto con la situación para luego reflexionar solo.

Por eso nos detuvimos bruscamente y volvimos sobre nuestros pasos. En los alrededores de la plaza Castello compré un bocadillo, una botella de agua y una piruleta en un puesto callejero. Se los di a Davide y le pedí que se los llevara al hombre sentado en el suelo. No era una acción de superhéroes, solo quería que mi hijo entrase en contacto con la situación. Un pequeño gesto de microeconomía infantil que plantara unas semillas en el corazón y la mente de Davide. Algo para reflexionar más tarde en casa con el fin de que él, cuando tenga pleno poder sobre su vida, pueda actuar para solucionar el problema. Traté de facilitar las cosas para que mi hijo entrara en contacto con aquella situación, actuase de un modo concreto y al menos asumiera la responsabilidad de tener un gesto.

Espero que ahora mi hijo sepa una cosa nueva sobre él mismo y sobre el mundo. Espero que ahora mi hijo tenga una posibilidad menos de eludir sus responsabilidades. Debemos comprender que nuestra situación depende directamente de la situación de ese hombre tendido en el suelo en la calle Dante. Su felicidad y sus condiciones de vida inciden directamente en todos nosotros, en nuestra felicidad y en las condiciones de nuestra vida.

RENOVACIÓN, INNOVACIÓN E INTERCAMBIO

Quienes determinan la orientación de las empresas deben *renovarse para innovar*. Podríamos llamarla Época 3.0, o Época de las Relaciones. Normalmente la relación es un encuentro entre dos seres que desean conocerse, intercambiar algo y compartir los beneficios que produce ese algo. En los negocios todo esto se concreta en la coincidencia entre la oferta y la demanda. Pero este sistema, tal y como lo conocimos, ha quedado tan anticuado como las cajas que guardamos en la estantería más escondida del sótano. Ya no es un encuentro entre dos seres, es un encuentro como mínimo entre tres partes: **oferta, demanda y el conjunto que las contiene y define a ambas.**

Vamos a dejar que nos inspire y nos guíe el concepto de relación en su forma más áulica con el fin de establecer una relación provechosa y rentable entre quien demanda y quien ofrece. Una relación auténtica, original, sincera, transparente y, sobre todo, ventajosa para todos. Una propuesta que merezca la atención de quien, a cambio, tenga que prestarnos atención y dinero y concedernos tiempo.

El cambio que se está produciendo lleva los genes de una innovación muy potente pero, si le damos un enfoque convencional, la innovación no nos llevará a ninguna parte, ya que para innovar lo primero es sabernos innovar a nosotros mismos. **Primero cambiar la mirada y luego actuar**.

Innovar no es más que hacer las cosas cada vez mejor que antes, mejorar continuamente. En el mercado, y más concretamente en el mundo de los negocios, hoy más que nunca sería miope centrarse solo en la relación entre quien ofrece y quien demanda. Estas dos posiciones, claramente diferenciadas en el pasado, ahora se han ido aproximando hasta el punto de con-fundirse la una con la otra. En este sentido yo tengo una perspectiva profesional privilegiada ya que, al trabajar en marketing y comunicación, no puedo evitar centrarme en una pregunta fija a lo largo de mi jornada laboral: ¿qué oportunidad ofrece el momento actual, tan peculiar, crítico y nuevo para todos, al mercado, a las empresas, a los consumidores, a la gente y al mundo?

Desde hace tiempo he dejado de pensar y creer que en el mercado de los negocios existen leyes distintas a las leyes de otros sectores donde reinan las relaciones entre dos entidades. No importa si se trata de una relación entre consumidor y empresa, o entre gobierno y ciudadano, o entre amigos, conocidos, familiares u otros. Se mire como se mire, siempre hay una oferta que debe satisfacer una demanda, y/o una demanda que busca satisfacción en una oferta. El asunto se complica cuando la demanda no es explícita y permanece en el subconsciente del consumidor potencial, o cuando la demanda no existe, sino que la provoca quien tiene algo que ofrecerle al mercado o, peor aún, quien desea imponerla aun a sabiendas de que no existe tal necesidad.

Para tener éxito en algo, para provocar conscientemente que sucedan cosas, tenemos que aprender a innovar infinitamente, en un intento perpetuo de crear siempre más valor para todo, para todos y para nosotros mismos. Será necesario saber prever (es decir, ver de nuevo) y saber profetizar para proyectarnos en el futuro y volver atrás con una visión muy lúcida y siempre readaptable al escenario que tenemos delante.

Hace años le oí a mi Mentor esta consideración asombrosa y simple acerca del sentido recóndito del concepto de *lo sucedido*:

> Si ha sucedido pero no sabes cómo ha sucedido, no ha sucedido nada; significa que ha ocurrido simple, accidental, ocasional y casualmente. Y si se produce un suceso accidental, ocasional y casual, no es por mérito mío ni por mi participación consciente en él.

Pero yo sí deseo ser determinante en aquello que me suceda en la vida y en lo que me rodea. Con todo, el saber que no hemos sido plenamente conscientes del desarrollo de una acción no nos impide analizar lo positivo y lo negativo de dicha acción aplicando la lógica causa-efecto. Y ello también puede ser una innovación, porque nos hará descubrir problemas por resolver.

Hoy, en los negocios el consumidor está adquiriendo la misma dignidad que quien ofrece. En mi opinión, ganarán los primeros en ofrecer y satisfacer la necesidad intrínseca de una demanda. Serán supervencedores quienes, una vez satisfecha dicha necesidad, en vez de generar en el consumidor una dependencia de su producto o servicio, le inculquen un sentimiento de pertenencia a un sistema de valores. Lo cual es muy distinto a la voluntad, típica de la oferta, de generar en el mercado de la demanda una dependencia de un sistema de consumo.

En síntesis: creo que la relación oferta-demanda debe evolucionar en un sentido de **comunión recíproca**, alimentada con un **sentimiento de pertenencia sincero a un sistema de valores en vez de un sentimiento de pertenencia a una marca.** Muy pronto quien no ofrezca esto deberá considerar su propuesta caduca, se verá obligado a prostituirse en el mercado y tendrá que estar dispuesto a que lo sustituya un competidor capaz de ofrecer más placer a un precio más bajo. Y, por si fuera poco, frente a esta clase de oferta no habrá fidelidad alguna por parte de la demanda.

Una economía de este tipo, basada en el capital cultural, debe ser capaz de reconocer que el Arte y la Belleza son las principales formas de riqueza, y que el amor es el primer acto económico y fundamental. Para mí esta era la verdadera novedad fruto de la Economía Positiva de Attali. **El Amor es la expresión más eficaz de una economía sostenible en el futuro, un acto espontáneo que produce riqueza, basado en la lógica del intercambio y del regalo.** Un acto basado en la relación, el arte más antiguo que ha conocido el ser humano. **El Intercambio.** Ahí reside el corazón de la contemporaneidad. Intercambio entendido en su significado más esencial, que es regalo.

Para mí el regalo es la base de la economía. Dar es la única manera de invertir en el futuro, porque es la forma más desinteresada de ganar, es **el origen del vínculo social en una red que asegura intercambios, protección, solidaridad y, en consecuencia, abundantes ganancias.**

En los negocios casi nunca se presentan ni se explican los beneficios en su unicidad:

- Ya sea porque no poseen ninguna particularidad.
- Ya sea porque el beneficio no existe.
- Ya sea porque no sabemos comunicarlo y hacer comprender su valor.

¿Existe hoy un intercambio real de beneficios? ¿Existe respeto y reciprocidad entre las partes, o alguien sigue creyendo que puede imponerles algo a los demás?

A menudo olvidamos que la colectividad es más inteligente que nosotros:

- El consumidor es más inteligente que nosotros.
- La demanda es más inteligente que la oferta.

Pensar lo contrario sería arrogante y anacrónico. La necesidad de modernizar la oferta se intensifica en el área de las necesidades primarias; hoy el consumidor dispone de respuestas óptimas a sus exigencias básicas gracias a las posibilidades de elegir que le facilita la tecnología. En cambio, quien tiene algo que ofrecer aún no ha tenido lo bastante en cuenta la dimensión actual de las relaciones. La dimensión de la pertenencia, de la necesidad-deseo de los clientes, ha cambiado. Hoy quien compra ya no puede ser considerado un consumidor, sino **parte integrante de un sistema de valores que las empresas deben materializar en un producto o en un servicio.**

Existe una línea imaginaria a lo largo de la cual transcurre la relación entre quien tiene algo que ofrecer y quien quiere algo o debe consumir. El camino va de la dimensión de la eficiencia a la dimensión de la relación.

Durante muchísimo tiempo (quizá siglos, y hoy sigue vigente en la mayoría de los casos) la atención de las empresas de productos y servicios se ha centrado únicamente en que los consumidores las vieran como los sujetos más idóneos, prácticos, sencillos, de fiar, cómodos y eficaces. El marketing y la comunicación han insistido en ello durante años, y así es como la oferta de casi todos los competidores ha quedado nivelada. Sin embargo, con un esfuerzo mínimo se podría obtener el máximo resultado, siempre que el esfuerzo se centre en el otro y no en nosotros.

¿Cómo van a diferenciar los consumidores las empresas si las ven como algo muy parecido? ¿Qué propone el mercado y cómo lo propone? ¿Qué características debe tener nuestra oferta para que la perciban como nueva, distinta y original?

El signo distintivo podría consistir en integrar la oferta, que es la respuesta a una necesidad, con la recuperación/mantenimiento de un bien común llamado **Responsabilidad Social Corporativa.** Para confiar en nosotros, el consumidor nos pide que nos adaptemos al tiempo y a los paradigmas de la actualidad. Serán dimensiones mucho más afines a nuestra especie y mucho menos artificiosas, más sinceras y más verdaderas.

En la relación, el otro, que en el caso del mercado es el consumidor, nos pedirá sustancialmente cosas sencillas:

- En primer lugar querrá ser reconocido por lo que es y no por lo que representa.
- Luego, como individuo y no solo como miembro/parte de una masa, querrá disfrutar de un tratamiento personalizado, adecuado a sus características exclusivas.
- Pedirá también que no lo empujen ni lo guíen, sino que lo aconsejen y lo orienten.
- Y, por último, pedirá experimentar desde un punto de vista sensorial, emotivo o intelectual lo que podemos ofrecerle.

No se limitará, pues, a consumirnos, sino que pretenderá disfrutar de nosotros.

La nueva frontera se situará allí donde esté la génesis de un sentimiento de pertenencia que el otro, el cliente, deberá sentir por nosotros y por nuestra propuesta, comúnmente llamada *oferta*.

LOS CUATRO MEGAPARADIGMAS

Inspirándome en un estudio del sociólogo italiano Francesco Morace, la perspectiva de cambio podría sintetizarse en cuatro megaparadigmas que se afianzarán en todo su esplendor en 2020, aunque hoy ya se están difundiendo rápidamente en el tejido social. En síntesis, **el cliente dejará de ser el centro, porque será muy consciente de que *ya* es el centro.**

Confianza y Confluencia son el **primer paradigma.**

Asistiremos a una convergencia de la relación entre consumidor y empresa a través de una nueva cadena de valores basada en la **fidelidad** y en aquello que comparten cliente y empresa.

Marcarán la diferencia las estrategias que centren su atención en el cliente con una relación **continua** y **multicanal,** en la que se utilizarán las nuevas tecnologías para potenciar una interconexión emocional.

La ética, un concepto demasiado etéreo para poder materializarlo en un producto/servicio, se sustituirá por el **alto sentido de la responsabilidad** que el mercado les pedirá a las empresas que lo representen.

Si una marca desea aumentar su valor, ya no será suficiente con invertir: tendrá que seguir haciéndolo, sí, pero focalizando la atención del consumidor en elementos como la **credibilidad,** que será la nueva vara de medir de ahora en adelante. Es decir, ya no importará tanto lo famosos y conocidos que seamos como lo creíble que resulte cuanto afirmemos sobre nosotros.

Aquí la web dará respuestas mucho más rápidas y fiables que cualquier empresa, y pasaremos de buscar la cercanía con los consumidores a buscar la **accesibilidad** siempre y en todas partes.

Los números áureos serán: 24/24, 7/7, 365/365.

El concepto de *centralidad del cliente*, una evolución reciente del famoso concepto de *satisfacción del cliente*, seguirá evolucionando hacia la **reciprocidad**, y le otorgará al cliente la misma dignidad que posee la empresa en su relación con ella.

El último término de todo esto será la *defensa del cliente*, y así por fin el cliente estará donde es lógico que lo sitúe una empresa que aspira a ofrecerle algo: en un pedestal.

Ya nada será posible sin la **implicación del cliente**, y la capacidad para involucrarlo será un trampolín increíble para diferenciarse de la competencia. Por eso las evoluciones de las actividades y técnicas de externalización deberán ser constantemente revisadas y utilizadas.

Velocidad y Profundidad son los dos valores del **segundo paradigma.**

Los consumidores pedirán productos y servicios que satisfagan sus necesidades de manera pragmática y en un solo instante. La novedad estribará en la capacidad de ofrecer a los clientes **sencillez**, **inmediatez** y **valor añadido**, eliminando todo lo superfluo.

El lema de este paradigma será *todo incluido*.

La web se afianzará definitivamente como el Gran Hermano de esta época, proponiéndose como fuente primaria de información.

Esencialidad y Sostenibilidad son los valores del **tercer paradigma.**

Daremos prioridad a lo que sea **verdaderamente relevante** (medio ambiente, ahorro de energía, bienestar, salud) sin renunciar a la recompensa final y sensorial del consumo.

Los clientes estarán dispuestos a pagar más a cambio de un **servicio orientado a la sostenibilidad**, respetuoso con los valores en los que se identifica.

Volveremos a darle importancia a las actividades principales, y se elaborarán esquemas de valores y programas de comportamiento para conseguir la **implicación personal** de los clientes.

Unicidad y Universalidad sintetizan el **cuarto paradigma.**

Se valorarán, sobre todo, aquellos productos y servicios **hechos a medida** que al mismo tiempo transmitan una **visión global.**

El rasgo distintivo será la capacidad de ofrecer bienes y servicios **totalmente personalizados**, que maximicen el retorno personal del cliente, fruto de modelos de negocios a costes sostenibles.

En síntesis, solo permanecerán los que se den cuenta de que **los clientes poseen un alma.**

La idea de fondo es esta: **hemos entrado en una nueva Época de las Relaciones, y la convergencia digital entre tecnología y relaciones humanas lleva consigo los genes de una innovación extraordinaria.** Hay que *re-inventarse* para *re-inventar* y ser parte activa a la hora de establecer un nuevo sistema económico y social.

Ahora el reto de nuestra generación, como individuos, como instituciones y como empresas, es fundamentalmente de tipo cultural: solo tendrá éxito el que sepa anticiparse a las grandes tendencias sociales, tecnológicas y de mercado; el que sepa replantearse su singularidad como un ecosistema basado en compartir un Sistema de Valores.

El núcleo de todo será estudiarse Uno Mismo con el objeto de buscar respuestas a las preguntas existenciales. Nada en el mundo tiene más poder que una idea cuyo momento ha llegado, y yo presiento que **ahora es el momento del Amor en la economía**. El momento de que el individuo regrese a sí mismo, a su centro: 0.0.

Todos debemos ser conscientes de que estamos migrando de la era de la polarización dicotómica entre *rentabilidad* y *ausencia de rentabilidad* a lo que en Economía 0.0 llamamos ***rentabilidad adecuada***, en el sentido de una rentabilidad justa como derecho sagrado e inapelable para una empresa que persiga ese fin, y sobre todo en el sentido de adecuada como sinónimo de *honesta, buena, correcta* e incluso *sana*.

Estos significados no dan pie a ningún malentendido: es *adecuada* cualquier forma de rentabilidad que le reasigne al hombre su papel de *fin* y recoloque la economía en su posición original de *medio*, y no al revés.

No necesitamos el enésimo modelo económico que nos explique cómo obtener rentabilidad en un contexto determinado. Ya hemos leído demasiados libros de economistas y estadistas totalmente alejados de la vida real.

Hoy necesitamos una reflexión, y para reflexionar solo nos hace falta un espejo en el que mirarnos cada noche antes de acostarnos mientras respondemos a la pregunta: **¿Hoy he sido honesto, justo, bueno, correcto y sano mientras perseguía mi beneficio personal y la rentabilidad en el trabajo?**

Tu espejito mágico te dirá si has sido el más bello del reino.

Tendremos que saber reinterpretarnos como un regalo para el mundo y para el mercado, y transformar nuestros roles personales, empresariales y públicos en un producto, haciendo de este producto algo significativo para la colectividad. Es la única manera y es la más rentable, porque *lo que pones en circulación vuelve a circular*.

12

EL REGRESO CON EL ELIXIR

> Esta vida es muy breve. No hay certezas.
> Practiquemos el altruismo cuanto antes. ¡Ahora!
>
> TENZIN GYATSO
> Su Santidad el XIV dalái lama

LA TRANSFORMACIÓN DEL HÉROE

Estamos en la fase de resolución de la trama en la aventura del Héroe. Es el momento de recibir el **premio**, que muchas veces es un reconocimiento procedente del exterior. En esta fase se magnifican los cambios personales que ha experimentado, entre los cuales destaca el haber adquirido **sabiduría**.

El Héroe regresa del viaje con un tesoro que nunca es un objeto real, sino **un cambio interior y duradero**. En este momento de la Aventura está claro que el viaje era una prueba impuesta no tanto para obtener como para reobtener, no tanto para descubrir como para redescubrir. Los poderes que el Héroe ha reconquistado con gran esfuerzo ya se hallaban en su corazón. Joseph Campbell describe así el momento final de la Aventura en *El héroe de las mil caras*:

> Él descubre que es el Hijo del Rey y adopta el papel que le corresponde; es el Hijo de Dios y comprende lo que ello significa. Ambos, el Héroe y su Dios, el que busca y el que es hallado, representan el rostro externo y el rostro interno de un solo misterio, identificado con el misterio del mundo manifiesto. La

gran conquista del Héroe es conocer dicha unidad en la multiplicidad y darla a conocer. El efecto de la aventura victoriosa del Héroe es hacer que fluya de nuevo la vida en el cuerpo del mundo. El milagro de dicho flujo se puede presentar en términos físicos, como circulación de alimentos; de forma dinámica, como una corriente de energía; o espiritualmente, como una manifestación de gracia. Estas imágenes se alternan con facilidad y son tres grados de condensación de una sola fuerza vital. Regresar a la sociedad e integrarse en ella puede llegar a ser la prueba más difícil para el Héroe, pero es algo indispensable para que la energía espiritual circule en el mundo y es lo que justifica su larga ausencia ante la comunidad. El Héroe de los cuentos obtiene un triunfo doméstico, microcósmico, y el acto heroico suele ser una acción física. En cambio, el Héroe del mito, gracias a una acción moral, consigue un triunfo macrocósmico, de alcance histórico y universal. Mientras el primero triunfa sobre sus opresores personales y reserva su don para su pueblo y su comunidad, el segundo regresa de su aventura con el medio para regenerar la sociedad, con un mensaje para toda la sociedad. El Héroe repasa en un instante los tres momentos cruciales de su aventura: del entusiasmo de recibir la visita de una divinidad a la sorpresa de ser reconocido como divinidad, pasando por la apoteosis de convertirse en divinidad.

La recompensa más anhelada por sobrevivir a la muerte es la posibilidad de que los demás perciban el cambio que ha experimentado el Héroe, puesto que dicho cambio es un posible modelo para los demás, para que cualquier persona empiece a desear una situación mejor, ante todo para Sí Misma. Entonces la misión del Héroe será traducir en el Mundo Ordinario lo que ha sido su desafío a las tinieblas.

¿Cómo hablarles de ese vacío absoluto de la dimensión extraordinaria que fue para mí el silencio a personas para quienes solo existe la evidencia de nuestros sentidos?

En el momento de volver a entrar en el Mundo Ordinario, el Héroe tiene que superar una última prueba: **enfrentarse a la precariedad de esta dimensión** llena de vacuidad e impermanencia, superficialidad y banalidad, dolor y sufrimiento sin perder los referentes internos adquiridos durante su estancia en el Mundo Extraordinario, que le han hecho sentir una felicidad espiritual perfecta.

Llegado a este punto, el reto de la aventura consiste en encontrar una motivación para regresar a un mundo tan precario. «¿Por qué voy a regresar?», es la pregunta que atormenta al Héroe.

Para mí hacer el bien en la vida, conseguir beneficios en la empresa o ser útil en la sociedad ya no son universos separados. Armonizar y entremezclar estos ámbitos es el reto que deberían afrontar todas las personas y organizaciones sociales públicas y privadas.

Fue uno de los objetivos que me impuse cuando, después de tomar contacto con una dimensión extraordinaria, tuve que encontrarles un nuevo sentido a mis actividades cotidianas. Este fue el tema central de mi charla en la tercera edición del World Marketing Summit de Tokio, donde fui el único conferenciante italiano de los treinta que había. Tuve la suerte de que me invitara directamente el padre del marketing tal como hoy lo conocemos, Philip Kotler.

Hay preguntas que debemos afrontar: **¿las empresas pueden mejorar el mundo aunque sigan aspirando a tener ganancias? ¿Existe un modelo de marketing social exitoso?** Hoy más que nunca estos interrogantes son cruciales, e inspiran a los gurús del marketing y a los expertos en la materia.

Conocí a Kotler en 2013, cuando fui a escucharlo a una edición del World Business Forum, y nunca imaginé que acabaría siendo conferenciante junto a él en un acto suyo. Seguramente es el consultor de negocios más importante entre los que siguen en activo; en 2007, la revista *Forbes* ya lo señalaba como uno de los diez más influyentes del mundo. En su última obra, *Lo bueno funciona*, excelente continuación del libro *Marketing 3.0* (escrito con Hermann Kartajaya e Iwan Setiawan), Kotler relata de forma amena la historia reciente del marketing, y explica cómo ha pasado de una fase 1.0, en la que la oferta se centraba totalmente en el producto, a una fase 2.0, en la que el foco recaía sobre el consumidor, hasta llegar a la fase 3.0, centrada en el alma de las personas. Como puede leerse en una reseña del libro, lo cierto es que Kotler ya ha abierto el horizonte para el marketing 4.0.

Detengámonos en el hecho de que podemos considerar obsoleta la era del consumidor concebido como objetivo, como *blanco*, un término que habría que eliminar del vocabulario del Marketing 0.0. «De hecho —proseguía la reseña— las empresas ya no se concentran en un blanco, ya no despliegan estrategias militares típicas de un marketing superado a finales de los ochenta, ya no engañan a los consumidores seduciendo sus egos y apelando a sus instintos más básicos. Ahora, mercado y clientes se mueven al unísono e intentan tocar las cuerdas más nobles del ser humano, las que vibran en sintonía con el espíritu».

En su texto, el profesor de la Kellogg University explica cómo hacer coincidir la tensión social de los consumidores o de los trabajadores con los intereses de la empresa. *Doing good doing well* («Hacer el bien haciendo las cosas bien»), escribe Kotler: es uno de los principios para una nueva Social Business Enterprise, una empresa que **produce dinero mientras transforma la sociedad en la que opera**. El resultado más evidente del análisis propuesto confirma un hecho fundamental: la búsqueda de beneficios, unida de forma inteligente a las causas sociales, puede hacer el milagro de crear un mundo mejor y de proporcionar unas ganancias competitivas a las empresas que sepan latir al unísono con los sentimientos, las tensiones y las aspiraciones del mercado.

¿Cómo puede unirse una empresa a una causa social?

Hablamos de negocios, de modo que será necesario dar un enfoque científico y estadístico, comparar costes y beneficios.

Antes de abrazar una causa hay que comprobar la afinidad con el mercado, con el sector de referencia, con el lugar en el que se opera y con los intereses de los empleados de la empresa.

El mensaje más actual y necesario que debemos asimilar y difundir es este: existen dinámicas no excluyentes, del tipo *win-win* («ganar-ganar»), que reportan beneficios a los individuos y al mundo en general. Son las lógicas que nos aportarán prosperidad, nos permitirán crecer y, sobre todo, nos permitirán hacerlo juntos.

El trabajo de una empresa no puede ni debe consistir únicamente en crear riqueza para los accionistas en detrimento de cualquier otra cosa, pues ello sería una estrategia miope y acortaría la vida de la empresa. No todos somos gurús del marketing ni directores ejecutivos de una multinacional, pero todos desempeñamos un papel activo en la sociedad, a veces también en una empresa o en otro tipo de organización. Así pues, preguntémonos qué papel tenemos intención de desempeñar en esta época de transición.

LA ERA DE LA PARTICIPACIÓN

Volví de Japón con sensaciones muy intensas, que me confirmaron y reactivaron mis reflexiones sobre un tema que llevaba un tiempo afrontando: en nuestra actividad, el hecho de conjugar los beneficios con unos posibles efectos positivos para la sociedad es una decisión necesaria y, a la vez, una fuerte ventaja competitiva. Estamos iniciando una nueva fase, la **Era de la Participación**, una reformulación que parte de un contexto preciso: en el mercado maduro muchas empresas obtienen un crecimiento muy bajo. El producto se ha convertido más bien en una comodidad, razón por la cual los bienes más preciados son la creatividad y las ideas.

La necesidad de un cambio radical en las empresas se traduce en la obligación de contribuir a **crear algo más duradero**, con mayor impacto en la vida de las personas. Se trata de un nuevo reto: crear en torno al cliente, para el cliente y gracias a su coparticipación en el proyecto empresarial, un ecosistema que sintetice tres necesidades en una:

1. La necesidad de la empresa de obtener beneficios.
2. La necesidad del cliente de sentirse feliz y satisfecho.
3. La necesidad de toda la sociedad (el conjunto que lo contiene todo y a todos) de beneficiarse también de la transacción, algo que hasta hace pocos años se dejaba de lado y que ahora es una exigencia del mercado.

Las empresas que no persigan tales necesidades serán cuestionadas en las redes sociales. Las que traten de engañar a los clientes serán desenmascaradas y lo más probable es que acaben cerrando. Las empresas tendrán que considerar al ser humano en el sentido más amplio del término, así como sus necesidades materiales y espirituales.

La crisis de 2008-2009 no fue una crisis financiera. De hecho, las finanzas solo fueron su manifestación externa más burda, manifestación que aún no ha terminado. Fue más bien una **crisis ética**, en la que se empezó a cuestionar el capitalismo no como tal, sino por la manera en que se ha puesto en práctica durante décadas. Todo agente —individuo, empresa o Administración pública— que opere activamente en los mercados debe añadir a su misión económica y a la de los productos o servicios la **misión social.**

Cada vez más el *valor* será el concepto clave en el que se basará la acción de marketing. No estoy hablando solo de la empresa, me refiero a cualquier contexto en el que se produzca un intercambio, una transacción entre alguien que ofrece y alguien que demanda, es decir, me refiero a la política, a la familia, a la escuela, al deporte o a los servicios.

El cliente no se limitará a comprarte algo; querrá **experimentar algo de ti.**

Si el poder vuelve a manos de quien demanda, la competición será más dura y mucho más auténtica, puesto que se basará en la capacidad de corresponder a unos valores, no ya en construir productos o vender servicios. Son las características fundamentales de mi idea de Economía 0.0: en vez de un mundo que se ralentiza, un mundo que, antes de pasar a la fase 3.0, 4.0..., entre primero dentro, en un nivel de conciencia más profundo, y busque soluciones a todo aquello que hemos hecho mal y que funciona mal.

Por eso terminé mi conferencia en Tokio con una afirmación provocadora: la verdadera revolución no es digital ni tecnológica. Lo digital solo es un nuevo entorno donde manifestarnos y relacionarnos, uno más de los muchos que hemos tenido a lo largo de la historia de nuestra especie; la tecnología solo es una herramienta que nos facilita la vida, una más de las muchas que hemos inventado o descubierto, comparable a las dos más espectaculares: el fuego y la rueda. **La verdadera revolución será la evolución de las conciencias.**

En este sentido, mi buen amigo Rodolfo Fracassi tiene una historia personal y profesional muy interesante, yo casi diría que ejemplar, y un punto de vista innovador y casi heroico sobre su trabajo. En 2012, cuando escribí en mi blog un *post* titulado «Il sistema capitalista è sotto assedio» («Asedio al sistema capitalista»), Rodolfo publicó un comentario largo y articulado, tan lleno de intensa verdad que decidí convertirlo en un nuevo *post*.

En su comentario, Rodolfo hablaba de un joven médico indio, Ashwin Naik, cuyo sueño era conseguir que las personas con pocos recursos accedieran a los tratamientos médicos pagando un precio asequible, ya que gran parte de la población vive en un estado de pobreza extremo y no puede acudir a las estructuras tradicionales. El joven médico fue más allá de su sueño y fundó una clínica, **Vaatsalya,** que gracias a un modelo de negocio innovador hoy proporciona tratamientos primarios y avanzados a personas con pocos recursos en las zonas rurales y semiurbanas de la India. En la época en que Rodolfo me escribió, Vaatsalya estaba entre las primeras redes de hospitales privados del país y su objetivo era atender a un millón de pacientes en los cinco años siguientes.

«En 1986 —proseguía Rodolfo— nació en Bolivia el **Banco Sol** con el fin de conceder préstamos a personas con pocos recursos y sin bienes materiales. En un país con una de las rentas per cápita más bajas del planeta, un préstamo de 500 dólares puede cambiarle la vida a una persona si lo utiliza para crear una pequeña empresa. Son lo que llamamos "microfinanzas", pequeños negocios en los que el microempresario obtiene una rentabilidad sostenible para sí mismo y su familia, mejora sus condiciones de vida y al mismo tiempo va devolviendo con intereses el dinero que le han prestado, es decir, crea valor económico de modo autosostenible. Hoy el Banco Sol es uno de los mayores bancos de Bolivia, y sigue centrado en las microfinanzas».

¿Qué tienen en común estas dos actividades?

Que forman parte de la misma revolución cultural, social

y financiera, puesto que ambas van dirigidas a los pobres y los desfavorecidos: les ofrecen un servicio, un tratamiento médico o un préstamo en dinero; pero no se lo conceden gratuitamente, no es filantropía. Son negocios que ofrecen a las personas con pocos recursos la posibilidad de acceder a servicios básicos de manera económica y muy eficiente, estimulando su capacidad de producir rentabilidad y de cambiar para siempre sus condiciones de vida.

Hoy más que nunca tenemos ejemplos excepcionales de la posibilidad de cambiar el mundo de las finanzas sin renunciar a los beneficios. Y es que tanto Vaatsalya como el Banco Sol son empresas que dan beneficios. Son **finanzas sociales**, las finanzas que les cambian la vida a las personas.

Hallamos ejemplos como estos en muchos sectores: educación, agricultura, construcción... Empresas sociales nacidas gracias a la genialidad de empresarios que piensan en el bien de su comunidad, no solo en su interés personal. Ejemplos de inversiones concretas que han tenido éxito. Prosigue Rodolfo:

> Trabajé diez años en grandes bancos de inversión estadounidenses, al servicio de importantes inversores institucionales y de muchas empresas europeas, persiguiendo sin descanso el siguiente negocio sin preguntarme cuál era el objeto de aquella carrera vertiginosa hacia la multiplicación del dinero. Pero en junio de 2007 algo cambió dentro de mí. Estaba en Londres, en un curso que había organizado mi banco para los que acababan de ser ascendidos a directores. Y ese fue el momento en que decidí cambiar. No podía seguir promoviendo una cultura que ponía los beneficios por encima de todo. Por eso decidí emprender un nuevo camino; pero antes de empezar necesitaba desconectar, tranquilizar mi mente y mi espíritu y ver cómo vivía la mayor parte de la población mundial. Decidí pedalear en mi bicicleta y cruzar Sudamérica de norte a sur, de Quito, en

Ecuador, a Ushuaia, en la Tierra del Fuego, la última ciudad antes del mar Ártico, en el extremo sur de Argentina. Recorrí la cordillera de los Andes, pasé por Perú, Bolivia y Chile. Viví nueve meses en estrecho contacto con la naturaleza, la calle y las poblaciones locales en algunos de los lugares más bonitos que he visto. Mientras pedaleaba tenía mucho tiempo para pensar, para hacer lo que pocos años después el médico indio llamaría «encontrar soluciones sencillas para cambiar las cosas». Y así fue como un excolega, convertido en inseparable compañero de viaje, y yo decidimos tratar de cambiar nuestro pequeño mundo de las finanzas, el mundo que conocíamos, en el que habíamos crecido y que tanto habíamos cuestionado en aquellos meses alejados de él.

Existe un camino mejor, Oscar. Un camino que no le resta dignidad al dinero, sino que le da un fin más elevado, en el que usaremos nuestros ahorros y el capital de las grandes instituciones para crear un círculo virtuoso donde el bienestar sea el valor compartido al que tú también aspiras, como vemos en los *posts* de tu blog y de las redes sociales y en tus publicaciones. ¡No te rindas!

Un abrazo,

RODOLFO

Al regresar a Europa en septiembre de 2008, los dos fundaron Main Street Partners para llevar las finanzas de Wall Street a Main Street; mejor dicho, para llevar las finanzas al camino principal, es decir, a la economía real y a la gente corriente, y promover unas **finanzas sociales accesibles a todo el mundo**. Desde entonces han perseguido incansablemente a empresas sociales en busca de inversiones, de nuevos modelos de negocios (como los que he descrito más arriba) que produzcan un rédito a los inversores y al mismo tiempo contribuyan al desarrollo económico. Han llegado indirectamente a más de dos millones de microempresarios en todo el mundo, y después de este proyecto ha habido otros en sectores como la agricultura, la educación y la sanidad. Le deseo una suerte inmensa a Rodolfo.

Hoy las finanzas sociales son un universo en expansión que ha extraído su savia vital de la crisis. Rodolfo y yo creemos que el ejemplo de las finanzas sociales puede señalar uno de los caminos para salir de la crisis económica y de la crisis de valores. Cuando encontramos algo nuevo en el trayecto de nuestra vida —y eso ocurre todos los días—, creemos tener los referentes necesarios para comprenderlo y conocerlo.

Pero nuestra mente no deja de manipular los datos que nuestros sentidos registran en una secuencia de instantes determinada, forzando así a este conjunto de percepciones a no ser lo que realmente son y adaptándolas con el único fin de confirmar por enésima vez las certezas en las que se basa nuestro sistema de creencias, el único que nos hace sentir seguros. De este modo, todo cuanto vemos, oímos, olemos, probamos y tocamos nos confirma una y otra vez dicho sistema y no le dejamos al nuevo la posibilidad de ser ni existir más allá de nosotros.

Y así nos privamos del principio esencial de la vida: **ser nuevos a cada instante.**

Quisiera educarme en la vida **concediéndome la posibilidad de lo nuevo**; quisiera que lo nuevo se manifestara libremente en mi cotidianidad y poder dejar a los perezosos la facultad de encerrarse en la celda de castigo de sus incontrovertibles esquemas sensoriales y mentales. Y ello solo será posible si antes soy capaz de vivir esta condición en mi mente, mi corazón y mis carnes.

EL SENTIDO DE LA GRATITUD

Está muy bien hablar de crecimiento social, pero **¿cuáles son las condiciones necesarias para activarlo? ¿Y a qué objetivo nos conducirá? ¿Cómo no ser víctimas del paradigma de un crecimiento económico que hoy carece de sentido si no lo integramos en un proceso más amplio?**

Creímos durante años que el crecimiento resolvía casi todos los conflictos sociales, en parte gracias a la distribución de unos sueldos más altos. Vivimos treinta años dorados entre el fin de la Segunda Guerra Mundial y principios de los años setenta, un período de crecimiento económico con transformaciones sociales de una intensidad sin precedentes. Luego comenzó otra fase, marcada por una acumulación continua y un crecimiento estancado. Una guerra a todos los efectos, todos contra todos. Un conflicto en que nos enfrentamos unos a otros con el fin de acumular la mayor cantidad posible lo más rápidamente posible, pasando por encima de todo y de todos.

En realidad es una guerra contra natura. Nos hacemos la guerra a nosotros mismos, los seres humanos, sin darnos cuenta.

Incluso un niño entendería lo que políticos y economistas fingen no ver: **un crecimiento infinito es algo absurdo por definición en un planeta finito**, y quizá cuando lo comprendamos ya lo habremos destruido.

Para hacer las paces debemos empezar por valorar lo que tenemos y reconstruir nuestras relaciones sociales públicas y privadas, exteriores e interiores. Un cambio de rumbo radical.

Valorar lo que se tiene y ser felices con ello no está en el ADN de una sociedad competitiva. Obviamente, cierto nivel de competencia es beneficioso para los consumidores, pero también tiene que ser beneficioso para los consumidores-ciudadanos. **La competencia no puede destruir el tejido social.** El nivel de competitividad debería inspirarse en el modelo de las ciudades italianas del Renacimiento, cuando los retos tenían que ver con mejorar la vida.

Ahora somos esclavos del marketing y la publicidad, cuyo objetivo es crear necesidades que en realidad no tenemos. En la película *El club de la lucha*, Brad Pitt, sentado a la mesa de un inmundo pub estadounidense, le dice a Edward Norton: «Compramos cosas que no necesitamos con un dinero que no tenemos para impresionar a personas que no nos gustan». No comprendemos que podríamos vivir serenamente con mucho menos de lo que tenemos.

La globalización ha extremado la competencia hasta cruzar todas las líneas rojas, ha borrado los límites impuestos por el estado social y, en los peores casos, ha llegado a ser destructiva. Sin embargo, saber reconocer la justa medida es una forma de riqueza; no se trata de renunciar por completo a las cosas, sino de **darle a la posesión en sí misma la importancia que tiene realmente.**

Y a todo esto, ¿en qué deberíamos concentrarnos?

En **cómo ser motores de cambio.**

Solo venceremos el reto si cambiamos los fines de nuestras acciones, y para hacerlo debemos aprender a realizar un acto mágico, un acto de transformación que únicamente será posible si usamos un Elixir.

El Elixir es la idea esencial de la dimensión 0.0. La palabra «elixir» se remonta al siglo XVI y viene del francés *élixir*, que a su vez procede del árabe *al-iksir*. El elixir es la parte esencial de una sustancia. Era la materia que utilizaban los antiguos alquimistas para transformar los metales viles en oro. Según la mitología, el Elixir es aquello que hace inmortal al Héroe.

El Elixir es la esencia de la idea 0.0, que se sintetiza en la frase: «Viviremos eternamente en esa parte de nosotros que les hemos dado a los demás», un mantra que tal vez sea el verdadero título de este libro.

Esforzarse en vivir eternamente más que un derecho es un deber, y cada uno de nosotros les debe a los demás lo mejor de sí mismo. Es lo que me enseñó mi Maestro.

¿Por qué hacerlo? Porque moriremos.

El ser humano no teme el paso de los años, el ser humano no teme a la muerte. El ser humano teme las preguntas esenciales, es decir, existenciales. Entre ellas, la pregunta-madre es: «¿Quién soy yo?».

Para estar mejor bastaría con aceptar responder, o quizá bastaría con aceptar dedicar la vida a buscar una respuesta. Sin embargo, optamos por permanecer en el conflicto interior, por defender lo indefendible, por mentirnos a nosotros mismos y quedarnos cada uno en su celda. Todo ello es el único enemigo que puede impedirnos ser Héroes, que nos mantiene en nuestra condición ordinaria.

Estar aquí y ahora es mi única oportunidad, el mayor regalo que me pueden ofrecer. Debo comprender que **nada me es debido en esta vida,** que cada mañana es un regalo; debo educarme para dar las gracias por eso.

Sentir Gratitud hacia mí mismo.

Sentir Gratitud hacia el otro.

Actuar de forma que el otro nos dé las gracias es el Elixir de mi Héroe.

La Gratitud no condiciona el resultado y nos permite disfrutar del instante. La Gratitud es la capacidad del ser humano de subrayar el valor y descartar lo que no es útil, como las necesidades. **Sentir Gratitud significa inculcarle al otro la vi-**

sión de un nuevo sentido de la vida, de un sentido nuevo de nosotros en la vida.

¿Qué es la Vida?

Es dar las gracias.

¿Qué es la Vida?

Es generar Gratitud, sabiendo que la Gratitud es un proceso, no un estado. Se trata de un proceso que se genera continuamente, instante tras instante, en nuestra relación con el otro y con la colectividad.

El hecho de mirarnos dentro, de volver a nosotros mismos, de ser 0.0, nos permitirá estar en contacto con la colectividad en la colectividad. **La Gratitud nutre**, es el alimento esencial de nuestro espíritu. Esto también me lo enseñó mi Maestro. Del mismo modo que el Amor es el acto económico por excelencia, la Gratitud es aquello que el Mundo nos devuelve objetivamente por haberlo amado. Y tanto en la sociedad como en los negocios todo ello genera riqueza.

Toda vida merece un relato.
Todo relato merece un Héroe.
Todo Héroe merece un objetivo.

13

LOS NUEVOS HÉROES 0.0

> Convierte tu vida en un regalo, y convierte ese regalo en algo significativo para la colectividad.
>
> PATRIZIO PAOLETTI

LA PRUEBA CRUCIAL DEL HÉROE

Antes de emprender un viaje de liberación, no importa si huye de una cárcel hecha de barrotes, de ideas circulares, de emociones negativas o de acciones mecánicas, el Héroe debe prepararse con sumo cuidado, porque el momento más intenso llegará cuando empiecen a fallarle los recursos durante el trayecto. Hace unos años, un fragmento de un hermoso libro de George Ivánovich Gurdjieff, *Perspectivas desde el mundo real*, marcó un momento de inflexión importante en mi vida. Hablaba de un viaje o del momento en que nos disponemos a partir. Voy a compartirlo contigo, que tal vez estés a punto de emprenderlo:

> Sal una noche bajo el cielo inmenso y estrellado, contempla los millones de mundos que hay sobre tu cabeza. Quizá por algunos de ellos pululen miles de seres parecidos a ti, incluso con una constitución superior a la tuya. Contempla la Vía Láctea. En esa infinidad, la Tierra es menos que un granito de arena. La Tierra se disuelve en ella, desaparece, y con ella tú también desapareces. ¿Dónde estás? ¿Quién eres? ¿Qué quieres? ¿Adónde quieres ir? ¿El proyecto que vas a emprender no será una locu-

ra? Frente a todos esos mundos, pregúntate por tus objetivos y esperanzas, por tus intenciones y los medios para conseguirlas, por lo que te puedes exigir, y cuestiónate hasta qué punto estás preparado para contestar. Te espera un viaje largo y difícil; te diriges a un país extraño y desconocido. El camino es infinitamente largo. No sabes si podrás descansar, ni dónde será posible hacerlo. Tienes que prever lo peor. Tienes que llevar contigo lo necesario para el viaje. No olvides nada, porque luego será demasiado tarde para subsanar el error; no tendrás tiempo de volver a buscar lo que has olvidado. Sopesa tus fuerzas. ¿Son suficientes para todo el viaje? ¿Cuándo estarás listo para partir? Recuerda que cuanto más tiempo pases en el camino, más provisiones necesitarás, lo cual retrasará tu marcha y prolongará la duración de los preparativos. Y cada minuto es oro. Si ya estás decidido a partir, ¿por qué perder el tiempo? No cuentes con la posibilidad de volver; es una experiencia que te podría costar muy cara. El guía solo se ha comprometido a llevarte a la meta, no está obligado a acompañarte en el regreso. Te verás solo, y si te fallan las fuerzas o yerras el camino, quizá no regreses jamás. Y, aunque halles el camino correcto, ¿volverás sano y salvo? Al viajero solitario que no conoce bien el camino ni las reglas de conducta que este comporta le esperan desventuras de todo tipo. Recuerda que tu vista tiene la propiedad de presentarte los objetos alejados como si estuvieran cerca. Creerás que la meta está próxima, te deslumbrará su belleza, no medirás bien tus fuerzas y no verás los obstáculos que hay en el camino, no verás los hoyos que cortan el sendero. En los prados verdes repletos de flores, la alta hierba oculta un hondo precipicio. Es muy fácil tropezar y caer dentro si no miras con cuidado a cada paso que vas a dar. Debes concentrar tu atención en lo que te rodea de forma más inmediata. No te preocupes de las metas lejanas si no quieres caer en el precipicio. Pero no olvides tu objetivo. Recuérdalo continuamente y mantén vivo el deseo de alcanzarlo para seguir la dirección correcta. Y una vez salgas, ten cuidado. Lo que dejes atrás no va a volver; lo que no observes en el momento no lo verás más. No seas demasiado curioso, ni pierdas el tiempo con cosas que te llaman la atención pero no merecen la pena. El tiempo es oro; no lo desperdicies en cosas que no están relacionadas directamente con tu meta. Recuerda dónde estás y por qué estás ahí. No te preocupes demasiado de ti mismo, y no olvides que ningún esfuerzo debe ser en vano. Ahora ya puedes emprender el camino.

Como hemos visto, la Aventura del Héroe transcurre según un itinerario concreto con tres pasos fundamentales:

- Ser consciente de su condición.
- Responder a la Llamada.
- Regresar con el Elixir.

Cualquier ser humano puede ser un Héroe si conoce sus talentos y aspiraciones y decide ponerse en camino para alcanzarlos. Ahora bien, no le puedes pedir a nadie que te dé la motivación necesaria para partir; tienes que encontrarla tú solo.

En los momentos difíciles del viaje siempre estarás solo; para resistir deberás mantener tu rumbo, creer en tus ideales y buscar otros espíritus afines. Lo importante es seguir nuestro corazón. No importa si ello ocurre en la filosofía, las artes, las ciencias, la economía o cualquier otra disciplina que despierte nuestro interés y nuestra creatividad.

El Héroe defiende lo que sucederá, no lo que ya ha sucedido. Él es, y no confunde la aparente inmutabilidad del tiempo con la permanencia del ser ni teme que el momento siguiente destruya su cambio. **La verdadera Prueba Crucial que debe superar es la muerte del Yo**, cuyos límites se desdibujan o quedan totalmente eliminados.

En la mitología clásica el Héroe, al afrontar y superar la

Prueba Crucial, desplazaba su centro de gravedad del Yo al Sí Mismo, a la parte más divina de su ser. Es el momento que los griegos llamaban *apoteosis* (de ἀπό, «desde», y θεός, «dios»), en el que el Héroe pasaba de tener la divinidad dentro (el *entusiasmo*) a convertirse en divinidad. Y de ahí al siguiente reto: salir de Sí Mismo para pasar al grupo, al Nosotros, representado, según la tradición de cada caso, por la comunidad, la aldea, la ciudad, el Estado o la población entera.

Hoy no basta con ser Héroes de este tipo. El tiempo está maduro y nos pide que superemos un nuevo reto: pasar de nuestro grupo al grupo entero, de Nosotros a Fuera de Nosotros, para llegar, al final del viaje, al Conjunto que contiene al mismo tiempo Cosas, Gente y Vida, es decir, que lo contiene Todo.

Estamos en el tiempo de los Héroes Nuevos. Héroes 0, que mueren sacrificándose por el bien y el interés de su colectividad; Héroes 0.0, que mueren sacrificándose por todo el Conjunto y renacen en él.

¿Para qué sirven? Falta de energía, agua y alimentos; superpoblación, pobreza, terrorismo, guerras y enfermedades; amenazas al medio ambiente, a los sistemas de enseñanza y las democracias.

¿Son problemas irresolubles? ¿Demasiado globales e interconectados para poder intervenir y hacer algo?

Pese a todo, nos estamos dotando de instrumentos increíblemente potentes para intentar resolverlos.

EL HUMANISMO DIGITAL

En marzo de 2014 pasé dos semanas en Silicon Valley, donde voy regularmente cada dieciocho meses. La primera semana visité los colosos de la zona situada entre San Francisco y el valle; la segunda me sumergí en un caleidoscopio de visiones cambia-mundo: la Singularity University (SU), ubicada en uno de los campus de investigación de la NASA en California. La misión de la SU es educar, inspirar y darles fuerza a los líderes del mañana para aplicar las nuevas tecnologías y superar los grandes retos de la Humanidad.

Regresé más convencido aún de que, a pesar de las plagas que afectan al planeta, este es el mejor momento de la historia de nuestra especie para estar vivos. Nunca hemos tenido a nuestro alcance cambios tan inmensos. Tal como señala Ray Kurzweil, artífice de la Singularity University, en *La Singularidad está cerca*, el ritmo del cambio ha sufrido una intensa aceleración, y la ciencia y la tecnología siguen un proceso de crecimiento no lineal, sino exponencial, tan rápido que tarde o temprano provocará un salto cualitativo.

> Todo esto lo están preparando tres áreas en particular: la ingeniería genética, la nanotecnología y la inteligencia artificial. La evolución de cada una de ellas favorece y acelera la evolución de las demás. ¿Cuál será el resultado? Una potenciación increíble de los seres humanos, que gracias a estas tecnologías superarán su biologicidad.

Pronto asistiremos a un gran proceso de democratización que impondrá un nuevo orden mental hoy impensable para la mayoría de nosotros. Muchos sectores conocerán una desregulación sin precedentes. Se estima que alrededor del año 2020 más de cinco mil millones de personas y cincuenta mil dispositivos estarán interconectados. En medicina, cada año se generará más información de la que se ha producido en toda la historia de la humanidad. Hoy en día, con 1.000 dólares ya podemos conocer nuestro ADN. Pronto se evaluarán diez mil indicadores con un simple análisis de sangre; se diagnosticarán enfermedades desde la infancia; imprimiremos en 3D cualquier cosa (la comida, los órganos internos de nuestro cuerpo...); nos miraremos al espejo y veremos una simulación de los efectos de una enfermedad, de un mal hábito alimenticio o de la vejez en nuestro cuerpo. La lista de maravillas es larga y sorprendente, y cambia a una velocidad impresionante, hasta el punto de que lo que he escrito estos meses puede estar obsoleto el día que lo leas.

Es el momento perfecto para tomar las riendas de nuestra vida. Una oleada de novedades provocará una crisis en los centros de poder tradicionales y chocará con su anacrónica inmovilidad. Las instituciones, cada vez más hundidas en las arenas movedizas de la burocracia, se mostrarán totalmente incapaces de tomar decisiones novedosas y eficaces. En el peor de los casos, las empresas quedarán aprisionadas en la trampa de unos hábitos consolidados; unos procesos o procedimientos inadecuados; unas normas restrictivas; viejos sistemas de asignación de dinero, tiempo y recursos humanos; una cultura inadecuada en las personas y unos esquemas mentales de los ejecutivos totalmente superados.

Y correrán el riesgo de **extinguirse por la presión de lo nuevo**, que avanza bajo una forma aún difícil de descifrar.

Con todo, la sociedad civil en vías de crecimiento está a nuestro alcance y nosotros podemos influir en ella. Disponemos de tecnologías con un potencial increíble para resolver problemas planetarios. Este es un momento crucial para nuestro planeta y nuestra especie, por eso es el mejor momento para estar vivos..., es el mejor momento para estar vivos..., es el mejor momento para estar vivos... *¡Este!* No dejaba de repetírmelo todos los días que pasé en Singularity.

En cuanto volví a Italia me dediqué a propagar la ráfaga de sugestiones e ideas rompedoras a la que me vi sometido durante aquella experiencia. Y publiqué *Viaggio nel Futuro*, título de un *e-book* que aún se puede descargar desde mi blog, y una serie de vídeos que grababa cotidianamente en Silicon Valley en los que resumía las claves del día. En ambos trabajos amplié las reflexiones sobre mi tema predilecto, al que me he dedicado estos últimos dieciocho meses dando conferencias en los escenarios más importantes del mundo (entre ellos, diferentes ediciones del World Business Forum en Europa, América del Sur y Estados Unidos, el World Marketing Summit en Japón, o el Heroes Fest en Bogotá, además de algunos eventos TEDx o de Singularity University, entre otras más). Me refiero, claro está, a la Economía 0.0 y a sus principios básicos, para la cual las posibilidades de interconexión actuales entre individuos suponen una gran oportunidad de cambiar y de incluir a un número creciente de seres humanos que deseen construir el futuro.

Regresé de aquel viaje repleto de maravillas sobre la tecnología, casi de ciencia ficción, con una certeza que pronto se convirtió en la misión de mi vida: para que todo eso se corresponda con un proceso evolutivo, **el ser humano debe permanecer siempre en el centro.** Durante semanas estuve dándole vueltas a un concepto que me sigue atrayendo e inspirando: el **Humanismo Digital**, esto es, el espacio lleno de posibilidades que se abre entre los principios de la Economía 0.0 y la Tecnología, entendida como la difusión digital que es la clave de nuestra época, en la que las potencialidades de un cambio global ya no están enjauladas en la típica dicotomía entre revolución y evolución, entre cambio fulminante y violento y modificación lenta y democrática; una época en la que todos, ciudadanos y empresas, Estados y comunidades científicas, pueden jugar en un campo nuevo: el de la *coopetición*, híbrido entre «cooperación» y «competición».

Y ahora es cuando entras tú. Lo comprendí durante uno

de mis dos viajes a Jerusalén, cuando me iluminó esta frase: «Para ti hay un plan mucho más grande que el que tú has creado para ti mismo».

Lo que más me emociona, motiva, guía e inspira queda soberbiamente sintetizado en una sola palabra: *servicio*. Un concepto que, si muchos lo adoptaran y compartiesen por un bien mayor y común, resolvería gran parte de los problemas que nos preocupan.

Es como si necesitáramos la conversión final de una masa crítica de personas que decidan consagrarse a algo más que a sí mismas. No es una cuestión religiosa ni tampoco espiritual. Se trata de **vida práctica**, tremendamente práctica. De algo que baje el cielo y eleve la tierra para unirlos en el corazón del ser humano.

En estos años he comprendido que existe un paso necesario para que eso ocurra, para que se produzca un cambio verdadero y profundo: **debemos someternos a un estado de obligación**, es decir, **dejarnos orientar y guiar por una visión más amplia que nuestra visión individual o la visión del grupo social al que pertenecemos.**

Al asumir este objetivo, observé que según aumentaba la fuerza de aspirar a ser alguien distinto de quien era, aumentaba tremendamente la fuerza contraria, que me robaba la vida a cada instante y me inducía a llevar a cabo lo opuesto a mis aspiraciones. Así, mientras que en un frente acumulaba fragmentos de un modo de actuar más consciente, en el otro se manifestaba de distintas formas una energía que me despojaba de todo cuanto había generado hasta entonces.

Evidentemente, ello indica que **el sistema se defiende autoconservándose y manteniendo su estatus para favorecer una evolución lenta, constante y progresiva.**

MIRARSE DENTRO

El sistema no quiere que mejores, ni apuesta por tu transformación porque si lo lograras sería un elemento desestabilizador para él. Entonces, debido a esto, solo hay un camino posible para labrarse un futuro distinto del trazado: **mirarse dentro.** Buscar un adiestramiento que sitúe las habilidades originales o adquiridas que tenemos en el centro de nuestra existencia y que, en vez de convertirlas en el motivo de un enésimo momento de vanidad, las transforme en un regalo para nosotros y para los demás.

¿Cómo transformar la necesidad de obtener constantemente un reconocimiento exterior por lo que somos o creemos ser, por lo que damos o creemos dar, en pura felicidad sin más, librándonos así del sentimiento de ineptitud y del veneno de la recriminación?

El oro es oro como tal, no porque algunos lo posean y otros no; para valorarnos tenemos que mirarnos dentro y buscar el oro que ya tenemos en nuestro interior.

Descubrí que cuando los japoneses reparan un objeto roto, rellenan de oro la grieta movidos por una convicción muy arraigada en su cultura milenaria: cuando algo que tiene historia sufre una herida, la historia del objeto en cuestión se embellece en la forma y en la sustancia si la herida se valora como un bien muy preciado. Es una técnica llamada *kintsugi*.

También podemos embellecer y valorar la historia de una persona que ha sufrido con una técnica: el *Amor*.

Cuando he sufrido en la vida, a veces me ha resultado más fácil refugiarme fuera de mí, en algo o alguien que me protegiera o, peor aún, en alguien a quien responsabilizar del dolor que yo sentía. Todo menos indagar en mi interior. Sin embargo, esta actitud nunca ha aliviado mi sufrimiento.

En nuestro sufrimiento, la primera persona a quien amar

somos nosotros mismos, y así es como el dolor se transforma por arte de magia en un itinerario de autoconocimiento muy intenso. Quizás el dolor en sí mismo ya sea autoconocimiento.

Con todo, si no hay una comprensión del dolor, el sufrimiento nos ancla al pasado, a la falta de algo que antes estaba y ahora ya no está porque nos han privado de ello. Es como decir que solo podemos comprender el sufrimiento si permanecemos en el instante.

En el fondo, el dolor te incita, te llama, te hace señas, te enseña. Te enseña que estás vivo. Luego pasa y te deja cambiado. Siempre mejor que antes. A veces más sabio, a veces más fuerte. Una revolución, un giro radical.

El sufrimiento, ya sea físico, emotivo o intelectual, está vinculado objetivamente a un recuerdo. Algo que estaba y de lo que nos han privado: un afecto, una idea, una persona, una cosa. Hoy el tema del miedo a sufrir es crucial, porque todos nos debatimos entre la sensación de estar cayendo en una nueva Edad Media, más oscura que la anterior porque ahora se ha apoderado de las conciencias, y la clara percepción de que una infinidad de mentes, corazones, cuerpos y almas de hombres y mujeres se centran en la posibilidad de un Renacimiento necesario. Un renacimiento que en primer lugar debe ser interior, porque solo así tomará forma en nuestra vida y en sus distintas formas de expresión.

Cuando el Héroe no teme sufrir, cuando es capaz de transformar el sentido del sacrificio en placer por la aventura, capaz de ver en aquello que es distinto de él la posibilidad más original, entonces toma contacto con su parte más verdadera y sincera, la que mejor comprende el objeto y el sentido de la vida.

Ello sucede si hemos tenido el valor de confiar en nuestra

parte más inteligente y sensible, sin resistirnos a ella y sin añadirle nada, lo cual es un acto heroico, porque luego se producen transformaciones milagrosas en nosotros, en los demás y en el ambiente que nos rodea y sentimos que lo que deseamos coincide con lo que es útil para la colectividad.

Por su propia naturaleza, el ser humano quiere ser.

El ser humano quiere dejar huella de su paso.

El ser humano sabe que él mismo es la huella de su existir.

Tengo la impresión de que alcanzaremos una armonía: todo partirá del centro. Mejor no creer demasiado en las revoluciones populares y creer mucho en las revoluciones personales interiores. Todo el mundo tiene el poder y el deber de cambiar las cosas. Jung decía: «No vemos las cosas como son; vemos las cosas según somos nosotros». Si estaba en lo cierto, la solución está mucho más cerca de lo que imaginamos, porque la responsabilidad de la situación actual no está lejos de nosotros.

En cambio, si el problema somos nosotros, eso significa que al mismo tiempo somos la solución. En tal caso deberíamos asumir la responsabilidad y, como también dijo Jung, «hacer que nuestro subconsciente sea consciente. Si no, nuestro subconsciente guiará nuestra vida y lo llamaremos "destino"».

El viaje del Héroe es esencialmente un viaje interior; **no tenemos que cambiar el mundo, sino cambiarnos nosotros en el mundo**. Todo ser humano tiene el derecho a recibir una educación y, además, la obligación de educarse. Debe hacerlo forzosamente; no podemos resolver problemas fuera de nosotros si antes no somos capaces de resolver las cuestiones pendientes en nuestro interior.

Ello nos permitirá salir de un equívoco social que para muchos de nosotros viene a ser un mecanismo de autoabsolución: el «no depende de mí».

Esta afirmación dominó mi vida durante mucho tiempo y

me privó de la satisfacción que produce la posibilidad de contribuir, no importa quién seas. Por eso ahora me instruyen para comprender lo útil que sería organizar una nueva representación de mí mismo y de mi papel en el mundo; para potenciar mi capacidad de contribución a los beneficios colectivos y asumir la responsabilidad de mi pequeña parte; para desarrollar la capacidad de distinguir lo central de lo periférico y aprender el arte de delegar; para sensibilizarme con las leyes de la implicación y la participación y tener más dominio de mí y más visión global. Todo ello me hace sentir útil, le da sentido a mi vida y a mis actividades cotidianas.

DESTRUCCIÓN, RESURGIMIENTO, EVOLUCIÓN

La creatividad y **la capacidad de abstracción** son las características que diferencian al hombre de las otras especies que habitan este planeta, y aquello que lo hace único es su capacidad de moldear el mundo donde vive, ya sea mejorándolo, empeorándolo o incluso destruyéndolo. Y, como todos sabemos, las guerras destruyen, no construyen.

Los últimos dieciocho meses, en los que me he dedicado a escribir este libro, han coincidido con un momento histórico muy peculiar, similar a una de las épocas que los seres humanos nos imponemos a intervalos regulares. Leí un artículo de Tobias Stone sobre el tema, que luego apareció en *The Guardian* y en la edición estadounidense de *The Huffington Post*.

Como él mismo afirma, su bagaje lo forman la arqueología, la historia y la antropología. Por eso ve los ciclos históricos desde una perspectiva temporal mucho más larga que una persona normal. La mayoría de las personas piensan en la Historia limitándose a un arco temporal que va de la experiencia transmitida por sus padres y abuelos a la perspectiva de sus hijos o, para los más jóvenes, de sus nietos. Y para quienes no recuerden a sus abuelos o no tengan hijos, la perspectiva se reduce a un arco de cincuenta o cien años.

Para superar dicho arco —escribe Stone— hay que leer, estudiar y aprender a distinguir los hechos acontecidos realmente de la inevitable propaganda que incluye todo relato histórico. En pocas palabras: si no queremos fracasar, debemos considerar cada tema al menos desde dos o tres puntos de vista.

Así, **cambiando nuestra mirada hacia la Historia**, observaremos que nosotros, los seres humanos, tenemos la costumbre de caer de modo recurrente en fases de destrucción de masas, generalmente autoimpuestas, o al menos hasta cierto punto. Bastará con echarle un vistazo a la lista de guerras libradas a lo largo del tiempo para comprender exactamente lo que quiero decir. Pero no lo hagas; te deprimirías al descubrir que las guerras son la norma para nosotros, los seres humanos.

En su artículo, Stone da referencias muy interesantes al respecto, desde la peste negra que destruyó Europa hasta Hiroshima y el Holocausto. De este modo provoca al lector haciéndole comprender que, por mucho que intente imaginar cómo fueron aquellos momentos, jamás se acercará a la verdad de quienes los vivieron intensamente y creyeron que había llegado el fin del mundo.

«**Los seres humanos poseemos la característica de destruirnos entre nosotros, pero también nos distinguimos por nuestra capacidad de recuperación**. Sobrevivimos a la peste, aunque las personas de aquella época no podían imaginar que la sociedad seguiría avanzando después de un momento tan terrible. De hecho, muchos especialistas consideran que los efectos de la peste negra tuvieron un impacto positivo a largo plazo: dicha enfermedad se cebó en las personas frágiles de todas las edades —explica Stone— y mató a cientos de miles en un período muy breve de tiempo; el hecho de eliminar a gran parte de los individuos más débiles de Europa se puede interpretar como una suerte de selección natural».

Además, la peste negra cambió significativamente la estructura social de algunas regiones europeas: la despoblación trágica provocó una escasez de mano de obra, lo que llevó a aumentar los salarios. Los precios de los productos bajaron y, por tanto, el nivel de vida aumentó. Por ejemplo, la gente empezó a consumir alimentos en mayor cantidad y calidad.

Sin embargo, para las personas que vivieron las guerras mundiales, las penurias soviéticas o el Holocausto, debió de ser inconcebible pensar que los seres humanos resurgirían.

Y la lista es larguísima: la caída del Imperio romano, la Inquisición española, la guerra de los Treinta Años, la guerra de las Dos Rosas... Actos de destrucción de masas tras los cuales la humanidad resurgió y siguió evolucionando, muchas veces en mejores condiciones que antes.

Dentro de su dimensión social, espacial y temporal, las personas pueden pensar que las cosas no van tan mal, pero ello no significa que a una escala mayor la situación no pueda escapar a todo control, volverse imparable y provocar destrucciones masivas que afecten a todo el mundo indistintamente. Para las personas que viven en medio de estas situaciones, es muy difícil ver lo que está ocurriendo, y aún es más difícil comprenderlo, pues para ello tendrían que saber relacionar las microseñales de alarma. Por ejemplo, si pensamos en una de las guerras más devastadoras para Europa, dudo mucho de que alguien intuyera en ese momento que el asesinato de un noble europeo desembocaría en la muerte de millones de personas.

En su artículo, Stone insiste en la idea de ciclo, y estoy de acuerdo con él: no sé dónde nos encontramos exactamente dentro del ciclo actual, pero no creo que me equivoque si digo que estamos en una fase muy crítica, en la que es indispensable hacer tres cosas:

- Ampliar nuestra perspectiva más allá de los cincuenta o cien años a los que tendemos de forma natural.
- Hacer una lectura crítica de los hechos.
- Tratar de relacionarlos entre sí a escala global, aunque se hayan producido en épocas y lugares distintos: leer, pensar y escuchar varios puntos de vista, incluidos los que sean contrarios al nuestro.

Realizar este último punto es dificilísimo por tres razones:

Primera: tendemos a buscar en las personas y en los hechos aspectos que confirmen nuestras ideas.

Segunda: no nos gusta que nos contradigan; y cambiar de punto de vista, más aún si es públicamente, es una empresa digna de auténticos Héroes.

Tercera: las redes sociales, que en la actualidad son nuestras fuentes de aprovisionamiento, funcionan bien porque, gracias a una serie de algoritmos, solo nos muestran contenidos y personas afines a nosotros; además, solemos consumir estos contenidos de un modo muy superficial y casi nunca comprobamos las fuentes.

Intentemos sensibilizarnos más para saber si está ocurriendo algo realmente peligroso. De ser así, no debemos preocuparnos ni alarmarnos; preguntémonos qué podemos hacer en nuestro día a día no ya para protegernos del peligro, sino para evitar que se desencadene una situación de peligro.

LA GRAN DEVASTACIÓN

Cualquier historiador puede decirnos que algunos hechos que están sucediendo hoy son indicadores de un peligro previsible. Cuando ello ocurre, las personas empiezan a sentir que han perdido el control de su país y su destino y buscan chivos expiatorios. Entonces, un líder carismático capta el estado de ánimo de la gente y elige al chivo expiatorio. Habla con una retórica carente de profundidad, e instiga a la rabia y el odio. Muy pronto las masas, aterrorizadas por el supuesto peligro, se mueven unidas, pero sin ninguna lógica, y todo deriva en un fenómeno imparable. Así ocurrió con Hitler, Stalin, Mugabe y tantos otros. La dinámica siempre es la misma: se empieza inculcando rabia y odio popular y nacional hacia alguien identificado como el enemigo, y después el proceso es imparable, aunque años más tarde nos parezca inconcebible que la gente creara una situación en la que murieron decenas de millones de personas sin ninguna razón. Pero lo cierto es que llevamos siglos reiterando cíclicamente este tipo de comportamientos.

Existe un elemento que no debemos subestimar, porque es algo recurrente en toda gran devastación: **en el momento en que todo comienza, las personas no se dan cuenta de que van a emprender un camino que llevará a un período de destrucción**. Sus líderes suelen ser excelentes comunicadores y utilizan la pasión, la rabia y la retórica para que una multitud fascinada los aplauda. Eso los induce a perder el más mínimo espíritu autocrítico y a creer que siempre tienen razón; ridiculizan las críticas que les hacen y aíslan a quienes no piensan lo mismo que ellos. Son líderes narcisistas y carismáticos, alimentados por la multitud, y el culto a su persona los hace cada vez más fuertes.

Ahora pienso en ciertos líderes actuales que están al frente de algunos de los países más importantes en la geopolítica de nuestro planeta, observo ciertos hechos sucedidos estos meses y me detengo, respiro hondo, me hago preguntas y reflexiono.

Ignorar a los expertos o burlarse de ellos, como están haciendo las personas con algunos hechos ocurridos recientemente, tal y como afirma Stone, quizá no sea muy distinto del hecho de ignorar a un médico cuando te dice que dejes de fumar para luego descubrir al cabo de los años que has contraído un cáncer terminal. **Una pequeña señal puede llevar a una destrucción imparable que habríamos podido evitar de haber sido más prudentes, críticos y sensibles.**

Yo soy un optimista-realista incurable, y no quiero rendirme a creer lo inevitable. No sé qué pasará, solo sé que estamos entrando en una fase defectuosa y que si no la interrumpimos será algo desagradable para quienes la vivan. Pese a todo, los seres humanos saldrán del túnel y resurgirán una vez más. Estaremos mejor, estaremos bien y seremos mejores. Pero yo sé que podríamos estar igual de bien sin necesidad de pasar por eso.

Tengamos cuidado, resistámonos a las manipulaciones cuyo fin es incitarnos al miedo y la rabia, y, sobre todo, no nos separemos. El miedo a otra guerra estuvo a punto de detener la Segunda Guerra Mundial, pero no lo hizo.

En vez de reflexionar sobre el problema del conflicto bélico, que solo es el efecto, vayamos a la causa que lo originó: **¿qué nos induce a combatir?**

El principio *mors tua, vita mea* reina en todos los sectores: deportes, política, relaciones sociales, negocios, en la oficina, en el semáforo, con la familia, en las reuniones de vecinos, en el estadio... Y cuidar y difundir la ética, o simplemente el sentido común, suele quedar relegado a mundos donde reinan la moral y el dogmatismo.

No creo que la religión por sí sola pueda constituir ahora mismo el único fundamento de la ética. Sería mejor **buscar un enfoque laico contra la falta de ética**, apto para creyentes y no creyentes.

Los valores solo pueden transmitirse mediante la instrucción. Necesitamos volver a un sistema de valores compartido, enseñado y representado por la sociedad civil en todos los campos de nuestra vida.

Como ya he dicho, todo ser humano tiene la obligación de educarse. Y mientras esperamos que la política se adapte a esta necesidad cívica, y que la religión renueve su forma y su mensaje, pienso en la responsabilidad que debo asumir como individuo, con todos mis trajes: ciudadano, padre, marido y ejecutivo. Por eso le doy las gracias a un concepto que, cuando lo oí por primera vez, tuvo gran repercusión en mi vida: «**Todos los hombres son educadores**». Desde entonces esa idea puso en mis manos la responsabilidad de todo cuanto ocurría en el mundo.

LA COOPETICIÓN

Volviendo a un enfoque *coopetitivo* de los negocios, quisiera lanzar una provocación en la dimensión empresarial, el ámbito que vivo directamente cada día: la historia contemporánea está cuestionando muy en serio el modelo capitalista que ha caracterizado el último siglo, sobre todo la manera en que se activó, el modo en que el ser humano pasó de ser un fin a ser un medio. Por eso las empresas de hoy desempeñan un papel esencial en la sociedad civil, que consiste en ser modelos del cambio y actuar como motores de difusión de una nueva ética laica.

Hablo de empresas, no de ciudadanos ni de Estados, porque la dimensión de los primeros es fragmentaria, y la de los segundos es demasiado farragosa e intempestiva.

Las empresas pequeñas o grandes son los centros de reunión, intercambio, orientación y educación más concurridos. Dentro de las empresas se podría difundir un enfoque *coopetitivo* de los negocios, en el que **la mezcla de competencia y cooperación genere beneficios para el individuo y para el grupo.**

Todos necesitamos instrucción, y esta debería incluir la **transmisión de los valores fundacionales de una ética laica.** Como sostiene el dalái lama:

> La única vía para construir un mundo de paz es la educación, porque es el único instrumento que restaura los valores fundamentales de la naturaleza humana, como la compasión y el desear el bien a los demás. Nuestra capacidad de construir la paz está muy vinculada a nuestras emociones. Distinguir la violencia de la no violencia, la paz de la guerra, está en nuestra mente. De ahí nace todo.

Así pues, una de las grandes necesidades actuales será invertir más en investigación en disciplinas como las neurociencias y las formas más evolucionadas de la psicología y la pedagogía, que nos permitirán conocer en profundidad cómo funcionan nuestro cerebro, nuestras emociones y nuestro cuerpo.

Uno de mis mayores deseos sería ver cómo se activa un programa de instrucción que parta de las escuelas y continúe en las empresas, que acompañe a los individuos en un itinerario de autoconocimiento libre de los efectos de una moral que nos ha impedido conocer el funcionamiento de nuestras emociones y pensamientos durante siglos. Tal proceso favorecería la construcción de una responsabilidad ampliada y compartida. Sería una auténtica revolución.

LECH WALESA Y YOANI SÁNCHEZ, DEFENSORES DE LA LIBERTAD

He tenido la suerte de conocer a dos revolucionarios de verdad: Lech Walesa y Yoani Sánchez.

He hablado con Walesa en varias ocasiones; la primera fue una iluminación, lo que me contó me dejó estupefacto, como si acabara de entrar en un libro de historia. Walesa, un simple electricista, acabó siendo presidente de Polonia entre 1990 y 1995, y en 1983 le otorgaron el Premio Nobel de la Paz. Desde joven formó parte del sindicato y luchó por defender los derechos humanos. Fundó Solidaridad, la primera organización sindical independiente del bloque soviético, y vivió el movimiento obrero católico desde sus orígenes. Tras una etapa larga y difícil llegó a presidir Polonia, donde llevó a cabo una revolución pacífica que le devolvió la libertad a su pueblo. La primera de las cuatro veces que nos vimos lo entrevisté, y me transmitió el concepto de ***libertad* como valor que siempre debemos contextualizar en un espacio y un tiempo específicos.**

Walesa nació en una época de fuertes contrastes y lo criaron de manera muy sencilla, de modo que en su realidad cotidiana no encontraba los valores fundamentales en los que lo educaron. Pronto sintió en su interior la ambición de cambiar el estado de las cosas.

> Para que eso ocurriera, Oscar, tuve que hacer muchas cosas que no quería, pero la situación me lo imponía y no podía negarme. Lo más difícil fue implicar a las personas, porque las personas tienen miedo a comprometerse. La intervención del papa Juan Pablo II calmó los ánimos y activó nuestras ganas de cambiar. Así fue como vencimos. El Muro de Berlín cayó y fue el inicio de una Europa más libre y sin fronteras. Fue el primer paso hacia la globalización.

Y luego me exhortó diciendo: «Oscar, solo abrimos una puerta. Vuestra generación tiene el deber de sacar adelante nuestro valores».

Conocí a Yoani Sánchez Cordero el 11 de julio de 2013. Yoani es una bloguera cubana nacida en 1975 y gran defensora de la libertad de prensa. Licenciada en Filología Hispánica por la Universidad de La Habana, en 2002 emigró a la Suiza alemana. En 2004 volvió a su país y fundó con su marido, el periodista Reinaldo Escobar, y un grupo de amigos la página web Consenso. En abril de 2007 emprendió la aventura de un blog llamado *Generación Y*.

> Una bitácora inspirada en gente como yo, con nombres que comienzan o contienen una «i griega». Nacidos en la Cuba de los años setenta y ochenta, marcados por las escuelas del campo, los muñequitos rusos, las salidas ilegales y la frustración.

Cuando nos conocimos, *Generación Y* era una de las voces más influyentes de la realidad cubana. Se publica en español y en veinte lenguas más, recibe hasta 14 millones de accesos y miles de comentarios todos los meses. A pesar de las continuas limitaciones impuestas, la ola de esta iniciativa crece cada vez más y, según dicen, el régimen la teme y por eso la desacredita por todos los medios, pero no consigue detener la tenacidad, las ganas de expresarse y de romper barreras. Desde ahí, Yoani le transmite al mundo la absoluta necesidad de tener derechos civiles y políticos, de contar con formas concretas de democracia y de libertad de información.

La conocí en un acto organizado por la Mediolanum Corporate University y me dijo una frase que me hizo sentir lo mismo que experimenté al conocer a Lech Walesa: «La revolución es un impulso, un salto, un momento. Luego, si no evoluciona en otra cosa, se convierte en totalitarismo».

Otro tanto ocurre con nuestras ideas: **en su origen, cuando las intuimos, son puras, pero después se transforman en convicciones que van perdiendo fuerza y, por último, en dogmas totalitarios que nos aprisionan.**

¿Qué clase de revolución proponemos nosotros hoy?

Todos conocemos la violenta realidad de los Bloques Negros. Yo creo que es mejor crear un Bloque Blanco, una multitud imparable que sea el mayor movimiento de conciencia del mundo, un Movimiento tan grande y silencioso que nadie se dé cuenta, un Movimiento que ame con todo su corazón a la humanidad y luche contra las dos mayores calamidades del mundo actual: una es **la falta de oportunidades iguales para todos,** de la que derivan la pobreza, el analfabetismo, las enfermedades y muchos de los males que nos rodean; la otra, tal vez la peor, es la *falta de esperanza.*

EL PRINCIPIO DEL MÍNIMO ESTÍMULO

Muchos piensan que una persona normal no puede cambiar el mundo. Es una idea malsana. Yo creo que es una convicción insostenible para nuestro corazón y peligrosamente violenta para nuestra mente, pues estoy seguro de que todos podemos hacer algo contra la falta de oportunidades y la falta de esperanza. Y si podemos, debemos.

Debemos hacerlo porque existe un principio científico (descubierto recientemente y en el que los científicos aún deben profundizar) que nos indicará nuestro enorme poder potencial; lo han llamado **principio del mínimo estímulo.**

Sintetizando mucho, consiste en lo siguiente: al transmitirle un estímulo a un ser vivo, es decir, a un ser capaz de moverse de forma autónoma, aunque ninguna fuerza externa actúe sobre él, la respuesta al estímulo será mayor cuanto menor sea el estímulo dado. Ello sucede porque todos los organismos entran en resonancia con la misma frecuencia que produce la causa que ha generado el propio estímulo.

Es un principio que contradice la vieja opinión común y mecanicista que espera pequeñas sensaciones de pequeños estímulos y que, en consecuencia, aplica grandes estímulos cuando desea obtener resultados considerables. En el siglo XIX, la fisiología clásica alemana descubrió una ley válida para todos los seres vivos: la ley de Weber y Fechner, según la cual la sensación siempre es proporcional al logaritmo del estímulo. El logaritmo es una función matemática que crece lentamente al crecer la variable de la que depende. En otras palabras: la respuesta del organismo al estímulo no es proporcional al estímulo, sino al logaritmo del estímulo (el logaritmo es la cantidad de ceros que tiene un número: el de 10 es 1; el de 1.000 es 3; el de 1 es 0; el de 0,1 es –1; el de un milésimo es –3). Así pues, cuanto menor sea el estímulo, mayor será la respuesta, aunque con un signo menos delante. Además, siguiendo con la ley de Weber y Fechner, un estímulo diez veces mayor produce una sensación doble, lo cual es muy positivo, ya que protege al organismo de un exceso de estímulos.

Sin embargo, en caso de estímulos pequeños, se producen resultados sorprendentes, ya que con variables muy pequeñas los logaritmos son negativos.

¿Eso qué significa? Que **la respuesta de un organismo al estímulo no es una respuesta dirigida al exterior, sino al interior.**

La conclusión es asombrosa para nuestra mente: el ser

vivo está programado para resonar en los pequeños estímulos gracias a los que organiza su interioridad.

El principio fundamental de la economía que rige en nuestro sistema social es la *competición*; en cambio, el principio fundamental de la biología es la *resonancia*, exactamente lo contrario a la competición. Pero la economía la guían seres humanos, y los seres humanos son entes biológicos, de modo que quizás haya llegado el momento de una nueva conciencia, algo muy necesario para sobrevivir.

Todos nosotros poseemos la facultad de manifestar como mínimo pequeños estímulos, por eso la biología deja en nuestras manos la responsabilidad de todo el conjunto. Incluso nuestros pequeños gestos pueden hacer entrar en resonancia a las masas enteras. Por ejemplo, en el ámbito de la comunicación, un estímulo mínimo podría ser el uso de la palabra cuando esta oscila en las frecuencias de valor del otro y, manteniendo su ambigüedad original (por ejemplo, con las metáforas), se dirige al subconsciente de nuestro interlocutor y lo hace entrar en resonancia con nosotros.

Todo el conocimiento tiene **puertas que solo se abren desde dentro.** En este sentido, el espíritu humano, cuando vibra en las frecuencias del Amor, es como la pupila que se dilata ante lo bello pero se contrae de inmediato si recibe más luz de la necesaria. **La palabra vehicula la belleza del pensamiento, pero su significado pasa a través de los gestos que la acompañan.** Cuando en estos el estímulo es mínimo, asistimos a una danza silenciosa de vibraciones armónicas e invisibles y el Amor se expande. Al igual que en el lenguaje del arte, en el que la belleza es el ornamento más sublime del principio de lo «verdadero», en nuestro encuentro con el otro la belleza solo florece cuando decidimos ser nosotros mismos para vibrar al unísono con él.

Entonces ¿el estímulo y la vibración son lo mismo?

Sí, pero la vibración ya está ahí, porque parte del Amor, que es eterno por definición; en cambio, el estímulo puede nacer de un propósito interior, del intento de compartir el regalo recibido con el fin de incrementarlo.

A los ojos de Jesús, la mujer pobre que echó una moneda al tesoro estaba dando todo lo que tenía, es decir, su vida. Creo que ese es el sentido de la gratitud y su fuente inagotable.

Ha llegado el momento de desencadenar una epidemia social. Algo que vuele lejos y por debajo de los radares de los medios de comunicación, algo no violento, nacido de la sociedad civil, sin bombas de racimo, ejércitos ni helicópteros.

Y se necesitan pocas personas, menos de las que creemos. Unos cuantos *estimuladores mínimos*.

Prestemos atención a esta lista de treinta y cinco nombres escrita en riguroso orden alfabético: Acamante, Agapenor, Anfímaco, Anticlo, Antifates, Áyax, Cianipo, Demofonte, Diomedes, Equion, Epeo, Esténelo, Eumelo, Euríalo, Eurímaco, Euripilo, Filoctetes, Idomeneo, Leonteo, Macaón, Meges, Menelao, Menesteo, Merion, Neoptólemo, Oileo, Peneleo, Podalirio, Polipetes, Talpio, Tersandro, Teucro, Toante, Trasimedes, Yálmeno y Odiseo, su capitán.

¿Quiénes son?

Son los valientes guerreros griegos que sitiaron Troya. La ciudad era una fortificación inexpugnable pero, aunque solo eran treinta y cinco, lograron conquistarla.

Una lectura superficial de los hechos históricos puede inducirnos a imaginar que dichos soldados actuaron mediante el engaño del caballo e impedir que nos dejemos sugestionar por la metáfora. En tal caso, reflexionemos sobre si la acción fue realmente deplorable por tratarse de un engaño o si fue meritoria y tácticamente astuta por basarse en un conocimiento perfecto de la psicología del enemigo, que se corresponde con nuestro enemigo interior.

En tal caso, tratemos de imaginar el Movimiento, algo más grande, profundo y extenso de lo que concebimos o somos capaces de concebir. Nos lo enseñan la historia, la física y la biología. Y podremos contribuir enormemente con muchos estímulos pequeños.

En varios sectores está surgiendo de forma espontánea un conocimiento compartido. El **Movimiento eres Tú, soy Yo, somos Nosotros**. Juntos.

Las ideologías del pasado demuestran que, para salvarnos, debemos afianzar un solo modelo.

A lo largo del siglo XX, las grandes ideologías fueron veneradas como religiones. Las ideologías nos gobernaron. Las ideologías detuvieron la Tierra, la blindaron. Lucharon por controlar nuestra mente y nuestro territorio, lo cual no fue agradable. Y sigue sin serlo.

Pero hoy sabemos dónde está la posibilidad del nuevo movimiento: está **en la unidad de la diversidad**.

Ahora es el tiempo de los que desean ser portadores de dicha posibilidad, de los que desean poner orden en su vida reequilibrando lo periférico y lo central para dedicar más tiempo, capacidad, sensibilidad y conciencia a desempeñar un papel activo en el cambio que se está produciendo.

La vida es sencilla, basta con disfrutar. Sin capacidad de disfrutar no hay capacidad de agradecer, y debemos disfrutar al máximo con la realización del otro.

Albert Einstein decía:

> El ser humano es parte de un todo que llamamos «universo». Una parte limitada en el tiempo y el espacio. Sus ideas y senti-

mientos están separados del resto, son una especie de ilusión óptica de su conciencia. Dicha ilusión representa para nosotros una suerte de prisión, pues hace que nos limitemos a nuestros deseos personales y al afecto de unas pocas personas cercanas. Nuestra misión es huir de esa prisión, ampliar nuestro círculo de empatía y abrazar a todos los seres vivos y toda la hermosura de la naturaleza.

EL VALOR DEL SACRIFICIO

Hoy, cada vez hay más personas que se sienten llamadas a una condición más libre, por eso están más atentas y sensibles a **la Llamada de la Posibilidad**, que surge cuando *nos ponemos al servicio de*.

Yo solamente tengo sentido cuando sirvo, y mientras sirvo, solo tengo sentido cuando percibo en mi interior, además de mi plan de vida, un plan que incluye también las cosas, a los demás, la vida misma. Un plan que lo trasciende todo y a todos.

Según mi experiencia, al someterme conscientemente a la influencia de estas aspiraciones, veo con mayor claridad cómo debemos actuar para hacer bien lo que nos pide la Vida. Para ello debemos **asumir responsabilidades** y **asignarnos una misión que nos deje sin aliento**. También debemos jugar un papel en esta existencia, y si lo desempeñamos con gran dedicación y al máximo de nuestras facultades nos ayudará a honrar la Vida, las enseñanzas recibidas, a nuestros Maestros y compañeros de viaje y todo cuanto forme parte del contexto de nuestro paso por este planeta en este momento histórico concreto.

Tenemos que servir, pero ¿a quién? ¿Y cómo?

El siervo nunca puede ser el siervo de otro siervo. Cada uno es una voluntad libre, libre de servir a un fin. Este principio combina el valor de la libertad y el valor del servicio.

Mientras estemos sometidos al control de nuestras necesidades y nuestros egos individuales, seremos presas fáciles de capturar, pues los lobos atacan los rebaños que el perro pastor no vigila. No obstante, el ego en sí mismo no es malo, solo hay que orientarlo hacia el Bien colectivo. Y lo mismo puede decirse de nuestras necesidades, condicionantes y afectos, que representan nuestra posibilidad de evolución desde el momento en que dejan de condicionarnos.

A veces no somos responsables de la situación en que nos encontramos, pero acabaremos siéndolo si no hacemos nada para cambiarla. **Solo cuando nos proponemos ofrecer un servicio percibimos el sentido de todo y sentimos que podemos salvarnos de la disgregación del último día de nuestra vida.**

En ocasiones es útil saber provocarnos.

Imaginemos la vida como un sacrificio: seguro que la idea nos produce repulsión y rechazo. Ello se debe a que nos han tomado el pelo desde pequeños, desde que las maestras del colegio nos enseñaron a colorear dentro de los márgenes. La pedagogía ideó los márgenes de nuestros folios de colorear con el fin de adiestrar la motricidad de nuestro cuerpo y de educar nuestro cerebro para reconocer el límite. Y esos márgenes se convirtieron en una celda de castigo que, en la edad adulta, nos ha privado de la posibilidad típicamente infantil de encontrar soluciones allí donde la mente solo ve callejones sin salida.

En el sacrificio solo vemos sufrimiento porque nos dejamos engañar. Pero si volvemos a la esencia de las palabras, será una revelación.

«Sacrificio» viene del latín *sacrum* («acto sagrado»), y *ficium*, de *facere* («hacer»). Todos tenemos la imagen del sacrificio cruento en el altar, con cuchillos afilados, gritos, mugidos, manchas de sangre en el suelo y hedor a carne quemada.

Por eso cuando nos piden un sacrificio pensamos en privaciones, renuncias y mortificaciones. Todo ello forma parte de una **pérdida generalizada del sentido de lo sagrado**, de la que todos somos víctimas inconscientemente.

¿Queda algo realmente sagrado en nuestra vida?

El sacrificio no conlleva el significado original de dolor, crueldad y dedicación sufrida. Cuando le regalamos un ramo de flores a la persona amada, es un sacrificio aromático de flores frescas. Cuando invitamos a una ronda de bebidas en el bar, es un sacrificio en honor de los presentes. Y también son sacrificios el cuidar bien de los invitados o expresar nuestros sentimientos con palabras bonitas y en el momento adecuado, como si fueran fórmulas de una liturgia antigua y preciada. Y es igualmente un sacrificio en nombre de nuestra salud no tomar doble ración de tarta, devolver el cigarrillo al paquete, volver a dejar la copa en la mesa.

El sacrificio es una acción sagrada y, como tal, celebra lo sagrado, celebra lo importante, celebra el valor que le da sentido a la vida y nos da sentido. Y no debemos subestimarlo nunca, y menos aún en la cotidianidad.

Estamos hablando de un acto supremo, del único acto necesario para vivir nuestra Vida como una condición extraordinaria en su totalidad, no ordinaria. Por eso creo que el acto supremo para un ser humano, aquello que lo transforma en Héroe, es **educarse en la excelencia y hacerlo con entusiasmo.**

Educare proviene del latín; es un compuesto de *ex* («fuera») y *duco* («conducir»). Normalmente la idea de alguien educado nos hace pensar en una persona cumplida y correcta, que respeta las normas en la mesa, que en las discusiones opina y matiza sin descomponerse ni contrariar a nadie, que sabe estar y mantenerse en un sitio. En realidad, es educado quien conoce el valor de las cosas en su vida y se expresa respetando dicho valor, no siguiendo leyes externas impuestas, sino leyes morales y culturales que, gracias a la educación, han empezado a respirar y a salir de lo más profundo de la persona. Expresiones del niño que madura conociendo el mundo; expresiones del adolescente que empieza a conocerse a sí mismo y a los demás; expresiones del adulto capaz de asimilar, afirmar y ser; sabiduría del anciano que se prepara para su despedida final.

Estamos hablando de educar y educarse en el sentido de desarrollar facultades y aptitudes, de afinar sensibilidades, de corregir comportamientos, de transmitir y adquirir elementos culturales, estéticos y morales. La educación no consiste en una serie de enseñanzas de estilo decimonónico, que forjan; **la educación debe extraer lo más auténtico y propio de la persona para que pueda desarrollarlo y llegue a alcanzar la excelencia**. La palabra viene del latín *excellentia*, que a su vez procede del verbo *excellere*, compuesto de *ex* y *cellere* («impulsar», «mover»); por tanto, significa, literalmente: «distinguirse de los demás por cualidades sobresalientes».

La idea de excelencia se refiere a una aspiración, un modelo, una dirección que debemos seguir. El hecho de *ex-cellere* es la capacidad que puede manifestar el ser humano después de haberse forjado en el *ex-ducere* de un profesor y de la vida, de seguir sacando lo mejor de sí mismo *sacrificándose* por la colectividad.

El interés de los seres humanos no radica tanto en **lo que somos** como en **lo que podemos llegar a ser**. Por eso el tema de educar en la excelencia es crucial para agilizar la carrera hacia nuestro futuro, y todos deberíamos prestarle la atención que merece. Hoy me sigue emocionando la provocadora idea que lanzó hace años la Fundación Patrizio Paoletti al convertir en eslogan una frase de su fundador: «Todos los hombres son educadores».

Esta frase, que ya he citado antes, es una instrucción con un potencial increíble para nuestro cerebro. Se trata de una verdad desarmante, que deja en nuestras manos la responsabilidad. Y digo yo que deberíamos intentarlo. Vamos a intentarlo. Demos el máximo de nuestras posibilidades y tratemos de no caer en los estados de identificación que vamos descubriendo.

No lo conseguiremos siempre, pero ya tenemos clara la diferencia entre hacer e intentar, entre intentar y no hacer del todo, entre conseguir y no conseguir, entre hacerlo por todos y hacerlo solo por satisfacer una necesidad personal.

Si seguimos tratándonos como somos, nos quedaremos igual; si nos tratamos como lo que podríamos y deberíamos ser, nos convertiremos en lo que podríamos y deberíamos ser.

Y ahora... **¿en qué consiste la diferencia sustancial entre los seres humanos que intentan hacer esto (los Héroes) y los que eluden su deber, privando así a otros muchos de la posibilidad de mejorar sus condiciones de vida?**

Cuando se apodera de nosotros una visión filosófica de la vida, sentimos la necesidad de hacer un gesto, de dejar una huella, de desarrollar una tecnología que permanezca en la memoria futura. Hagamos una instantánea de nuestra vida y preguntémonos si hay otras variables, además de la material, que le den valor a nuestra condición. Yo, en mi vida, he observado que la verdadera diferencia entre los seres humanos no estriba tanto en lo que poseen como en si son conscientes en mayor o menor grado de su propia condición. Y es algo importante, porque es el punto del que partimos cuando decidimos emprender el viaje.

Así pues, *quiénes* somos indica *dónde* estamos, desde dónde podríamos partir. La diferencia entre los que se quedan y los que parten para volver transformados en Héroes se concentra en una sola variable fundamental en nuestra vida:

el entusiasmo que nos empuja. Ya sabemos que en griego «entusiasmo» significa «con Dios en su interior», y en nuestra lengua designa una conmoción intensa del ánimo expresada con manifestaciones de alegría, excitación y admiración. Pues bien, **necesitamos personas entusiastas**; este sistema social podría dejar de funcionar muy pronto y debemos cambiarlo desde dentro, gracias a personas nuevas que conciban su vida como una misión existencial dedicada a renacer.

El entusiasmo es un distintivo, un rasgo diferencial, y lo tienes o no lo tienes. Eres entusiasta o no lo eres. Y no hay paz en este mundo para los tibios, o al menos eso es lo que dice el Apocalipsis: «Conozco tu conducta: no eres frío ni caliente. ¡Ojalá fueras frío o caliente! Ahora bien, puesto que eres tibio, y no frío ni caliente, voy a vomitarte de mi boca» (3,15-16).

Si eres tibio, búscate un entusiasta que te inspire. Los entusiastas generan grandes ideas porque poseen una cualidad muy rara: saben prefigurar, saben utilizar lo que Paoletti llama Inner Design® Technology.

EL INSTANTE DEL CAMBIO

Constantemente hay que remodelar nuestro mundo interior, instante tras instante. Nuestra manera normal de ver no ha sido educada en la importancia del instante, y nos obliga a polarizar entre el pasado y el futuro, entre lo que era y ya no es y lo que será. Pero el mañana nunca llega, porque el mañana todavía no existe. Y no puede existir porque aún no es.

No se trata de metafísica, es la realidad: **la vida oscila frenéticamente entre el ayer y el mañana y nunca se detiene en el aquí y ahora del hoy, el único momento de la vida que nos puede enseñar algo.**

Nuestro destino de seres humanos es aprender, aprender

siempre y de todo; si no, no reconoceríamos el **instante de cambio** que se está produciendo.

El clima está cambiando, los poderes geopolíticos están cambiando, las religiones están cambiando, el perfil demográfico de nuestro planeta está cambiando, las organizaciones sociales públicas y privadas están cambiando. Todo está cambiando. Están emergiendo nuevas sociedades y nuevas culturas, las redes sociales están transformando los escenarios del mundo en que vivimos. No subestimes el *Zeitgeist*, «el espíritu del tiempo». Es grande. Es fuerte. Es rápido. Es irreversible. No te quedes mirando. Sigue adelante.

Aprende a compartir emociones y valores. Desarrolla una mentalidad flexible. Sé curioso, atento, abierto. Sé protagonista de este nuevo milenio. **La crisis no es económica, es una crisis de valores.**

Identidades, valores y motivaciones, y también visión, creatividad y proyectabilidad: estos son los nuevos retos a los que se enfrentan instituciones, empresas y personas para poder cambiar en un mundo que cambia.

Lo que debe movernos es un **entusiasmo profundo por participar en la evolución del conjunto**: desde el lugar que ocupamos en la vida, contribuyamos a orientar a la colectividad hacia el Bien. Y tengamos presente que el resultado de nuestra contribución dependerá de nuestra capacidad para mantener dicho nivel de entusiasmo.

Educar en la excelencia significa saber que cualquier individuo posee una serie de potencialidades latentes y que es necesario construir entornos, contextos y circunstancias donde tenga la oportunidad de desarrollarlas, donde se produzca auténtica magia. Por algo «imaginar» deriva de *in-me-mago-agere*, «dejar-actuar-al-mago-que-hay-en-mí». En nuestro interior ya habita un dios, ahora dejemos actuar al Mago que llevamos dentro.

Para ello es fundamental ser conscientes de que cuantas menos cosas sepamos de nosotros mismos —y en particular de nuestro mundo interior—, más pequeño será el proscenio desde el que contemplemos la vida.

Si todo se lleva a cabo correctamente, cada entidad, ser humano u organización aplicará a sus manifestaciones fenoménicas el proceso económico por excelencia, que además es el más rentable: **dejar que aquello que estamos buscando nos encuentre y convertirnos en lo que amamos.**

Según me han enseñado, este principio, vinculado a la necesidad de perseguir la excelencia mediante un proceso continuo de mejora, es uno de los fines principales de la pedagogía contemporánea. Convertirnos en lo que amamos es un fenómeno que me gusta imaginar como un fenómeno perfectamente 0.0.

Así pues, el cometido de todo educador y, por tanto, de todo ser humano, consiste entre otras cosas en **estimular la capacidad crítica para poder reflexionar, en prestar atención y en indagar.** Este tipo de educación debe tener en cuenta los conocimientos más avanzados en el campo de las neurociencias, la psicología y la pedagogía. Como afirma Paoletti: «Si conocemos a fondo nuestros recursos interiores, siempre seremos capaces de mejorar y de responder con prontitud a este mundo que cambia continuamente».

La complejidad de nuestro mundo, siempre entre tensiones sociales y crisis económicas y de valores, nos pide que desarrollemos nuevas habilidades, que escuchemos a un nivel más alto y comprendamos más cosas, que reconozcamos toda la riqueza que hay en la diversidad. Parafraseando de nuevo a Paoletti, podríamos llamar Human Inner Design® a la aplicación de estas enseñanzas a nivel individual: en la dimensión personal (*human*) e interior (*inner*), a través de las disciplinas que sirven para indagar en nuestro interior, para conocerlo y remodelarlo (*design*), con el fin de cambiar yo mismo en un mundo que cambia, de contribuir como protagonista activo en el cambio del mundo.

Una vez interiorizado este proceso, podemos hacer lo mismo exteriormente en todas nuestras manifestaciones. En concreto, a nivel disciplinar, en las artes con las que indagamos en la realidad a través de nuestras ideas, nuestras obras y nuestros descubrimientos.

Todos somos filósofos, aunque algunos seamos más conscientes de ello que otros, cada uno según su estado. Y lo somos porque siempre nos hacemos preguntas.

Todos somos artistas, porque realizamos continuamente obras en nuestro quehacer cotidiano.

Todos somos científicos, porque experimentamos algo a cada instante.

Todos somos economistas, porque nos tienen que salir las cuentas al final de cada día de nuestra vida.

Y todo eso ocurre con independencia de nuestra voluntad. Por eso ahora el reto es ser conscientes de ello, transformar un hecho accidental y mecánico en un acto consciente de voluntad.

Si lo hacemos así, recuperaremos nuestro sitio natural y guiaremos nuestro Reino, en el que primero seremos Héroes y luego Reyes.

Y tú y yo siempre sabremos que solo un ser humano *bien-educado* puede hacerse rico de forma honesta y solo un ser humano *bien-educado* puede ser rico sin correr el riesgo de ser un peligro para la colectividad. Y es que la economía real sirve para producir riqueza material. Es un dato objetivo.

Pero ya hemos visto que **la riqueza material no da la felicidad.** Es otro dato objetivo. Ningún ser humano puede afirmar que siempre está feliz o triste en relación con la riqueza que posee. No se trata en absoluto de demonizar el deseo de riqueza, solo estoy reflexionando contigo sobre la importancia y la utilidad de educarse hoy en el deseo de riqueza y de saber reconocerla en todas sus posibles formas.

LA IDENTIDAD DE LOS NUEVOS HÉROES

¿Quiénes son los nuevos Héroes? ¿En qué se basa el nuevo Renacimiento? Los Héroes somos nosotros. Somos nosotros cuando interactuamos de una forma nueva con el mundo, cuando nos enfrentamos con valentía a las situaciones sin encerrarnos en nosotros mismos, guiados por nuevos criterios que superan los métodos de ayer: violencia contra violencia y astucia contra astucia. Este enfoque neorrenacentista se inspira sobre todo en el noble valor de la **Gratitud**, porque solo cuando generemos en el otro esta emoción profunda sabremos que nos hemos revitalizado.

Esa será la huella que dejaremos tras nuestros pasos, nuestras acciones y nuestras palabras: todo el que suscite Gratitud en otro superará el reto de la nueva época.

Por mi parte, yo sentiré gratitud hacia las personas normales que busquen con empeño los valores del Amor y el Respeto en su quehacer cotidiano para ser Héroes. Las personas olvidarán enseguida lo que hagamos, y olvidarán enseguida lo que digamos, pero jamás olvidarán cómo las hemos hecho sentirse.

Para cambiar el mundo, los nuevos Héroes deberán ser capaces de hacer sentir el Bien, de hacerlo por los demás, empezando por aquellos que no puedan corresponderles.

Estamos llegando al final. Hemos realizado un largo viaje partiendo de ti (0) para volver de nuevo a ti (0.0). Es lógico que inviertas tu tiempo en ejercitar las cualidades que te convierten en Héroe. Deberíamos reflexionar sobre las energías, los recursos y la atención que le dedicamos a lo que está fuera de nosotros y a lo que está dentro. La dimensión interior contiene la exterior, no viceversa. Tienes que preservarte. La palabra «héroe» proviene del término griego antiguo ἥρως, probablemente emparentado etimológicamente con el verbo «preservar», del cual derivaría la imagen de los héroes como *protectores de los hombres*.

En estos meses, cuando he participado en actos públicos, me he quedado fascinado al detectar siempre un denominador común en las personas que acudían: **todas sienten un deseo profundo de cumplir un sueño en su vida, de cambiar, de llegar a ser lo que más aman.**

Incluso los que se han resignado a una existencia con menos alegrías y oportunidades albergan en el fondo de su corazón el sueño de volver a tener un sueño. También he notado que muy pocos individuos poseen los instrumentos necesarios para ver cumplidas sus aspiraciones más íntimas y profundas. Muchos carecen de instrumentos para indagar en el autoconocimiento y, además, perdieron demasiado pronto una capacidad innata en nuestra especie, un don divino: sorprendernos todos los días con nuestra capacidad de cambiar e ir adaptando los hechos de nuestra vida al proceso de realización de nuestro sueño.

Esta pérdida hace que nuestro proceso natural de mejora continua funcione mal, alterando el verdadero sentido del éxito, que no es notoriedad ni riqueza, sino **la capacidad que tenemos de hacer que ocurran las cosas**; una capacidad que desaparece de las funciones primarias naturales de las personas que empiezan a decirse que ellas no pueden ser las únicas responsables directas de su éxito, que empiezan a delegar en los demás la responsabilidad o, peor aún, que ven en los demás y en lo que está fuera de sí mismas la causa de su condición de escasez.

En realidad, si el elemento principal de nuestro éxito somos nosotros mismos, **¿cómo vamos a alcanzar cualquier objetivo sin pasar por un proceso de autoconocimiento, sin saber cómo funcionamos y qué mecanismos activan nuestros procesos intelectuales, físicos y, sobre todo, emotivos y psíquicos?**

Me parece una de las mayores irresponsabilidades de los seres humanos de nuestro tiempo. Es un gran error social no honrar nuestras aptitudes y talentos, porque nos robamos a nosotros mismos y le robamos al mundo entero una posibilidad.

He intentado aplicar a mi vida lo que he aprendido tratando de hacer que ocurrieran cosas nuevas, y he visto que la felicidad sigue siendo mi mayor objetivo, pues cada instante que paso en ese estado coincide con un momento en el que me libro de la infelicidad. Y eso también es un regalo para el mundo, que lo disfrutará indirectamente. Así es como puedo contribuir todos los días a propagar la vibración de un Bien colectivo. Se trata de ser como una planta que transforma el anhídrido carbónico en oxígeno. **No se trata de que *podamos* ser felices, sino de que *debemos* ser felices.** Y la diferencia no es baladí.

La Vida nos ha regalado nuestra vida, lo que representa una enorme oportunidad, y ahora tenemos que corresponderle con nuestra felicidad, pero antes debemos averiguar qué leyes gobiernan nuestra vida. Entre ellas hay una fundamental: este mundo tiene su propia *bioeurritmia* inmodificable.

Bioeurritmia significa literalmente «buen ritmo de la vida» y consiste en **sincronizar nuestro ser con los ritmos naturales**. Esta antigua técnica nos permite recuperar y equilibrar nuestros recursos energéticos personales. Para entrar en el ritmo natural de la vida debemos escuchar nuestro cuerpo y también el ritmo de la naturaleza. Sin ir más lejos, sincronizar nuestro ritmo de sueño-vigilia es uno de los primeros pasos para entrar en el ritmo natural de nuestro organismo. De qué nos alimentamos es otro factor determinante, así como el aire que respiramos y cómo lo respiramos, las personas con quienes nos reunimos o los intereses que cultivamos. Todas estas opciones contribuyen a que nuestro cuerpo esté enfermo o sano. Nosotros también alimentamos al conjunto que nos contiene y para el que somos alimento, aire, oportunidad de reunirnos y razón de interés.

Las emociones desempeñan un papel determinante en este proceso de búsqueda de la felicidad. Son cruciales, son el núcleo de la investigación, porque son el fuego que alimenta nuestro ser, que luego se expresa a través de nuestro hacer. Las emociones entran en contacto con nuestras preferencias más íntimas, y si no conocemos el proceso que desencadena una emoción ni las modalidades para dominar y orientar las emociones constructivas y para librarnos de las negativas podemos quedarnos sin el carburante necesario para vivir nuestra vida apasionadamente.

Comprender en profundidad nuestras emociones nos ayuda a elegir la pregunta correcta, es decir, conectada a nuestras preferencias más profundas, y su efecto en el plano emotivo nos da una idea de la intensidad con la que pasamos nuestros ochenta años en este planeta.

De hecho, en el plano emotivo siempre se reflejan con mayor claridad los efectos de las decisiones que tomamos directamente o que delegamos en el mundo. Ahí es donde se concentran la alegría y el dolor que sientes o te hacen sentir. Nuestro mundo 0.0 reside en nuestro plexo, cerca del corazón, en el centro de nuestro pecho.

Tenemos que educarnos en la vida porque el mundo es como un examen al que nos sometemos para saber si nosotros vivimos nuestra vida o si la vida nos vive a nosotros.

Nuestros sentidos, que son nuestros canales de acceso a la vida, nos ponen a prueba a cada instante. Poseemos el don de la vista, que implica la facultad de poder mirar, pero no tenemos por qué saber ver más allá, del mismo modo que poder oír no implica la facultad de saber escuchar o tener un sentimiento no determina la capacidad de experimentar una emoción.

EDUCACIÓN E INTELIGENCIA EMOTIVA

Existe una gran diferencia entre ser progenitor y ser educador; entre ser un político y ser un programa electoral basado en actos que representan ideologías y valores; entre trabajar en una empresa y sentirse la empresa. Creo que el examen consiste en **desarrollar la facultad de realizar acciones conscientes**, interactuando con la vida a través de nuestros sentidos de forma directa, sin que medien superestructuras psíquicas que nos induzcan a creer o no creer en la experiencia que estamos viviendo, sin que nos muevan necesidades que nos obliguen a perseguir únicamente el modo de satisfacerlas.

También estamos hechos de ideales y aspiraciones. «Todos estamos hechos de la misma materia que los sueños», escribió Shakespeare. Y esa materia, con la que el mundo se revela en todas sus formas y hasta en sus manifestaciones más pequeñas, es un examen de nuestra curiosidad, del mismo modo que la duda es un examen de nuestra vitalidad.

No sé si la vida se puede comprender, pero me gusta pensar que una vida vivida con conocimiento genera una vida entendida de forma consciente. En la película de nuestra vida nos representamos a nosotros mismos. Somos los Héroes de esta aventura ahí fuera, en el mundo, un mundo en el que la sociedad civil, en todas sus formas de agrupación, no es más que un gran Ser con el plexo cerca del corazón, donde las emociones laten en el tiempo de la Vida de nuestra especie.

Desde el lugar que ocupamos en la sociedad, tenemos la responsabilidad de contribuir con nuestro rol al flujo emotivo de nuestra organización y, si ocupamos puestos de responsabilidad dentro de ella, tenemos la obligación de crear las mejores condiciones para que nuestra gente, nuestro pueblo, nuestros colaboradores y nuestros hijos se conozcan mejor a sí mismos.

Cuando lo hagamos, hagámoslo con un egoísmo sano, consciente de que, al igual que nuestra vida depende a nivel orgánico del funcionamiento de nuestro corazón y a nivel sutil de nuestra capacidad para gestionar emociones, el destino de nuestra organización social depende de la capacidad de expresión de sus miembros, puesto que **nosotros mismos somos el corazón y las emociones.**

Ninguna organización humana, como, por ejemplo, una empresa, se puede limitar a convertir a estas personas en buenas mentes, porque **las personas son la dimensión esencial** (0.0) **de la organización.** Y lo mismo debería ocurrir con el sistema educativo de un país.

Eso significa que la **inteligencia emotiva,** con sus características primarias (autoconciencia, autoconocimiento, empatía, motivación y habilidades sociales), debería estar tan valorada y premiada como la eficiencia y que deberíamos calcular su cociente en cada individuo tal como hacemos con el cociente intelectual.

Nunca habrá suficiente bondad en este planeta si no existe la educación en la bondad, por eso es necesaria una *Inner*

Design® Economy en la cual quienes desempeñen papeles determinantes a la hora de definir las bases de una sociedad recuerden que antes que políticos, empresarios o ejecutivos son seres humanos y, dada su influencia en la sociedad por el rol que ocupan, se esfuercen más que nadie en situar en el centro de sus teorías y programas ejecutivos las dimensiones del mundo interior del ser humano, porque solo conociéndolo podremos cambiar en el mundo que cambia y hacerlo con rectitud y en interés de todos, no únicamente en el nuestro.

Si no procedemos de manera organizada y multidisciplinar, en muchos ámbitos de la humanidad ocurrirá lo que les está sucediendo, por ejemplo, a los economistas: especialistas que teorizan una ciencia social basada en operaciones matemáticas y se quedan aterrados, desarmados ante la situación de crisis actual que en realidad no es más que la manifestación de un estado que no depende solamente de las leyes de la economía, sino de otras condiciones que nos llevan a una dimensión intangible pero burdamente manifiesta en nuestra vida.

Los cálculos de los economistas no pueden comprender el sufrimiento, la violencia, la desconfianza, la alegría o la pasión que iluminan u oscurecen nuestra vida. **Se necesitan ideas y se necesitan historias que las cuenten.**

Tienes que contar tu vida y tu trayectoria humana, profesional y de pensamiento en veintiún minutos, extrayendo el jugo esencial. Eres libre de hacerlo de la manera que consideres oportuna: cuenta un episodio concreto o una cadena de episodios; da una visión general de tu existencia o habla de tus encuentros con personas que han sido tus modelos; empieza por el último descubrimiento, la última intuición; o intenta hacer una especie de balance en vez de ir desgranando un método.

Más o menos estas eran las indicaciones a las que debía atenerme cuando acepté contar lo que iba a ser una de las doce historias, la mía, seleccionadas para el encuentro *21 minutos: The Human Startup*, que se celebró en Milán en noviembre de 2015. El punto 1 del manifiesto del encuentro rezaba así: «El objetivo último del hombre es contribuir, hacer algo en beneficio de la colectividad».

Era la primera vez que me pedían que hablara de mí, de mi vida, y estaba un poco sorprendido. Con todo, al recibir la invitación me di cuenta de que, en este momento histórico, era necesario adaptar a la dimensión humana individual el concepto de *startup* o «empresa emergente» que suele relegarse a la dimensión empresarial, olvidando que una empresa siempre es la manifestación de una suma de individuos, de sus ideas y sus conciencias.

Además, la idea de fondo de la Economía 0.0, de la que me habían pedido que hablara porque había suscitado mucho interés en estos dieciocho meses de lenta difusión por el mundo, era precisamente esta: partir de nosotros mismos como núcleo fundamental de nuestra sociedad, como molécula esencial de nuestra especie y, en particular, del pueblo europeo, hoy más minado que nunca en su identidad cultural y social.

El mundo ha cambiado rápidamente en los últimos doce años, pero, paradójicamente, el ser humano, debido a su naturaleza y complexión biológica, no sabe avanzar a la velocidad de sus descubrimientos.

No lo sabe hacer porque no puede hacerlo, y no puede hacerlo porque las superestructuras psicológicas se lo impiden, porque lo condicionan y lo limitan con el engaño de sus creencias. En cuanto a las bases culturales que deberían sostenerlo en su trayecto de evolución, adaptación y mejora de la realidad que lo rodea y que él mismo va moldeando, cada vez desempeñan menos su función original, que consistía en ser sus raíces.

Nosotros, los europeos, deberíamos renovarnos como seres humanos y trabajar para conservar, cultivar e incluso extremar nuestras características originales y primarias: innovación, creatividad, capacidad de pensamiento lateral... Así afianzaríamos una visión del Ser Humano capaz de experimentar un nuevo renacimiento.

Así pues, con el fin de unir una idea y una emoción muy renacentistas, voy a robar una magnífica síntesis de las páginas del ensayo de Jacob Burckhardt, *La cultura del Renacimiento en Italia*, que en 1860 definía su época de un modo que hoy todavía suena muy actual.

> El Renacimiento rasgó el velo tejido a base de fe e ignorancia infantil con el que la Edad Media había envuelto al hombre y al mundo. El descubrimiento del hombre y de la naturaleza representa el carácter fundamental del Renacimiento en la concepción de la vida humana.

Nada más actual en un momento tan complicado como este para la historia de la humanidad, pues los referentes en los que muchas generaciones basaron sus certezas durante siglos van cayendo uno tras otro.

Tradición contra innovación, un contraste extremo para una época en que, como ocurrió con los hallazgos del fuego o de la rueda, asistimos a cambios radicales y repentinos que han sido posibles gracias a la invención de la Red y a la aceleración vertiginosa y exponencial que la revolución digital le imprime a nuestra vida.

A lo largo del trayecto evolutivo que ha trazado la humanidad, también se ha ido transformando la imagen icónica de aquellos que, a diferencia de muchos otros, han decidido dedicar su existencia a la búsqueda interior. Inicialmente, a partir de la Era del Fuego y muchos siglos después, estas personas eran los Ermitaños. Fueron los tiempos en que la humanidad puso los cimientos de su propio viaje interior. Pocos hombres, en el interés de muchos, retirados para siempre a una vida solitaria de contemplación y ascetismo, meditando acerca del sentido de todo. Una dimensión singular unitaria para perseguir un interés colectivo universal.

Luego, en la Era de la Rueda, los hombres empezaron a desplazarse. Durante siglos estuvieron en continuo movimiento con el fin de divulgar por todo el globo la importancia de practicar la disciplina de la búsqueda interior. Viajaban. Llegaban a nuevos lugares. Emprendían misiones. Se iban otra vez. Era el tiempo de los misioneros, y no me refiero al significado religioso que adquirió el término a partir del siglo XVI y que ha llegado hasta nuestros días.

Ahora hemos entrado en una Nueva Era y necesitamos Héroes, Héroes Silenciosos, hombres sencillos pero decididos a afirmar, mediante la verdad y profundidad de su vida, la necesidad de asumir la responsabilidad de su propia existencia y de dotarla de un fin supremo. Seres humanos que desean convertir su vida en un regalo y hacer de ese regalo algo significativo para la colectividad.

Estos Héroes están convencidos de que el viaje solo puede partir de un nuevo autoconocimiento, que los llevará a saber más de sí mismos y les permitirá alcanzar un nivel de conciencia más profundo. Al fin terminarán su viaje de regreso, y el cero (0) se unirá de nuevo a sí mismo (.0) regenerándose (0.0). Así, el 0.0 se convierte en el símbolo de este retorno al centro, a un origen, que es un renacimiento pero que también es el símbolo de una rendición.

No nos confundamos: **rendirse es un arte noble que solamente practican los valientes.**

La aventura del Héroe siempre empieza con una rendición: abandona las certezas de su Mundo Ordinario por las incertidumbres del viaje al Mundo Extraordinario.

Y su aventura también acaba con una rendición: el Héroe tiene que rendirse a la idea de ser un cero (0) como única condición posible para encontrarse a sí mismo (0.0).

> Tú eres y yo soy. Tú eres en cada acción que realizo, en cada palabra que digo, en cada idea. Tú eres la fuerza que me hace íntegro en un solo punto, presente en todos los lugares, vivo en todos los momentos. Tú eres y yo soy. Yo soy uno en mí mismo, uno con cada ser humano del mundo, uno con cada cosa creada. Yo soy.

Recité interiormente esta invocación u oración conectando de forma íntima con mi propósito de ser útil a la colectividad, intentando establecer una relación más profunda con ella e imaginando que podía sacrificarme por ella; esto le dio al propósito un valor muy noble, y mi vida adquirió un sentido mucho más profundo que el simple hecho de vivirla.

EL VALOR DE CERO

No debemos confundir el concepto de cero con la ausencia de valor, sino hacerlo coincidir exactamente con lo contrario: el cero es el número más noble y potente que hay. Es el único número que ni es positivo ni negativo. El único que puede ser neutro, es decir, puro, tanto en la adición como en la sustracción, y el único que puede aumentar al máximo o reducir al mínimo el valor de cualquier otro número. En el llamado «sistema posicional», si lo colocamos a la derecha de cualquier número, multiplica su valor por decenas; si lo colocamos a la izquierda, seguido de una coma, lo divide por decenas.

Descubrí la magia del cero estudiando la unión de conjuntos. Si la diferencia entre el número de objetos en dos conjuntos es igual a cero, significa que los dos conjuntos contienen el mismo número de elementos. Así pues, el cero es la brújula que nos guía en nuestra relación con el otro.

Y la indicación es muy clara: si el otro es mayor que tú porque es más inclusivo que tú (es un conjunto que contiene más elementos que tú), **tómalo como modelo y acógelo con prontitud, ingenio y afabilidad** para que él decida alimentarte y eso te permita mejorar y crecer hasta alcanzar su tamaño.

En caso de que no lo consigas, no seas envidioso: es mejor que aplaudas, que copies y luego lo hagas mejor. Si tú eres mayor que el otro, es decir, si eres un conjunto formado por lo que eres y lo que sabes con más elementos que él, aliméntalo para que alcance tu tamaño. Al hacerlo sé humilde, dócil y paciente, porque en este mundo cada persona tiene su sitio, porque en este mundo hay sitio para todos y porque en este mundo cada persona necesita su tiempo para llegar a ser lo que ya es en potencia.

A cada uno le corresponde un tamaño; lo importante es que todos tengan la posibilidad de alcanzar un tamaño mayor y nuevo. En cualquier caso, tanto si es el mayor como si es el menor, el Héroe siempre actúa silenciosamente, guiado por la rectitud de pensamiento y sentimientos, algo necesario para que luego sus acciones también sean rectas.

En última instancia, el cero es el vacío, un vacío lleno porque encierra todas las posibilidades antes de que sean expresadas en forma de intuiciones, ideas o proyectos. Es el inicio y el fin en el tiempo circular. Es el infinito potencial del Alma. El 0.0 es el vacío que vuelve a sí mismo... tal vez para conocerse... o reconocerse. Es una condición necesaria para que un Héroe se identifique como tal. Lamentablemente, muchos Héroes aún no saben que lo son, pero luego quien se encuentra a sí mismo hace milagros.

Para ser 0.0 hay que conocerse en profundidad, tener un sentido de la justicia a escala universal y ser muy valiente.

Yo no he alcanzado esa profundidad de conciencia, ni ese sentido de la justicia, aunque aspiro a ambas cosas. De momento me limito a mostrar un poco de valentía; este libro ha sido un intento.

El nuevo principio 0.0 puede aplicarse a todas las disciplinas en las que el hombre y su naturaleza se han manifestado siempre. Las cuatro disciplinas fundamentales —Filosofía, Arte, Ciencia y Economía— pueden unirse de una manera nueva y formar una nueva dimensión 0.0 del futuro. Entre ellas, yo de entrada quiero dedicarme personalmente a difundir la Economía 0.0.

Al igual que la luz entra en la oscuridad sin que la oscuridad pueda entrar en la luz, el Héroe, como parte activa del Movimiento silencioso, entra en su nueva vida y emprende el camino de regreso a casa.

EL CANTO DE LOS NUEVOS HÉROES

SÉ TU ESENCIA
(*Be Your Essence*)

Un momento Cero.
Un nuevo Inicio.
Un Renacimiento a una forma de ser
para Ser de verdad.

Amorales, apolíticos, aconfesionales,
aspiramos a movernos hacia lo más auténtico y crucial:
poner de nuevo en el Centro al Ser Humano y su Conciencia.

Reflejar el Bien que define la Filosofía.
Dejarse seducir por la Belleza del Arte.
Confiar en la Verdad que revela la Ciencia.
Practicar lo Justo según la Economía.
Hacer visible lo Esencial.

Aceptamos compañeros de Viaje.
Buscamos Nuevos Héroes,
personas que viven y trabajan para el Bien,
los Héroes de este Tiempo,
que desean ser Testigos de un Mundo mejor
y son seguidores de un Ideal Universal
y de los Valores que lo representan.

Convencidos de que la Gratitud,
que es la memoria del Corazón,
es la justa Recompensa
a nuestro Hacer y nuestro Ser,
aspiramos a ser un Regalo para la Colectividad.

14

CAPÍTULO 0.0

> Más allá de las ideas de lo correcto y lo incorrecto hay un campo.
> Te esperaré allí.
>
> RUMI

Es la hora. Ha llegado el momento de despedirnos. Y antes de hacerlo quiero darte las gracias con todo mi corazón por el tiempo que me has dedicado. Aunque suene raro, hemos pasado mucho tiempo juntos. Yo he invertido cientos de horas en revivir algunos momentos esenciales de mi vida, en trasladar a nivel consciente enseñanzas recibidas y conocimientos asimilados con el fin de aplicarlos a mi vida, en recorrer los contenidos de años de estudio, en recordar mis encuentros con mujeres y hombres extraordinarios y, por último, en darle un orden lógico a todo ello.

Ha sido un sacrificio. Un hermoso sacrificio. Casi echo de menos las horas robadas al sueño y los días de vacaciones que le robé a mi familia para dedicarme a escribir.

Me gustaría decirte que he escrito para ti, pero sé que en realidad lo he hecho sobre todo para mí. Te doy las gracias por haberme leído, pero también me doy las gracias a mí mismo por haberme concedido esta oportunidad, y más aún le doy las gracias a quien me mostró el camino.

Empecé a escribir en las Navidades de 2013, pero después abandoné el proyecto cuatro veces. Estamos en verano de 2016 y ahora esto termina aquí, después de una noche en blanco para hacer una última lectura. Es bonito que el último día haya empezado al atardecer y esté acabando poco después del alba, tras haber escrito ininterrumpidamente más de diez horas. Me recuerda la dedicatoria de Marcello en el libro que me regaló en 1999: «... mi Maestro me enseñó lo difícil que es ver el alba dentro del anochecer». Es verdad, Marc, es difícil, pero a veces basta con combatir el sueño y dejarse guiar por un propósito.

En esta prueba he deseado intensamente que mi corazón y mi mente se encontraran, le dieran forma a mis ideas y orientasen mis emociones mientras tecleaba en el ordenador con el fin de escribir algo sensato. El anhelo que me ha guiado hasta el día en que le entregué al editor la versión definitiva del texto ha sido la esperanza de que mi escritura y tu lectura se encontraran, pues quería decirte exactamente lo que te he escrito. No sé cómo me has encontrado ni por qué tú o alguien cercano a ti me habéis elegido en un estante de la librería o en algún lugar de la web.

No sé si el tiempo que me has dedicado te ha merecido la pena. Espero que sí. Pero serás tú, dentro de pocos instantes, al final de la lectura del libro, quien valore correctamente mis palabras. Solo tú puedes saber si las ideas que he compartido aquí, las sugestiones recibidas y las historias contadas, tienen un valor para ti y cuánto significa dicho valor en tu vida.

Ahora, en silencio, mientras me despido de ti, los dos juntos podemos intentar ser Nuevos Héroes, lejos de la obsesión por nuestra eternidad, pero con la intención de comprender qué será de nuestras acciones. Así, cuando los que vengan después de nosotros se pregunten quiénes fuimos, con cuánto valor nos batimos, con cuánto ardor amamos podrán recorrer el viaje que hicimos y sentirse orgullosos.

Para el Nuevo Héroe el verdadero premio, el único premio por algo *bien hecho*, es haberlo hecho y haberlo hecho *bien* en interés de todos y de todo. Esto lo convertirá en un *bienhechor* que estará *bien* y vivirá para siempre en el *bienestar* de su verdadera riqueza, la riqueza del corazón. La diosa Fortuna le concederá sus dones y sobre él recaerá la *bendición* de la Gratitud, el más noble de los reconocimientos que un pueblo puede tributarle a su Héroe cuando regresa de su Aventura. Y así el héroe será *bendecido* para siempre.

Y recuerda... eres un ser especial. Cuídate y vive apasionadamente.

Gracias,

OSCAR

AGRADECIMIENTOS

Le doy las gracias desde lo más profundo de mi corazón a mi Maestro y mentor, Patrizio Paoletti, por haberme mostrado el Camino. Albergo el deseo y la esperanza de estar a la altura de tus enseñanzas. Gracias.

Le doy las gracias desde los más profundo de mi corazón a mi madre, Silvana; a mi padre, Massimo, y a mi hermano, Massimiliano, por haberme acompañado desde el primer día de mi vida hasta hoy. Albergo el deseo y la esperanza de estar a la altura de vuestro amor. Gracias.

Les doy las gracias desde lo más profundo de mi corazón a Sara, Lunachiara, Aqua, Sara Viola, Agnese, Davide, Ennio y Lina por haber soportado mis silencios reflexivos y por haber permitido que me ausentara durante infinitas horas de nuestra vida en común. Albergo el deseo y la esperanza de estar a la altura de vuestra presencia. Gracias.

Les doy las gracias desde lo más profundo de mi corazón a Adriana, Akhim, Alberto D., Alberto P., Alberto S., Alessandro P., Alessandro R., Alfredo, Andrea D., Angela, Angelica, Anna S., Antonella G., Antonella M., Antonella P., Antonio B., Antonio G., Ariadna, Benedetta, Benny, Cao, Cello, Chiara A., Chiara C., Chiara N., Chiara V., Claudio B., Claudio L., Cristina, Damiano, Daniele, Davide, Depa, Don Davide, Edo, Eleonora, Emanuela C., Eric, Ettore, Fabio, Federico C., Federico D., Federico G., Federico M., Federico V., Filippo, Francesca M., Francesca S., Francesco B., Francesco F., Francesco M., Francesco P., Francesco Z., Franco, Fred, Gabriele, Gianlu, Gianluca R., Gianna, Gianni, Gio, Gioacchino, Giorgio, Giuliano D., Giuliano L., «Coach» Giuseppe, Gregorio, Ilaria R., Ivan, Jack, Johany, Laura, Lello, Leonardo, Leopoldo, Letizia, Lidia, Lorenzo Q., Lorenzo V., Luca, Lucia, Lucio, Luigi, Marcello, Marco B., Marco C., Marco D., Marco L., Maria Luisa, Marianne, Mario, Massimo, Massimiliano, Matteo, Mattia, Maurilio, Monica, Nicola, Osvaldo, Patch, Pierumberto, Raffaele, Raffaella, Riccardo, Roberta T., Roberto B., Roberto C., Rodolfo, Rossano, Sandra, los chicos de SanPa (San Patrignano), Seba, Selene, Sergio, Silla, Silvia, Simona A., Simona M., Simone D., Simone R., Stefano B., Stefano G., Stefano S., Tara, Tina, Valeria, Valentina, Vito, Vittorio, Vieri, Yasmine. Albergo el deseo y la esperanza de estar a la altura del tiempo que me habéis dedicado. Gracias.

Milán-Asís-Cortina d'Ampezzo-Formentera
diciembre de 2014 – julio de 2016

REFERENCIAS BIBLIOGRÁFICAS

AÏVANHOV, O. M., *L'Acquario e l'arrivo dell'età dell'oro*, Piegaro (PG), Prosveta, 1979. [Hay trad. cast.: *Acuario: la llegada de la edad de oro*, Barcelona, Prosveta, 2014.]

AMIEL, H. F., *Diario intimo*, Rávena, Longo, 2000. [Hay trad. cast.: *Diario íntimo*, Madrid, EDAF, 1964.]

ATZORI, Simona, *Dopo di te*, Milán, Mondadori, 2014.

BAUMAN, Z., *Modernità liquida*, Roma – Bari, Laterza, 2011. [Hay trad. cast.: *Modernidad líquida*, México, FCE, 2003.]

BOHR, N., *I quanti e la vita*, Turín, Bollati Boringhieri, 2012.

BUDA, *Estinguere il dolore*, Asís, Edizioni 3P, 2009.

BURCKHARDT, J., *La civiltà del Rinascimento in Italia*, Roma, Newton Compton, 2010. [Hay trad. cast.: *La cultura del Renacimiento en Italia*, Madrid, EDAF, 1990.]

CALVINO, I., *Lezioni americane*, Milán, Mondadori, 2000. [Hay trad. cast.: *Seis propuestas para el próximo milenio*, Madrid, Siruela, 1998.]

CAMPBELL, J., *L'Eroe dai mille volti*, Turín, Lindau, 2012. [Hay trad. cast.: *El héroe de las mil caras: psicoanálisis del mito*, México, FCE, 1959.]

DAUMAL, R., poema extraído de la carta a Vera Milanova del 22 de mayo de 1943.

DIAMANDIS, P. H.; KOTLER, S., *Abbondanza*, Turín, Codice, 2014. [Hay trad. cast.: *Abundancia: el futuro es mejor de lo que piensas*, Barcelona, Antoni Bosch, 2013.]

FALTAS, I., *L'Assedio della Basilica della Natività*, Jerusalén, Franciscan Printing Press, 2013.

FLORIDI, L., *Philosophy and Computing*, Londres, Routledge, 2002.
GAZZANIGA, M., *L'Interprete*, Roma, Di Renzo, 2011.
GILOVICH, T.; KUMAR, A.; en *Journal of Experimental Social Psychology*, 51 (2015).
GLADWELL, M., *Il punto critico*, Milán, Rizzoli, 2000. [Hay trad. cast.: *El punto clave*, Madrid, Taurus, 2007.]
GURDJIEFF, G. I., *Vedute sul mondo reale*, Vicenza, Neri Pozza, 2000. [Hay trad. cast.: *Perspectivas desde el mundo real*, Málaga, Sirio, 2004.]
KIPLING, R., «If», en *Rewards and Fairies*, Londres, House of Stratus, 2001. [Hay trad. cast.: *Prodigios y recompensas*, Barcelona, Bruguera, 1982.]
KOTLER, P.; KARTAJAYA, H.; SETIAWAN, I.; *Marketing 3.0*, Milán, Il Sole 24 Ore Libri, 2010. [Hay trad. cast.: *Marketing 3.0*, Madrid, LID, 2011.]
KOTLER, P.; HESSEKIEL, D.; LEE, N.; *Good Works!*, Nueva York, Wiley & Sons, 2012. [Hay trad. cast.: *Lo bueno funciona*, Madrid, LID Editorial Empresarial, 2012.]
KURZWEIL, R., *La singolarità è vicina*, Milán, Apogeo, 2008. [Hay trad. cast.: *La singularidad está cerca*, Berlín, Lola Books, 2012.]
MORIN, E., *I sette saperi necessari all'educazione del futuro*, Milán, Raffaello Cortina, 2001. [Hay trad. cast.: *Los siete saberes necesarios para la educación del futuro*, Barcelona, Paidós, 2001.]
NAIMY, M., *Il libro di Mirdad*, Roma, Edizioni Mediterranee, 2009. [Hay trad. cast.: *El libro de Mirdad*, Madrid, Ediciones del Lectorium Rosicrucianum, 1988.]
OUSPENSKY, P. D., *Frammenti di un insegnamento sconosciuto*, Astrolabio, Roma 1976. [Hay trad. cast.: *Fragmentos de una enseñanza desconocida*, Buenos Aires, Hachette, 1972.]
PAOLETTI, P., *Diagonal Marketing*, Asís, Edizioni 3P, 2009.
—, *I tre segreti dell'Eccellenza*, Asís, Edizioni 3P, 2009.
—, «Inner Design Technology», *InformaAzione*, 2009.
—, *L'arte della negoziazione*, Asís, Edizioni 3P, 2009.
—, *21 Minuti – I saperi dell'Eccellenza*, Asís, Edizioni 3P, 2011.

PLATÓN, *Fedone o dell'immortalità dell'Anima*, Asís, Edizioni 3P, 2011. [Hay trad. cast.: *Fedón o de la inmortalidad del alma*, en *Diálogos*, vol. 2, Madrid, Espasa Calpe, 1995.]

SGALAMBRO, M., *Della misantropia*, Milán, Adelphi, 2012.

SHAKESPEARE, W., *Amleto*, Milán, Mondadori, 1988. [Hay trad. cast.: *Hamlet*, Madrid, Cátedra, 2006.]

SÓCRATES, *La disciplina della libertà*, Asís, Edizioni 3P, 2009.

TALEB, N. N., *Il cigno nero*, Milán, Il Saggiatore, 2008. [Hay trad. cast.: *El cisne negro: el impacto de lo altamente improbable*, Barcelona, Paidós, 2008.]

VOGLER, C., *Il viaggio dell'Eroe*, Roma, Audino, 2005. [Hay trad. cast.: *El viaje del escritor*, Barcelona, Ma non troppo, 2002.]